百歲堂曉山老人◎撰　李德潤◎校閱

太乙統宗寶鑒

影印四庫存目子部善本匯刊〔六〕

謝路軍◎主編

華齡出版社

責任編輯：薛　治
責任印製：李未圻

圖書在版編目（CIP）數據
影印四庫存目子部善本匯刊. 6/（明）佚名撰；
李德潤校. —北京：華齡出版社，2017.9
ISBN 978-7-5169-1050-4
Ⅰ. ①影… Ⅱ. ①佚… ②李… Ⅲ. ①哲學—古籍—
善本—匯編—中國 Ⅳ. ①B2
中國版本圖書館 CIP 數據核字（2017）第 223513 號

書　　名：影印四庫存目子部善本匯刊（六）：太乙統宗寶鑒
作　　者：（元）曉山老人撰　謝路軍主編　鄭同校
出版發行：華齡出版社
印　　刷：北京朝阳印刷厂有限责任公司
版　　次：2018年1月第1版　2019年6月第3次印刷
開　　本：880×1230　1/16　　印　　張：17
字　　數：218 千字　　印　　數：1001~1600
定　　價：380.00 元

地　　址：北京市朝陽區東大橋斜街 4 號　郵　　編：100020
電　　話：（010）58124218　傳　　真：（010）58124204
網　　址：http：//www. hualingpress. com

太乙統宗寶鑑卷之一

求太乙積年術

置演紀上元甲子距大明嘉靖四十三年甲子歲積一千零一十五万五千四百八十一年，上考往古每年減一筭，下驗將來每年加一筭。

其法自上古甲子年甲子月甲子日甲子時天正冬至，日月合璧，五星聯珠，皆合于子，是謂七曜齊元，故太乙歲月日時四計之數，悉宗于此，為上元第一紀之初，以周紀三百六十去之，不盡為紀，以元數七十二除之，不盡為元。

求太乙四計入曆紀元術 附陰陽運盈差

歲實三百八十三万五千零四十六分二十四秒

歲餘五万五千零六十八分

旬周六十三万 即六十日也　半旬周三十一万五千分

周紀三百六十　元法七十二

紀法六十　宮法二十四

日法一萬零五百分

辰法八百七十五分　半辰法四百三十七分半為初時

刻法一百零五分 初初刻一十七分半

朔實三十萬七十一分二十二秒六十五微 中積一千六百〇八萬四千一百八十三分九十七秒二十五微

朔盈差三十三萬九百二十一分四十八秒六微

朔策二十九日五千三百零五分九十三秒 小餘五千五百七十一分二十二秒

氣策一十五日二千一百八十四分三十七秒半 小餘半二百九十四分二十五微

氣盈差三十五日九千四百四十六分一十一抄

入曆策一萬零二百四十七分八十三抄

曆盈差二十二萬一千七百零三分二十七抄半 曆餘二十七日五千八百二十三分三十九抄

曆餘分二十八万九千三百二十分三十九抄

陰盈差二千零五十　陽盈差一百三十　運盈差七千九百二十

求天正積月術

置所求積年內減一筭，以十二乘之，為歲前天正十一月之積，以太乙周紀法三百六十去之，不盡，又以紀法六十除之，餘不盡者，命起甲子，即得十一月。蓋應月建之辰。

其法以歲積一千零一十五萬五千四百八十年為實，用十二為法乘之，續加甲子歲正月共積得一萬二千一百八十六万五千七百六十一月，上考往古每月減一，下驗將來每月加一筭，以周紀三百六十去之，不盡為紀，以元數七十二除之，不盡為元。

推太乙月計筭法

章歲六百五十七　章月八千一百二十六　閏差二十秒一十七

周紀法三百六十　秒法一百

推積月

置積年所求年以章月乘之，章歲而以為積月，不尽為閏餘，若有餘月，隨數加之。

推閏月

置閏餘每月加閏差及 滿法，從閏餘滿章歲，則歲月所在，或六百三十六秒上廿中氣者，詳之。

求天正冬至積日術

置歲實三百八十三萬五千四十六分二十五秒，以所求積年減一乘之，為中積分，加氣盈差三十五日九千四百四十六分一十一秒，如日法一万五百分除之，為所求歲

前天正冬至積日之笇也，其日辰命以紀法求之，與上同笇外即得天正冬至積日辰。

其法自上古天正冬至甲子距元至正二十三年癸卯正月二十三日甲子，積得三十七万 九百二十一万五千七百二十一日，上考往古減一笇，下驗將來加一笇，以周紀三百六十去之，餘笇係上元一紀甲子第一元一局，凡九千二百二十年為一周，氣朔元紀俱在冬至日甲子分齊，捜法積餘日以周去之，不尽以紀法約之。 又云置積減一以餘數乘之為氣法而以所得積日不盡為小餘，以紀法去積日不盡為大餘，起甲子笇

外即天正冬至日辰也。

求次炁術

置天正冬至大小餘以氣策一十五日二千一百八十四分三十七秒半累加之，即得次炁大小餘，以紀法去之，命起甲子笇外即得次炁積日辰。

又法置大小餘每氣加一十五日，餘七千三十五秒，滿二十四，從小餘滿氣法，從大餘滿紀法去之，即次炁大小餘也。

求發歛加时術

各置其氣大小餘以辰法八百七十五除之為一辰，數不

尽者以刻法一百单五除之為一刻，數其辰命起甲子正笇外即得加時所在之辰刻，如滿半辰法四百三十七分半去之，命為初刻。

全數一十六萬 千八百四十二 氣法三万二千一百九十三，

辰法二千六百八十二小分十五分之世 半辰法一千三百四十一小分十二分之畢

又法置先半辰法之數一千三百四十一，以十二小分之四半，以夏至小餘加之，滿法而以所得為辰數，命甲子笇外則氣應加時也，不尽以三乘之辰法，而以所得數命為一辰中孟仲季數也。

求超神接氣術

小暑	三十五	五十	二十四	四十	一千	一百四十	二千一百 二十七	三四十七
大暑	二十七	四十六	二十九	四十三	一十五	一千七十二	二千三百	五三十三
立秋	二十一	〇一	四十二	四十四	九十六	一千九百	二千二百 七十三	六八十
處暑	一十四	二十七	二十八	四十七	四十九	一千三百	二千三百 五十五	七八十三
白露	〇七	一十五	三十五	四十四	三十七	一千九百	二千四百 七十四	八六十七
秋分	〇〇	四十九	二十九	四十八	三十	一千七百	二千二百 四十	九二十七
寒露	〇七	一十四	四十七	四十六	五十五	一千九百	二千七百 四十五	八五十三
霜降	一十四	二十二	二十九	四十五	二十	一千三百	二千八百 七十二	七十四
立冬	二十一	五十	九十一	四十三		一千九百二十	二千九百 八十二	五十八
小雪	二十七	二十九	四十三	三十八	七十	一千十二	二千〇 二十九	三八十七
大雪	三十三	二十九	六十八	三十六	三十五	一百四十五	二千二百 二十七	一四十

求每日損益率朓朒積術

各以差分秒累加減其氣初日損益率（至後減，分後加）所得各為每日損益率，以損益下朓朒（至後加，分後減）即各得每日朓朒積。置初日損益率，以日差為秒，損益率秒內減日差為每日損益率，不及減者破一分作秒減之，加亦同。置損益率至後加上位損益率為每日益朓朒法，分後減上位損益率為每日損（益）朓朒法也。

求每月日出分術

各以差分秒累加減初日出分（冬至後減，夏至後加）即各得每日日出分

於初日日出分內加日差為每日日出分也

求天正經朔入炁日出分術

視閏餘日及分加氣策一十五日二千一百八十四分三十七秒半已下減氣策余為大雪氣以上去之余亦減炁策余為小雪氣即各得天正經朔入氣日及分

求次朔入氣術

置天正經朔入氣大小餘累加朔策二十九日五千三百〇五分九十三秒滿炁策一十五日二千一百八十四分三十七秒半去之命入次炁即得次朔入氣及余

求朓朒定數術

各置其氣小余以其日損益率乘之如日法一萬五百除之即得所損益其下朓朒積為朓朒定數

明四七日下損益率朓朒積日立成術

四七日	損益率	朓積	四七日	損益率	朒積
一日	益一千零二十	空	十五日	益一千六十四零	二百三十五
二日	益九百四十三	一千零二十	十六日	益九百八十六	一千二百四十九
三日	益八百二十三	一千九百七十四	十七日	益七百五十三	二千一百七十七
四日	益六百七十六	二千七百九十七	十八日	益六百三十	二千九百七十
五日	益四百六十八	三千四百六十六	十九日	益四百四十	三千五百九十
六日	益二百一十三	三千九百十五	二十日	益二百一十五	四千二百三十

各置其氣時刻分秒累加一刻四十七分九十三秒八十
一微二小微其小微滿三為微、微滿百為秒、秒滿百為分、
其分滿百單五為刻、滿四刻一十七分半為初時、即各得
超神接氣時刻所在

求天正終朔積日術

置中積分加朔盈差三十三萬九百二十一分四十八秒
以朔實三十一萬七十一分一十九秒半去之不盡為閏
餘分以日法一萬單五百除之而為一日不滿為余分其
閏余分以減中積分余為朔積分其閏月及余分以減冬
至積日及余為歲前天正十一月終朔積日及余以紀法

六十萬去之不盡即得天正十一月終朔大小余

推日計并差法

日法四十九　月法一千四百四十七　朔策二十九小余二十六　紀法六十

推積日并朔法

置積月以月法策之日法而以為積日不盡為小餘以紀
法除積日不滿為月餘命甲子筭外即所求天正十一月
終朔日辰及小餘也　若更有餘日隨數加之求次月每
月加二十九小餘二十六各加法求之梁武帝天監三年
甲申歲六月八日甲申凡得七億七百五什萬一千一寸
一日以周紀法除之得一百九十六萬五千二百八十不

盡以二百六十一小紀法除之得四不盡二十一為入第
五紀也

求次朔術

置天正十一月終朔大小余以朔策二十九日五千三百
十五分九十三秒累加之即得次朔大小餘秒滿百為分

二十四氣初日損益朓朒及日出分立成

恒氣	二分益率 二分損率	分秒	微	日差分秒	微	冬至朒 夏至朓	日出分	日差分秒
冬至	三十九	三十一	一十八	三十七	四十六	空	三千一百四十八	一十四
小寒	三十三	五十	二十四	四十	一十	五百三十四	三千三百二十七	三八十七
大寒	二十七	四十六	六十九	四十三	一十五	一千二十七	三千六十九	五十八

恒氣	二分益率 二分損率	分秒	微	日差分秒	微	冬至朒 夏至朓	日出分	日差分秒
立春	二十一	〇一	四十一	四十四	九十一	一千三百二十一	三千九百八十二	七十四
雨水	一十四	二十七	六十八	四十七	四十九	一千五百六十一	二千八百七十一	八五十三
驚蟄	〇七	一十五	三十五	四十四	三十七	一千六百九十九	三千七百四十三	九二十七
春分	〇〇	四十九	七十九	四十八	三十一	一千八百七十七	二千六百〇四	八六十七
清明	〇七	七十四	四十七	四十六	五十五	一千八百九十九	二千八百四十四	七九十三
穀雨	一十四	七十一	七十九	四十五	三十一	一千九百六十	二千三百五十五	六八十
立夏	二十一	五十	九十一	四十一	五十七	一千九百三十	二千三百三十一	五三十三
小滿	二十七	八十九	四十三	三十六	七十	三千〇二十	二千三百二十五	三四十七
芒種	三十三	六十九	六十八	三十六	一十五	五百四十四	二千一百一十一	一三十七
夏至	三十九	三十一	一十八	三十七	四十四	空	二千一百〇二	一二十七

七日	益初日八十六損末三十八	四千二百六十五	二十一日	益初五十四損末三十二	四千二百六十五
八日	損一百三十六	四千三百一十三	二十二日	損一百六十九	四千二百九十三
九日	損三百一十九	四千一百七十七	二十三日	損三百六十九	四千一百二十四
十日	損五百一十八	三千八百五十八	二十四日	損五百六十四	三千七百五十五
十一日	損七百零七	三千三百四十	二十五日	損七百三十三	三千一百九十一
十二日	損八百四十七	二千六百三十三	二十六日	損八百七十九	二千四百五十八
十三日	損九百六十七	一千七百八十六	二十七日	損九百九十	一千五百七十九
十四日	損初日九百一十益末[illegible]	八百一十九	二十八日	損五百八十九	五百八十九

求天正經朔入曆術

置朔積分加曆盈差二十二萬一千七百零三分二十七

秒以曆終分二十八萬九千三百二十分三十九秒去之不盡以日法一萬零五百除之為日不滿為余得天正經朔入曆及余

求次朔入曆術

置天正經朔入曆策一日一萬〇二百四十七分八十三秒累加之其分盈日法一萬零五百從日如滿曆終二十七日五千八百二十三分三十九秒去之即得次朔入曆及餘

求朓朒定數術

各置入曆小余以其日筭外損益率乘之如日法一萬五

百而以所得損益其下朓朒積為朓朒定數

如四七日以下小余初數已下以初率乘之如初率而以所得損益其下朓朒為定數已上去之初數余以末率乘之如末數而以用減初率余以加朓朒為定數十四日下小余如在初數以上初數减之余乘末率數而一為朓朒之數

七日初數九千三百三十二　末數一千一百六十八

十四日初數八千一百六十　末數二千三百三十九

二十一日初數六千九百九十三　末數三千五百零九

二十八日初數五千八百二十四　末數四千六百七十二

求定日術

置經朔大小餘以入氣入曆朓朒定數朓减朒加之滿若不足進退大餘命甲子筭外即得定朔日辰其定朔干名與後干同者其月大不同者其月小內無中氣者為閏月視定朔小余秋分後在日法四分之三七千八百七十五以上者進一日春分後定朔小余在七千七百零八已上者其朔日出分與春分初日日出分相减余以三約之用减四分之三其定朔小余及此數者亦進一日或有交虧初在日入前者不進

求年計太歲所在辰次術

置所求積年以紀法三百六十去之不盡以六十去之不盡命起甲子筭外即得太歲所在辰次

求歲計太乙入六紀法術

置演紀上元甲子距所求積年周紀法三百六十去之不盡爲周紀余以紀法六十去之而以所得爲紀數不滿爲入紀以來年數其紀命上元甲子爲第一紀筭外即得所求歲計入紀之年六紀法各六十年而爲一紀

求歲計太乙入五元七十二局法

置周紀余以元法七十二約之而以所得爲元數不滿爲入元以來年数其元命甲子爲第一元筭外即得所求入元以來年數其入元年數就起第一局即得所入局也

五元各七十二歲爲一元

甲子元七十二年　丙子元七十二年　戊子元七十二年

庚子元七十二年　壬子元七十二年

求月計太乙入紀元局術

置天正十一月氣應積月加所求月爲實積月以周紀法三百六十去之不盡爲周紀余以紀法六十約之而以所得爲紀數不滿爲入紀以來月數其紀命上元甲子爲第一紀筭外即得所求月計入紀之月○又置周紀以元法七十二約之而以所得爲元數不滿爲入元以來月數命

起一局即得所在月計也

推六紀月建法

一紀二甲仲辰甲子甲午十一月建甲子太乙在一宮武德爲天目
計神寅合神丑

二紀二己孟辰己巳己亥十一月建甲子太乙在六宮地主爲天目
計神合神同上

三紀二甲季辰甲辰甲戌十一月建甲子太乙在一宮大炅爲天目
計神合神同上

四紀二己仲辰己卯己酉十一月建甲子太乙在一宮武德爲天目
計神合神同上

五紀二甲孟辰甲申甲寅十一月建甲子太乙在一宮地主爲天目
計神合神同上

六紀二己季辰己丑己未十一月建甲子太乙在六宮大炅爲天目
計神合神同上

凡三十有六紀三十年有三百六十箇月是以甲子甲午同建太乙天目計神合神用式之法一周歲計之法占驗逆順其義亦等

求日計太乙入紀元局術

置氣朔積日加所求日爲實積日其所求紀元局法與月計同

求時計太乙入紀元局術
置冬夏二至所求積日減一以十二乘之為晨前夜半子
正之初積時也加所求時為實積時以周紀法三百六十
去之不盡為周紀余以紀法六十約之而以所得為絕數
不滿為入紀以來時數其紀命上元甲子為第一紀算外
即得所求時計口又置周紀余以元法七十二約之為元
數不滿為入元數以來時數命起第一局即得時計入局
所在也
右歲月日時四計之數惟歲計與日計加盈差二百四
十其法與五元六紀入局之數皆不相合者之予去亦

無所取今循舊法而用之使無後惑耳当作求
求太乙冬夏至入紀術
陽遁太乙冬至起乾陰遁太乙夏至起巽九一百八十二
日三萬二千一百九十三分日之二萬三千五百為太乙
變行
推冬至太乙加時所在變行
張良去大神變順氣為餘今置上元所求年天正積日及
小餘先加半辰法以辰法除之得為加時辰數及置積日
減一以十二乘之并加時辰數為天正時實以周紀法去
之不盡為入紀實置入紀實以大周法去之餘者以三約

之為宮數不盡為入宮時數命起第一宮順行八宮不遊
中五算外即天正加時太乙所在宮也
推夏至太乙加時所在變行
置天正積日及小餘秒加陽遁一百八十二日三萬二千
一百九十三分日之二萬三十五為小餘秒滿秒法從小
余一不盡為秒其小餘先加半辰法以辰法之為加時辰
數　乃置積日減一以十二乘之并入加時辰數為夏至
加時實推如冬至法
推冬夏二至已後太乙所在法
置冬夏二至以來并今日所求日減以十二乘之先加冬

夏二至時數并今加所求時數為冬夏二至後時實以太
乙周法二十四去之不盡者以三約之為宮數不滿為入
宮時數陽遁命起一宮順行八宮不遊中五算外即太乙
所在宮陰遁命起九宮逆行八宮三時一移不遊中五算
外即陰遁太乙所在宮也
求四計太乙所在宮次術
置所求入局積數以太乙小周法二十四除之不盡以太
乙行宮率三約之而以所得為行宮之數不滿為入宮以
來并數其宮數命起一宮順行八宮不入中五算外即得
太乙所在宮次歲月日時四計皆同唯時計夏至後用陰

局太乙起九宮逆行八宮三時一遷不入中五筭外即得
陰局太乙所在宮次

求四計天目文昌所在術主目上目

置所求入局之積數以天目文昌周法十八去之不滿為
終周余命起武德順行太乙宮間十六辰次遇陰德大武
乾坤之位重留一筭即得天目所在歲月日之四計皆同
唯時計夏至後用陰局天目命起呂申遇天昊艮和德巽之位重留
一筭亦順行十六宮間之神即得陰局天目所在
一法置入局數加神盈差一十二以天目周法十八去之
不盡命起地至順行十六神其術雖殊途而同歸亦盡其
法考證古書皆以天目起武德蓋天目為太乙之輔相屬
主人之上將也掌生殺之權主大主參因而生焉武德乃
肅殺用武之位故命之以行也

求四計計神所在術

置所求入局積數以計神周法十二去之不滿為邦周九
子年起寅邦逆行十二辰筭外即得計神所在歲月日時
四計皆同惟時計夏至後用陰局計神起申邦亦逆行十
二辰次筭外即得陰局計神所在
一法置入局數加位盈差一十以計神周法十二去之不
盡命起子邦逆行十二辰次其術與計神起寅之法亦不
差古書云計神者討度之神也所司幽冥能量天地人間
之萬事故命起寅謂近鬼門之位也

求四計八門直事所在術

置所求積年以八門大周法二千四百去之不盡以小周
法二百四十去之不滿為門周余以門率三十約之而以
所得為門數不盡為入門以來年數其門命起開門順行
八門筭外即得八門直事所在及年數日月之計所求皆
同
一法求歲計置積年加門盈差六十求日計置積日加門
盈差一百二十二考古推元不相符合福應金鏡諸經亦
無收取蓋太乙八門直事之法其來久矣止用積年不窮
元紀其術端正其緒宏闊其數嚴察其義幽深其占影
若加之以差反遺蕪穢故不取焉

求歲計八門畧例每門三十年一移每十二甲子七百二十年復還上元甲子開門直事周而復始

乾德二年甲子開門直事上元　淳化五年甲午休門直事
天聖二年甲子生門直事中元　至和元年甲午傷門直事
元豐七年甲子杜門直事下元　政和四年甲午景門直事
紹興十四年甲子死門直事上元　淳熙元年甲午驚門直事
嘉泰四年甲子開門直事中元　端平元年甲午休門直事
中統元年甲子生門直事下元　至元三十一年甲午傷門直事
泰定元年甲子杜門直事上元　至正十四年甲午景門直事
洪武十七年甲子死門直事中元　永樂十二年甲子驚門直事
正統九年甲子開門直事下元　成化十年甲子休門直事
弘治十七年甲子生門直事上元　嘉靖十三年甲午傷門直事
嘉靖四十三年甲子杜門直事中元　萬曆二十二年甲午景門直事
天啟四年甲子死門直事下元　順治十一年甲午驚門直事

求冬夏二至八門所在術

置冬夏二至所求積時以半周法一百二十卜去之不盡為門周余以門率三十約之而以所得為門數不滿為所入之門冬至命起開生驚休夏至命起杜死傷景算外即得冬至夏至時計所在

推八門用法

張良云陽遁冬至甲日夜半甲子已後開門直使〇丙日日中甲午已後生門直使己日夜半甲子已後驚門直使〇辛日日中甲午已後休門直使三十時移門〇陰遁夏至甲日甲子已後杜門直使　丙日日中甲午已後死門直使〇己日夜半甲子已後傷門直使〇辛日日中甲午已後景門直使三十時一移門也〇常以直門加太乙及主客大將隨數而得行太乙三時一移大將一時一移也又法太乙冬至夏至初臨之時門則隨數而行太乙起時盡則移亦不均其神丙己辛日也〇陽遁四門開生驚休〇陰遁四門杜死傷景

求陽遁太乙直使法

冬至起乾六甲之日夜半在乾一宮也　六巳之日夜半在兌六宮也　順應乾坎艮　四卦八宮不居中五也九一百八十二日八分日之五太乙變行一卦主一節四節之日故為此數太乙變順行以順臨行也六十時為一紀甲子甲午為二甲仲辰　夜半甲子太乙直使在一宮　五日六十時三時一移順行八宮　天目直使在武德一時一移右行十六神乾坤二宮二時一移宮乾為天門神為人門吉凶之主天目鬼星之使至於此門施法奉令故二時一移　計神直使在寅右行十二辰乾一紀二甲仲辰半夜甲子在一宮武德為天目　計神寅乾二紀

二巳孟神夜半甲子太乙在六宮地主為天目　計神寅乾三紀二甲季辰夜半甲子太乙在一宮大炅為天目　計神寅乾四紀二巳仲辰夜半甲子太乙在六宮武德為天目　計神寅乾五紀二甲孟辰夜半甲子太乙在一宮地主為天目　計神寅乾六紀二巳季辰夜半甲子太乙在六宮太炅為天目

求陰遁太乙直使法

夏至起巽六甲之日夜半在巽九宮　六巳日夜半在震四宮　逆歷巽離坤兌四卦八宮　逆行四卦八宮之地不遊中五也　凡一百八十二日八分日之五太乙變行

太乙變逆行以逆臨行也巽一紀二甲仲辰夜半甲子太乙在九宮申為天目　計神申巽二紀二巳孟辰夜半甲子太乙在四宮大威為天目　計神申巽三紀二甲季辰夜半甲子太乙在九宮陰德為天目　計神申巽四紀二巳仲辰夜半甲子太乙在四宮呂申為天目　計神申巽五紀二甲孟辰夜半甲子太乙在九宮大威為天目　計神申巽六紀二巳季辰夜半甲子太乙在四宮陰德為天目

張良時計六紀云二紀季辰冬至之日半夜甲子乾六宮紀太乙在六宮大炅為天目者乘氣而行則合冬至氣應

太乙方在一宮武德為天目豈有饒入天正以行五紀一百八十二日入分日之五太乙小雪氣內太乙甲子變行或在立冬氣終已經去紀則變化無復紀綱又云百八十二日八分日之五若此則一年三百六十五日四分日之一中分言之若氣應則早晚或未之定今以冬至氣應則太乙變行亦不分陽日陰日孟仲季辰以此為元又自乾畢震三十六紀計日而言始行一百八十日猶有二日八分日之日即却用乾之初紀之于氣變入幽行以局鬼事若氣應早晚斷在臨時夏至已後變順以逆從巽終兌唯前冬至已下十精命甲子仲孟季等悉皆倣此　張良所

言己未日冬至入乾之六紀者謂上元之時甲己仲辰冬至在乾之一紀若至己未初甲子已在乾之六紀此則相望而言凡設法規矩事合如此非諸冬至皆類于斯也

求部首所在以甲子逆行二十二則知部矣

法曰以甲子為始求次輪行四仲前數九子則二十部倫矣　紀歲之法十有九年七閏為一章四章為蔀計七十六年　二十部計一千五百二十年為一統三統計四千五百六十年為大元

第一部首甲子　第二部首癸卯　第三部首壬午　第四部首辛酉

第五部首庚子　第六部首己卯　第七部首戊午　第八部首丁酉

第九部首子丙　第十部首卯乙　第十一部首午甲　第十二部首酉癸
第十三部首子壬　第十四部首卯辛　第十五部首午庚　第十六部首酉己
第十七部首子戊　第十八部首卯丁　第十九部首午丙　第二十部首酉乙
候部首与月朔同者主失位　与太歲同者京亂
太上元至大曆甲寅截得積四萬零一百三十一筭如六
百一十得洪武甲子積四萬零七百四十一筭辛未歲
加七筭共得四萬零七百四十八筭以大元法四千五
百六十約之得八周余四千二百六十八次以統法一
千五百三十約之得二周俱不用余一千二百八千八
又以部法七十六約之余十六余十二十六者為第十
六部余十二者為人十七戊子已過十二年也逆推得
洪武十二年己未十六部盡十三年庚申為十七部戊
子初八第至辛未已過十二年順推得未來六十四年
乙亥十七部方滿也

求五行用事

術曰五行用事以第一甲子為始求次于午上起千數至
子則五行用事倫矣其法四部為一德用事計三百四年
五德俱周計一千五百二十年為一統
第一甲子木德用事主春生第二庚子金德用事主秋收
第三丙子火德用事主夏長第四壬子水德用事主秋藏

第五戊子土德用事主長夏
如辛未歲下前統法去之余一千二百二十八筭以用
事法三百零四約之得四余一十二其四者為壬子水
德以滿余十二者為入第五戊子土德用事已過十二
年逆推得洪武庚申為初八順推得未來二百九十二
年癸亥歲為滿

求甲子第一紀直日宿纂圖

一元虛	紀一	紀二	紀三	紀四	紀五	紀六
二元奎	二	三	四	五	六	二
三元畢	三	四	五	六	一	二
四元鬼	四	五	六	一	二	三
五元翼	五	六	一	二	三	四
六元氐	六	一	二	三	四	五
七元箕	一	二	三	四	五	六

虛宿直第一紀甲子經一周四百二十日又直第二紀
甲子日畢又從第一紀甲子又經四百二十日又直第
三紀甲子凡六周近直六紀甲子畢又從第一甲　直
起周而復始為法以上古直日累至所求日計得數多少
如宿盈差一千零八十筭以大周法二千五百二十去
之不盡以小周法四百二十約之為所求約之數余以

六十去之箕外即得何元何宿直何紀甲子分積日数

同前推之

推二十四氣黄道日度所在立成法

冬至斗九度　小寒斗二十四　大寒女八　立春危二

雨水室一　驚蟄室一　春分奎四度　清明婁宿二度

穀雨胃四　立夏昴四　小滿畢八　芸種參六

夏至井一度　小暑井二十七　大暑柳八　立秋張三

處暑翼一　白露翼十六　秋分軫十三　寒露角宿九度

霜降氐二　立冬房一　小雪尾六　大雪箕三

伏羲八百六十三年　神農五百二十年　黄帝一百年

少昊八十四年　顓頊七十八年　帝嚳七十五年

帝堯七十二年　帝舜六十一年　夏四百五十八年

商六百四十四年　周八百七十五年　秦四十一年

漢至元狩五年共八十九年　通共三千九百六十年

自伏羲至今天啟三年通共五千七百年

自黄帝甲子至天啟三年癸亥通共四千二百六十年

自大禹八年甲子中元至今天啟七年共三千七百四十四年

自漢武帝元狩六年甲子歲至今 大明天啟三年癸亥歲一千七百四十年

按邵子元會運世自大康八年中元甲子歲入第七會午會，討至今大明天啟七年丁卯歲，共三千八百四十四年，每會一萬零八百年，十二會共十二萬九千六百年為一元

太乙統宗寶鑑卷之二

明太乙入紀年之術

帝王紀年置演上古甲子以來歷代綿遠布筭幽繁今截自漢武帝元狩六年甲子歲積為上元第一紀庶幾得以減徑而易求焉故列目推次于後

漢武帝元狩六年上元甲子歲入第一紀 元封七年丁丑歲前十一月朔甲子日冬至下至始光甲子歲前十一月甲子朔冬至共五百二十八年

漢宣帝五鳳元年中元甲子歲入第二紀

漢平帝元始四年下元甲子歲入第三紀

漢明帝永平七年上元甲子歲入第四紀

漢安帝延光三年中元甲子歲入第五紀

漢靈帝中平元年下元甲子歲入第六紀

蜀後主延熙七年上元甲子歲入第一紀

晋惠帝永興元年中元甲子歲入第二紀

晋哀帝興寧二年下元甲子歲入第三紀

宋文帝元嘉元年上元甲子歲入第四紀 宋景平二年即元嘉元年政積年又即魏太武始光元年歲前十一月甲子日冬至也即甲子年甲子年甲子月甲子日甲子時冬至日之始當求

齊世祖永明二年中元甲子歲入第五紀

梁武帝大同十年下元甲子歲入第六紀

隋文帝仁壽四年上元甲子歲入第一紀

唐高宗麟德元年中元甲子歲入第二紀 即龍朔四年

唐玄宗開元十二年下元甲子歲入第三紀

唐德宗興元元年上元甲子歲入第四紀

唐武宗會昌四年中元甲子歲入第五紀

唐末宗天祐元年下元甲子歲入第六紀 即天復四年

宋太祖乾德二年上元甲子歲入第一紀

宋仁宗天聖二年中元甲子歲入第二紀

宋神宗元豐七年下元甲子歲入第三紀

宋高宗紹興十四年上元甲子歲入第四紀

宋寧宗嘉泰四年中元甲子歲入第五紀

宋理宗景定五年下元甲子歲入第六紀

元泰定元年四上元甲子歲入第一紀

大明洪武十七年中元甲子歲入第二紀

大明正統九年下元甲子歲入第三紀

大明弘治十七年上元甲子歲入第四紀

大明嘉靖四十三年中元甲子歲入第五紀

大明天啟四年下元甲子歲入第六紀

明太乙式儀之原術

昔燧人氏仰觀斗極而定方名庖犧氏因之而畫八卦逮黃帝受命造式太乙之法出焉其式体有三重上層青法天下黃法地中赤象人則天地人三才備矣天有十二次地有十二辰天有四時地有四維通之十六以定神位咸

屬統爲九天地之變化損益之相因、不外乎此聖人窮神知化、以通神明之德、以類萬物之情不容隱矣、

明太乙運式之法術

經曰運式之法、其義有九、引而伸之、觸類而長之、

第一詳太歲所在之辰、欲求計神合神、故先詳之、

計神者、太歲在子、命起寅、卯逆行十二辰、即知所在、合神者、太歲在子、合神在丑、如太歲在丑、亦與子合、在寅、則與亥合、在卯則與戌合、在辰則與酉合、在巳則與申合、在午則與未合是也、

第二詳太乙在何宮、以立監將所求之法也、備前篇、

第三詳何神爲吳目以置文昌而求始擊主客諸將、

天目者主目上將是也、名曰文昌、謂陰德屬乾、乾爲天門、大武屬坤、坤爲地户、天目之神行至天門地户之方、以同其命、故重留一筭以待之

第四詳何神爲計神所求之法、已備前篇、

第五詳計神命加和德宮而求始擊、

計神、乃計度之神也、能量天地人間之萬事、命加和德宮者、和德屬艮、艮爲鬼門、所司幽冥吉凶之初、故命以加之也、計神既加和德之宮、卻視天上文昌所臨之下而爲始擊神也、文昌爲主目、始擊爲客目、因

主而生客之義也、

第六詳文昌始擊配天地二目

文昌名地目、亦名下目、屬主人之計、始擊名天目、亦名上目、屬客人之計、文昌先言天目、今爲地目、亦爲下目者、爲主客之分也、先無始擊、故曰天目、因生始擊、始及而變、故爲地目也、爲主客分動靜之義、爲客長動而不息、類乎天也、故名天目、亦名上目、爲主常靜而守位、法乎地也、故名地目、亦名下目也、又經曰太乙法人君、二目法一相、上下目在大化中、則總名曰天目也、

第七詳文昌始擊所臨以求主客筭

文昌所臨在正宮、從宮數起筭、在閒神、從閒神數首一而起、由左順行、依宮數筭至太乙所行宮次後一宮而止、視積得幾何、是爲主筭、以後一宮而作前宮者、爲太乙之內故也、始擊所臨在正宮、從宮數起筭在閒神、從一而起、自左順行、休宮數筭至太乙所在宮次一宮而止、積得幾何、是爲客筭、以後一宮爲前宮者、太乙之內故也、其主客所得之筭、乃廟堂運籌之筭也、太乙法人君、二目法二相、君者無爲而處尊、位臣者有用以當宰職、故筭至太乙前一宮而止、爲

所得之筭、以别長短、以分勝負、猶多筭勝、少筭不勝
之謂也

第八詳主客置筭以定大將參將之宫

視主客二目所得之筭、或單一至九、或十一至十九、或二十一至二十九、或三十一至三十九、去十用零、隨所得之餘、即命為主客大將所遷宫次、如得一十或二十、或三十、或四十、以九去之、余零者命為大將之宫、凡国家興師動衆、必先運筭于廟堂之上、筭數既定、然後命將興師、以伐不義、故取筭周零為大將之宫也、欲求主客參將、以大將所得宫數、三因、仍去十用零、即得參將所在之宫、大將任閫外之事、掌生殺之權、豈一人能專治者乎、必用參將以輔之、裨將以助之、乃用三因而求參將也、三因取有前有中有後、亦三令五申之義

第九詳定計目大小將所在

夫取定計目大小將者、太乙為客重審之法也、子壽謂用兵之道、為客尤難、謂先起不易之謂也、法以歲月日時所用之計、合神命加歲月日時之辰、視天上文昌所臨何宫、其下即為定計目也、與二目取筭相合、依宫閫之神筭、至太乙之前、視得數幾何、仍去十

用零、命為定計大將之宫、三因取參將、此重審為客之術

明太乙歲月日時之計用式不同術

易曰天尊地卑、乾坤定矣、卑高以陳、貴賤位矣、是以有君臣父子夫婦之道、子行父道則義乖、婦行夫道則事悖、臣行君道則政逆、禮法不可亂也、故太乙有歲月日時之計、用式而不相同也、洪範言天地之大法、王省惟歲、卿士惟月、師尹惟日、不言于時者、時通上下、自天子達於庶人、通而用之也、宋琨謂有土之君用歲、公卿大夫用月、令長丞尉士庶用日、凡有所見聞、外國動静、主客相持、天災變異、用時、王希明謂王者用歲計、卿大夫用月計、衆庶用日計、天災變異、主客戰鬥用時計、各順其常序而用之也

明太乙考治所主術

經曰太乙者、天帝之神也、其神在太乙之南、使十六神而知風雨水旱、兵革饑饉、疾疫災害、常以治下土、順行八宫、不入中五、三年徙一宫、理天理地理人、二十四年為一周、天七十二年為一元之數也

第一年理天、齊日月星辰、使七曜無差其度、以明天道所臨之分、承天道而行、禮畏天時者、躬修德、君治道、臣輔、克終、天氣順序、萬物咸亨、則二曜光明、循五行經

緯不差若君違其道小人在位治化失常乖戾之氣隨感而興則二曜薄蝕五緯錯行彗孛飛流跂蜺氛霧光怪變異生焉此皆由於致治之亂而太乙致治行其罰經曰有德者昌無德者殃是以聖人克謹天戒以修其身宋仁宗命曰人君奉天在於修德夙夜兢兢戒謹於未形倘應不至必使天有譴告然後修德此豈畏天之道哉

第二年理地謂四氣八風使雨雪不愆其候以明地道若所臨之分承地道而行毋興土木之工使役人民而妨稼穡則天地之氣所以分四時之氣所以交風雨之

氣所以會陰陽之氣所以和而獲治地之效也若妄興土木之工驅役人民時妨稼穡則陰陽不調寒暑失節水旱蝗螟風雹雷火霜雪不時雨非其物天意民心符合響應作事謀始可不慎哉

第三年理人正君臣父子使長幼勿失其緒以明人道若所臨之分進忠良遠讒佞察獄訟恤孤寡則獲治人之效天下清平四方通泰國治而民安何患武之不備文之不著哉甚若逐忠良任小人禍亂不可勝數也

夫太者極也乙者數之始也造分天地化成萬物引一而三從乾為首三年一宮理天理地理人也天乙致治如臨無道之國失政之邦恃干戈恣侵伐則兵喪水旱饑饉流亡以行其罰樂産云能使日月無光五星流孛山崩地震水湧河竭是也若人君守道安民戢兵禁暴則七曜不差其度四民不失其業故詩云畏天之威于時保之可不慎哉

明太乙五將分屬五星術主客參將術

數之為用聖人則之故太乙主客五將之神由斯而立也也陰陽寒暑之氣由斯而生也四方動靜之道由斯而行也於是聖人受命必稽于數其理幽玄非知天人之際遠哉微矣王希明曰太乙在璇璣玉衡以齊七政神明有次

躔數有常一縱一橫隨天經行三五移節八九立功五常應期能敵四方明五將之正氣辨九宮之災祥皆管屬於五星也

太乙者木神也東方歲星之精受木德之正氣號曰監將主乎帝王旺在春三月也上目者火神也南方熒惑之精受火德之正氣在天為陽號曰始擊屬客上將為輔相之神旺在夏三月亦名天目

下目者土神也中央鎮星之精受土德之正氣在地為陰號曰文昌屬主上將為輔相之神旺在四季月也亦名曰地目

主大將者金神也為西方太白之精受金德之正炁主兵革戰鬪旺在秋三月也主參將者副將裨將也因主大將金德而生之故其神屬水生於秋旺於冬輔助于主

客大將者水神也北方辰星之精受水德之正炁主兵革征伐旺在冬三月也

客參將者副將裨將也因客大將水德而生之故其神屬木生於冬旺於春輔助于客

明五將應五方休咎之術

經曰五將應五方隨四時而明休咎凡陳兵原野兩軍相當乘生炁者勝乘死炁者負

假令秋三月旺八月攻東方時大簇為始擊是乘於生炁也戰勝攻取而獲大捷若以高叢為始擊即乘死炁也大敗兵潰依此例而推

明計神定計目二神所主術

經曰計神者歲神之始天机之神屬於火也為太乙之燭龍所司幽冥而能照計度也名之計神起寅也定計目者續火餘之熒惑之使度量光影休咎之机為重審之神也行次無常屬于客耳

附推陰陽二遁時計計神法

置時實各以十二去之餘者陽遁命起寅逆行十二辰陰遁命起申十二辰各一時一移筭外即陰陽二遁計神所在也

明太乙五將動靜所主術

經曰太乙者歲星之精也游行八宮孜治歲月日時之計故聖人則而象之創法制局太乙為人君二目法輔相二將定主客八門分勝負運沉机於樽俎之間恢宏畧於幃幄之內蓋王佐之要道也

太乙法人君者傳曰太乙乃天帝之神也故取象於人君其行次有時若順於中限安居之代垂拱無為優帝位以臨兆民君德日新故太乙法人君也其若臨於建功創業之初或巡幸親征討不義必窮兵黷武監督以戰而為征伐之首故曰監將也二目法輔相者文昌始擊二神也其在安居之代總百官治萬事輔佐人君治海內故曰輔相也其若臨於興兵征伐之世則運籌幃幄之間取勝千里之外故曰上將也然興兵征伐之際必先施謀於內然後命大將而出師大將所司閫外之權故主客大將也其次裨副大將者主參客參是也

明主客之炁統行之法

天目以十六神為客然天之陰陽也所得之數而為客筭

地目以十六神爲主此地之陰陽也所得之数而爲主矣得天之陰陽者應天之氣動而不息其神屬火地目始擊得地之陰陽者應地之炁靜而守位其神屬土天目文昌主客與太乙相交而變化生焉此主炁之常存而客炁之推遷主客之炁行塞於天地之間萬象萬類貫其中矣於其數也有長有短有緩有急有太過不及之体有和與不和之用於是關囚掩迫生焉格擊对挟出焉是統之以卦行之以交变化見焉休咎所由作也嗚呼黃帝風后創其大法千載之下遺文殘廢六經并存雖孔子亦未嘗道至於後世陰陽之家其事雖重其學則未天人之際遠哉微矣縱使一藝之士亦莫運籌又何用焉其太乙統行卦氣集之手後

明太乙九宮所主術

昔燧人氏仰觀斗極而定四才之名庖犧氏因之而畫八卦黃帝受命風后造術八卦九宮之旨自此興焉九宮之義法以靈龜二四爲肩六八爲足左三右七戴九履一此不易之常道也故九宮貴神循法而行本所華易惟太乙運籌主客而特躔一宮者黃帝命風后創法之初意也自晉已前莫詳其說惟郭璞太乙靈躍經云地卦東南宮數多者先過於九故躔九以填之梁庭曰太乙理天道明八

事王侯得一而天下正故躔一宮以就乾王希明曰太乙統人事而知未來之道故聖人持躔一宮以明先知之義也寶鑑云太者極也乙者數之始也造分天地化成萬物引一函三從乾爲首三年一宮理天理地理人聖人畫卦觀象乾得三者天道主覆畫於上地道主載畫於下人道裁成輔相畫於中天不以高大勝於地地不以廣厚勝於人人不以微而小于天地故天地人三畫等焉太極引一函三乾之始也故太乙三年一宮自乾爲首之義也又云謂一六者生成之數也在河圖則一屬于坎六屬於乾故九宮貴神命起坎而行者齊其炁也故用生數焉太乙主客之神命起乾而行者齊其成也故用成數焉

一宮乾亥戌太乙初判引一函三乾爲天爲首太乙之數行焉謂之天門主冀州并州

經曰文昌關囚必有迫挟君父之象乾爲君爲父之位也文昌者輔相上將也太乙居於君位而文昌至此又關囚之是謂輔相迫挟君父之象也

二宮離午乾天也人君爲天子代天而治世也離麗也聖人南面而治天下故次之以離主荊州豫州經曰太乙臨之君誅將相離者文明之卦明堂之位太乙處之象人君四居明堂審逆順察奸邪而誅不臣也離有兵戈治獄之

象焉
三宮艮寅丑三陽交泰萬物成始大德施生故次之以艮主主青州
后妃經曰始擊臨之變寵進中宮兵革興也艮為門闕為
閽寺其位屬土與中宮坤卦同屬相連始擊乃客目之神
有變寵進中宮兵起之象又云始擊屬客其應臨衝文昌
屬主其應臨乾為君父坤為后妃取此象也
四宮震卯陽氣壯盛物當動植長男主器好施以仁次之
以震主徐州經曰始擊臨之西戎兵侵始擊屬客其應臨
衝兌屬雍州之郊西戎係焉
五宮中宮天之樞紐斡旋八方太乙行其政治而不居焉
六宮兌酉天地盈虛過中則虧然當肅殺而行毀折次中
宮之後主雍州經曰客大將臨之南楚兵侵客大將臨其
應在衝震主徐州之郊而有南楚係焉
七宮坤未一變至七陽化純陰陽然溫舒陰然杳靄謂之
地戶故次於兌主梁益州經曰主大將臨之梁益兵起主
大將所在其應臨坤主梁益是也
八宮坎子坐坎朝離面南位北坎離之宮南北之正謂之
端門次於地戶也主兗州經曰太乙臨之大臣受誅坎乃
北方之正位上應紫微宮太乙嚮明而治以考其法坎之
卦為竊為隱伏為血卦若二目因對大臣伏誅之象太乙

行宮政治惟坎離二位有誅大臣之象焉
九宮巽巳辰天伸西北太乙出乾而為始焉地屈東南太乙
入巽而為終焉乾者健也巽者入也主楊州經曰客大將
臨之北狄侵客大將臨其應在衝乾主冀州并州其并
冀之郊西北夷係焉故北狄侵也
右九宮臨主其在關囚掩迫格擊対挟囚杜之年驗之
必矣其若三才美和而無囚迫等臨主為輕耳
明太乙在陰陽易絕之宮術
張良曰八三四九為陽宮二七六一為陰宮
一為絕陽九為絕陰其說謂午為一陰生至戌為單陰
亥為純陰戌亥居一宮之位故曰絕陽絕陽者蓋一宮
屬乾乃陰極而絕於陽也子為一陽生至辰為單陽巳
為純陽辰巳居九宮之位故曰絕陰絕陰者蓋九宮屬
巽乃陽極而絕于陰也此陽長地中陰生天上天地盈
虧禍福相及之故聖人有言曰禍兮福所倚福兮福所
伏賀人在廬帛人在門理乱相維之謂歟
歲計太乙與文昌始擊主客大小將在一宮則為絕陽
在九宮則為絕陰遇掩迫囚擊格挟杜固之年而有大
凶更會運卦內外災變極交除舊更新禍患深重三才
美和為災尚輕凡舉百事者慎而勿用四六為絕然其

說爲四宮屬震々當於卯春分炁交陽盛漸衰其氣漸
滅六宮屬兌々當於酉秋分炁交陰盛漸衰其炁漸絕
故曰四六爲絕炁也
二八爲易炁其說爲二宮屬離々当于午夏至氣交陰
生之始易其陽之炁也八宮屬坎々当子子冬至炁交
陽生之始易其陰之炁也故曰二八爲易炁也
歲計太乙典文昌始擊主客大小將在四六之宮則爲
絕炁在二八之宮則爲易氣遇掩迫囚擊格挾囚杜之
年而有凶変更會運卦內外極女史禍深重三才莫和
爲害輕不凡舉百事皆慎而勿用四計仝

明太乙八門所主術
黃帝命風后造式謂天有八門以應八風地有八方以應
八卦紀綱四時至明萬物故教出中以馭天下八門統焉
故立八門統八卦調八風理八政正八節諧八音舞八佾
監八方以終天地之功故八八六十四卦以極天地之変
化也開門直乾位在西北休門直坎位在正北生門直艮
位在東北傷門直震位在正東杜門直巽位在東南景門
直離位在正南死門直坤位在西南驚門直兌位在正西
開啟也休休也生成也左輔右弼也傷戕也杜柜也景整
也死止也驚懲也所以戒懼也

明太乙八門通變術 弘治十七年甲子生門直事命加各年太乙之宮而視分野災祥
一曰乾其宮風爲不周風居西北維陽氣藏于不用事
也立決刑罰誅必當其門曰天啟開門也宜遠行拓土開
疆所向通達宜以西北出師建旗鼓立城隍凡舉百事皆
吉開門馭一宮之炁以鎮乾也
二曰坎其宮風爲廣莫風居北方陽炁萌陰莫而陽廣
大也主出輕擊去縉晉其門曰建常休門也宜進選聚衆
安息休兵收貯財寶和集事業凡舉百事皆宜以北行戰
勝大獲休門馭八宮之炁以鎮坎也
三曰艮其宮風爲調風居東北維調治萬物而出之也主

整疆界修田疇其門曰物戶生門也宜拜將士求賢明進
敏達通使結和生育群品凡舉百事所向皆得行兵征伐
宜出東北兵門馭三宮之炁以鎮艮也
四曰震其宮風爲明庶風居東方以明象物盡出之義主
出幣帛使諸侯其門曰雷霆傷門也主疾病災傷宜漁獵
襲捕向東方行逐盜賊而見無傷々門馭四宮之炁以鎮
震也
五曰巽其宮風爲清明風居東南維以風吹萬物而暢茂
主賞有功爵俊傑其門曰耀武杜門也主閉塞不通宜以
隱伏討逆誅戮兇暴不利興兵征伐宜堅壁固守行者速

害或杜塞不通凡舉百事皆凶杜門馭九宮之炁以鎮巽
也
六曰離其宮風為景風居南方以陽炁道竟而景物著明
之義主修德政祀四郊其門曰赤帝景門也主鬼怪遺亡
宜以麗正暉陽求賢訪士講明治亂賜勞將卒突城破圍
向抵其方行者道必遺亡及逢鬼怪景門馭二宮之炁以
鎮離也
七曰坤其宮風為涼風居西南維陰氣之賊萬物也主收
藏斂琴瑟其門曰蓄順死門也主死喪塋埋宜以弋獵而
行刑戮西南方也不宜出兵征戰行者病鬪者敗亡死門
馭七宮之炁以鎮坤也
八曰兌其宮風為閶闔風居正西方閶倡也闔藏也言陽
炁道萬物闔黃泉也主修宮室防邊徼其門曰武雷驚門
也主驚恐奔走宜掩捕鬪訟攻擊伏兵利于西方凡舉百
事憂禍隨之驚門馭六宮之炁以鎮兌也
右推之以法置所求八門直事視太乙在何宮分即命
直事加之則知國君分野災祥遇開休生三門大吉景
門小吉遇杜死傷三門大凶驚門小凶若吉門臨于旺
相有炁之方嘉祥倍之若臨所畏受制無炁之方為吉
減半如凶門臨于旺相有炁之方其禍倍之如在所畏

受制之方為災減半更會太乙在絕陰絕陽易氣之宮
帶囚擊提挾者國王之災若在天目下關格者輔相之
災若遇大小將關迫囚擊提挾者當有死亡歲計用之
其分野在死傷杜門下者有兵喪疾病流血民災若在
驚門下者必有襲奪之禍若始擊同主大將在杜死驚
傷四門之下主口舌妖言也
又常以開門加太乙宮視天目不在開休生三門之下
為太乙之門具也
又以開門加主大將之宮視太乙文昌不在開休生三
門之下為主之門具也
又以開門加客大將之宮視太乙始擊不在開休生三
門之下為客之門具也
又常以所直事門加定計目所在之宮即知四計動靜
古凶之事其法尤為的也
明太乙十六宮間之神術
爾雅云四時氣和謂之玉燭律曆志云太極運三辰五星
于上而元炁順轉統三元五行于下而大易流行分之為
二乃得剛柔化而為四謂之四時四時之象分布四維行
于十二支辰故有十六神焉
子神曰地主建子之月陽氣初動萬物在下故曰地主

丑神曰陽德建丑之月二陽用事布育萬物故曰陽德
艮神曰和德春冬將交陰陽氣和群物方生故曰和德
寅神曰呂申建寅之月陽氣大申草木甲析故曰呂申
卯神曰高叢建卯之月木氣大旺萬物皆出自地奮生
故曰高叢
辰神曰大陽建辰之月五陽正氣飛龍在天故曰大陽
巽神曰大炅春夏將交光明發輝萬物結齊故曰大炅
巳神曰大神建巳之月大陽大倫火神司權萬物長盛
故曰大神
午神曰大威建午之月陽謝陰生火神炳化刑暴始行

故曰大威
未神曰天道建未之月二陰在事萬物將成故曰天道
坤神曰大武秋夏將交陰氣絶陽殺傷草木故曰大武
申神曰武德建申之月金氣始旺肅殺司權故曰武德
酉神曰大簇建酉之月萬物成熟大有品簇故曰大簇
戌神曰陰主建戌之月五陰正盛黄裳元吉故曰陰主
乾神曰陰德秋冬將交陰終生陽大有其德故曰陰德
亥神曰大義建亥之月六陰大倫水神司權萬物潛闔
故曰大義
太乙統宗寶鑑卷之二終

故曰大威
未神曰天道建未之月二陰在事萬物將成故曰天道
坤神曰大武秋夏將交陰氣絶陽殺傷草木故曰大武
申神曰武德建申之月金氣始旺肅殺司權故曰武德
酉神曰大簇建酉之月萬物成熟大有品簇故曰大簇
戌神曰陰主建戌之月五陰正盛黄裳元吉故曰陰主
乾神曰陰德秋冬將交陰終生陽大有其德故曰陰德
亥神曰大義建亥之月六陰大倫水神司權萬物潛闔
故曰大義
太乙統宗寶鑑卷之二終

太乙統宗寶鑑卷之三

明太乙五將主客之數變化術

太乙五將主客之筭、變化盈於天地之間、列之而為五將、上應五星、下應五方、行於歲月日時、謂之五德、稟賦於人、謂之五常、其精氣之用、謂之五行也、參五以變、錯綜其數、有主筭焉、有客筭焉、三代之後、數術之士異焉為災異之學、務極其說、凡天地萬物、事物務巨細、皆稟之於五行而受之於主客也、王者之有天下、順太乙而治、政得其道、取不過度、斯天地順成、萬物茂盛、民以安樂、謂之至治、失其道、用物傷夭、民被其害、則天地之氣沴、三光錯行、寒暑失節、以致水旱蝗螟、風雹雷火、政小失則小變、大失則大變、事徵而象徵、事彰而象彰、考示吉凶之罰、不然則皇天何以陰騭下民、警悟人主哉、帝王德配天地、叶契陰陽、發號施令、動關幽顯、休咎之徵、隨感而作、故太乙運筭主客以明先知之義、是以筭和有祥符之兆、可得而言、不和有妖訛之象、以形徵驗、神則陰陽不測、天則欲人遷善、嗚呼、修人事以復天理、此孔子作春秋之本意也、

明太乙主客陰陽和不和之數術

張良曰、陰陽和不和者、謂太乙主客二目、就所在宮辰命筭數以相配、視陰陽之數和與不和也、獨陽無獨生、陰無獨

利為客、陰多利為主、筭和之氣、其政平、純陽之氣、其君暴、純陰之氣、其臣縱、陽和之氣、其政清、陰和之氣、其政濁、重陽厄火、重陰厄水、雜陰雜陽、其氣雜錯、陰陽失節、雨雪愆期、災咎所由生也、聖人順天地、序四時、為能通天下之志、所謂堯之時不得不水、湯之時不得不旱、漢之所以為漢、唐之所以為唐者、皆數存焉、凡涉於數者、可不知節宣補助之方乎、

明太乙陰陽相資為用術

經曰、陽之所立者陰也、陰之所求者陽也、陽不独立、陰不獨榮、是以陽得陰而成、陰得陽而生、故曰陽得陰而為雨、陰得陽而為風、剛得柔而為雲、柔得剛而為雷、無陰則不能為雨、無陽則不能為雷、雨柔也、而屬陰、陰不能独立、故待陽而後興、雷剛也、而屬陽、陽不能獨發、故待陰而後興、陽必資陰、陰必資陽、以成道也、故太乙陰陽相應、其筭為和、其氣為順、陰陽不相應、其筭不和、其氣為逆也、以筭論之、一三七九為奇、二四六八為偶、以宮配之、八三四九為陽、二七六一為陰、三九奇數也、而配在陽宮、謂之純陽、其數自臨為重陽也、故三十三、三十九為重陽之筭、二六偶數也、而配在陰宮、為之純陰、其數自臨為重陰也、故二十二、二十六為重陰之筭、一七亦為奇數也、而配在陰宮、是

陰而為太過、純陽君暴、純陰臣強、
陽宮八三四九、純陽三十三三十九、
陰宮二七六一、純陰二十二二十六、
太乙天目立陽宮、筭得純陰、立陰宮、筭得純陽、而為不
及、皆為大凶、此二者在純陰凶尤甚也、
太乙天目立陽宮、筭得雜重陽、立陰宮、筭得雜重陰、而
為次凶、雜重陰災尤甚、
陽宮八三四九、雜重陽十三十九三十一三十七、
陰宮二七六一、雜重陰二十四二十八、
太乙天目立陽宮筭得雜重陰、立陰宮筭得雜重陽、內
外有謀、視二目在陰陽之內、得筭多寡、以和為勝、須攷
炁數淺深而知成敗、
太乙天目立陰宮筭得陰中重陽、內有謀者、(在陽宮筭)得陽中重
陰、外有謀者、視二目臥在得筭多寡、以和為勝、須考炁
數淺深以明成敗、　陽宮八三四九、陽中重陰二十四二十八、
陰中二七六一、陰中有(重)陽十一十七、
二目筭得十四十八為上和之筭、二十三二十九三十
二三十六為次和之筭、十二十六二十一二十七三十
四三十八為下和之筭、視太乙天目所立陰陽五行之
內、攷其炁數旺相淺深、以明休咎、如遇筭和之年陽多

利為客、陰多利為主、筭和之炁、其政平、純陽之炁、其君
暴、純陰之炁、其臣縱、陽和之炁、其政清、陰和之炁、其政
濁、重陽厄火、重陰厄水、雜陰雜陽、其炁雜錯、陰陽失節、
雨雪愆期、災咎所由生也、聖人順天地序四時、為能過(通)
天下之志、所謂堯之時不得不水、湯之時不得不旱、漢
之所以為漢、唐之所以為唐者、皆數存焉、凡涉於數者、
可不知節宣補助之方乎、

明太乙陰陽相資為用術

經曰陽之所立者陰也、陰之所求者陽也、陽不獨立、陰不
獨榮、是以陽得陰而成、陰得陽而生、故曰陽得陰而為雨、
陰得陽而為風、(剛)則得柔而為雲、柔得剛而為雷、無陰則不
能為雨、無陽則不能為雷、雨柔也、而屬陰、陰不能獨立、故
待陽而後與、雷剛也、而屬陽、陽不能獨發、故待陰而後與、
陽必資陰、陰必資陽、以成道也、故太乙陰陽相應、其筭為
和、其炁為順、陰陽不相應、其筭不和、其氣為逆也、以筭論
之、一三七九為奇、二四六八為偶、以宮配之、八三四九為
陽、二七六一為陰、三九奇數也、而配在陽宮、謂之純陽、其
數自臨為重陽也、故三十三三十九為重陽之筭、二六偶
數也、而配在陰宮、為之純陰、其數自臨為重陰也、故二十
二二十六為重陰之筭、一七亦為奇數也、而配在陰宮、是

為雜陽其數自臨為陰中重陽故十七十一為陰中重陽也與陽奇之數併之為雜重陽故十三十九三十一三十七為雜重陽之筭也四八亦偶筭也配在陽宮是為雜陰其數自臨為陽中重陰故四十四四十八為陽中重陰也與陰偶之數併之為雜重陰故二十四二十八為雜重陰之筭也十者數同於一也一七奇數也配在陰宮四八偶數也配在陽宮是為陰陽自和之數其相配為中和之和故十四十八之數為上和之筭也二六偶數也配在陰宮三九奇數也配在陽宮是為陰陽独立之數其陰陽之數相併而為和故二十三二十九三十二三十六為次和之筭也其陽獨立之數與陽（別作陽）自和之數相配其陰独立之數與陰（別作陽）自和之數相配亦為和矣故十二十六二十一二十七三十四三十八為下和之筭也此太乙陰陽之數就宮數以相配也

明太乙繞行五運六氣術

太乙主客之氣周流乎天地之間和（數）則為福不和則為禍深則為疾人君所以壽天下之脉者莫此為大也黃帝臨御風后創法後世聖人得以探賾索隱盡其栽成輔相之宜以明治亂皆不離於太乙之法也夫太乙陽宮之神有四陰宮之神有四二四合而為八三因之而得二十有四謂之一周三因周法而得七十有二〻謂之一元主客之炁貫於其中太過不及斯皆見矣神有五將屬之五行五行屬之於五氣此太乙之致用應天之氣動而不息若客炁也始繫屬之應地之氣靜而守位若主氣也文昌屬之上下相臨陰陽相錯變化由之生休咎所自出也統之五運以叙六氣主客盈虛消息升降太乙之所統也故甲己之歲土運統之乙庚之歲金運統之至於丙辛也丁壬也戊癸也其統之水運木運火運矣子午之歲上見少陰丑未之歲上見太陰至於寅申也卯酉也辰戌也巳亥也其上見少陽陽明太陽厥陰矣厥陰司天其化風少陰司天其

化熱者其化濕者太陰之所司也其化火者少陽之所司也以至燥則為陽明之化寒則為太陰之化此三陰三陽五太六少之義木運之歲上見厥陰火運之歲上見少陽少陰土運之歲上見太陰金運之歲上見陽明水運之歲上見太陽此五者天氣下降太乙統之如相符合所謂太乙天符者也木運之歲〻當于卯火運之歲〻當於午土運之歲〻當於辰戌丑未金運之歲〻當於酉水運之歲〻當於子此五者太乙所乘謂之歲直火運之歲上見少陰年辰臨午土運之歲上見太陰年辰臨未金運之歲上見陽明年辰臨酉此三者天氣運氣與太乙年辰俱會曰三

合為治亦曰天符乃太乙之所統也主炁客炁循環不已主炁多而筭和為順客炁多不和為逆考之于古驗之于今數遇太過之年當抑其太過扶其不及於声則尚商尚羽於味則為辛為鹹於政則正罰正刑天不人不因人不天不成所謂裁成天地之道輔相天地之宜者太乙也

明太乙主客陰陽厄會術

經曰太乙在陽宮筭得奇數為重陽八三四九乃陽宮也一三五七乃奇數也太乙在陰宮筭得偶數為重陰二七六一為陰宮也二四六八乃偶數也重陽之筭厄火有大旱災傷之變重陰厄水有水湧災傷之變文昌得之其應在主主者君王之筭也始擊得之其應在客客者四夷敵国之筭也主在內客在外云尔

脩水具疏河溝築堤防完城邑浚濠渠通水利以脩水災之患脩火具禦宗廟慎宮室徹府庫以脩火災之患勿奪民時勿傷民財勸稼穡儲積倉廩以脩水旱凶年賑濟百姓王者之事国無九年之積曰不足無六年之積曰急無三年之積曰国非其国三年耕必有一年之積九年耕必有三年之積大禹塗山之會執玉帛者萬国于是公家有三十年之積私家有九年之儲是故堯有九年之水湯有七年之旱而国無捐瘠者以積多而

先脩也

明三才以推天地人術

經曰天地初形人物既著三才奠焉三才者太乙之元氣也有天有地有人焉天不以高大勝於地地不以廣厚勝於人人不以人微而跡於天地數雖差殊要其至一也是以聖人經以三才而太極立緯以八卦而太極變一經一緯萬化脩焉

經曰筭中無十者為無天也當此之時天有變異二曜虧蝕五緯失行彗孛飛流霜雹為沴此謂筭得一二三四五六七八九為無天之筭也

唐昭宗景福二年癸丑歲太乙八第五紀壬子元第二局太乙在一宮文昌在大簇主筭得單六為無天之筭天有變異是年春夏建陰四十餘日四月十七日雲開見彗星長十餘丈起上台東行入大微垣掃大角入天市經三十七日漸長一倍後遇陰況而藏此無天之驗也

經曰筭中無五者為無地也當此之時地有變異山崩川竭地震水湧而生妖怪此謂筭得一二三四十一十二十三十四二十一二十二二十三二十四三十一三十二三十三三十四為無地之筭也

唐太宗貞觀八年甲午歲太乙入第一紀、甲子元、第三十一局、太乙在三宮、文昌在大炅、主筭得三十三為無地之筭、地有變異、是年隴右山崩、大蛇屢見、長百餘丈、淮南大水、遣使巡察、此其驗也、

經曰筭中無一者、為無人也、當此之時、人有變異、口舌妖言、更相殘害、疾疫兵革、遷徙流亡、此謂筭得單十、或二十三十四十為無人之筭也、

唐輝王天祐二年乙丑歲、太乙入第六紀、壬子元、第十四局、太乙在六宮、文昌在大神、主筭得單十、為無人之筭、人有變異、是年梁王朱全忠殺宰相三省官殆盡、流血成川、人民饑困、遞相殘害、死者不可勝數、此其無人之驗也、

梁產王佐秘珠云、天地人三才之數、須視太乙入宮所理之年、災變為驗、如得無天之筭、天變在太乙理天之歲也、如得無地之筭、地變在太乙理地之歲也、如得無人之筭、人變在太乙理人之歲也、如太乙在理天之歲、得無天之筭也、人君修德、其次修政、其次修救、其次修禳、則日月無虧、五星無差、其度以消天之變也、太乙理地之歲、得無地之筭也、人君用警天戒、無興土木之工、營宮室、飾臺榭、不後人民、毋妨稼穡、則四序炁和、八風順應、雨雪以時、不愆

其候以消地之變也、太乙在理人之歲、得無人之筭也、人君奉天修德、夙夜競戒、進忠良、遠讒佞、察獄訟、恤孤寡、偃兵息民、結和通使、如此則天地炁和、五穀豐稔、以消人之變也、金鏡曰若筭得十六二十六三十六十七二十七三十七十八二十八三十八十九二十九三十九、此皆天地人三才具足之筭也、

明五音以推休咎術

太乙五音之數、分屬五行、一二為宮、三四為徵、五六為羽、七八為商、九十為角、天五地五之本体、天奇地偶之數、一二為宮、土也、而得君象、為三四為徵、火也、生君土、宗廟屬為五六為羽、水也、君土制之、后妃宮中之象、為七八為商、金也、君土生之、子孫屬焉、九十為角、木也、君土受制、疫病生焉、夫聖人之所作也、在乎知天之變者、人情之動、則可以言知之、天道之動、則可以數知之、數之為用也、聖人以知君道得、則和炁應、休徵生、君道失、則乖氣應、咎徵生、皆係之於時、而驗之於政也、

經曰筭得一為宮、二為比宮、宮有變占在人君、宜修德審令、照六合、光四表、急先務、急親賢、進有功、賞有德、布恩施惠、發明舊章、如此則龍德日新、神休永固矣、其若棄法度、逐功臣、治宮室、飾臺榭、內淫亂、廢太子、犯親戚、侮父兄、放

恣縱暴、勞役入民、而妨稼穡、則災變隨感而作、崩亡凶咎
出爲帝王德合天地、叶契陰陽、數之有常、謹察其變、秦漢
以下、言太乙者不勝其繁、皆以爲災害之変、一定而不可
易、予之所術、不得不異乎此爾、

唐高祖武德元年、巳卯歲、太乙入第一紀、甲午元、第十
六局、太乙在七宮、文昌在天道、主筭得單一、筭和、其年
即天子位、海內息兵、人民歡泰、有德者昌之驗也、

唐高宗永淳一年、癸未歲、太乙入第二紀、丙子元、第八
局、太乙在三宮、文昌在陽德、主筭得單一、其年太歲與
太乙格、有崩亡兵役之事、高宗封太山、告大平、致群瑞、
廣營宮室、勞役下民、十二月初四日上崩于洛陽宮、四
夷兵侵之驗、

經曰、筭得三爲徵、四爲比徵、々々有變、占在宗廟、亦曰相、人
君嚮明而治、永清四海、當孝以配天、爲大聖以饗帝、爲能
承天之序、郊上帝、祀后稷、享宗廟、祀鬼神、如此則調元氣、
和陰陽、上格神休之佑、下臻萬物之宜、政教安則太平之
所致矣、其若田獵馳騁、飲食不享、出入不節、不修法度、妄
興徭役、以奪民時、而作姦詐、以傷民財、任用佞臣、信道不
篤、則有宗廟宮館災害之変、雖興師動衆、弗能救也、

唐明皇開元十年、壬戌歲、太乙入第二紀、丙子元、第四
十七局、太乙在九宮、文昌在高叢、主筭得單四、經曰、四
爲比徵、徵有變、占在宗廟、是年五月增太廟爲九室、遷
中宗神主入廟之應驗、

魯威公十四年、甲寅歲、太乙入第二紀、丙子元、第九局、
太乙在三宮、與太歲格、文昌在和德、主筭得三、經曰、三
爲徵、々々有變、占在宗廟、是年八月、奉宗廟、御廩火災、董
仲舒以爲先是四国共伐魯、大破之於龍門、百姓傷苦
者未瘳、故天災御廩以戒之、劉向以廩所貯夫人八妾
所舂之米以奉宗廟者也、時任用小人、及夫人有婬行、
諸公見殺之戒、劉歆以爲棄法度亡禮樂之應、

經曰、筭得五爲羽、六爲比羽、々々有變、占在后妃、后配君、坤
配乾也、宜修德施恩以宣內助、戒奢私謁以輔至明、故天
子之與后、猶日之與月、陰之與陽、父之與母也、知臣下之
勞、有好賢之志、無傷善之心、厚人倫、風天下、則嘉祥隨感
而見、宮掖輝光、邦國道泰矣、其若權柄任於女主、臣下縱
恣、專權、禍亂可勝言哉、

唐高祖武德九年、丙戌歲、太乙入第一紀、甲子元、第二
十三局、太乙在九宮、文昌在陰德、主筭得十六、經曰、六
爲比羽、々々有變、占在后妃、其年八月九日、太宗登位、遣
司空裴寂燔祭告于南郊、大赦天下、放宮女三千、立妃

長孫氏為皇后

晉惠帝永興元年癸酉歲、太乙入第四紀、戊子元、四十六局、太乙在九宮、文昌在呂申、主筭得單五、〻為羽、經曰羽有變、占在后妃、是年廢后羊氏、處之金墉城、既而後還立、立而復廢、又詔賜死

經曰、七為商、八為比商、〻有變、占在子孫、人君命以哲士為師、賢儒為傅、教以經史、問以仁孝、通於政事、明於稼穡、養以德器、親以正人、如是而家齊国治也、其若在（左）右無正人、去就不以道、立心無恒、則根本喪矣、幽啓奚釋、

唐高祖武德二年庚辰歲、太乙入第一紀、甲子元、一十七局、太乙在六宮、主筭得單七、為商、〻有變、占在子孫、其年次子秦王平并州回、封皇太子、皇孫八人為王、

魏武帝天賜元年甲辰歲、太乙入第三紀、戊子元、第十七局、主筭得單七、其年立為（太子）皇太子、此子孫之驗也

經曰九為角、十為比角、角有變、占在疾病、人君宜推明運氣以理陰陽、審藥石之性、察丸散之宜、自慈幼而終之惠濟於民、以應天變而順其調治也、其若失職之疾所由生也

漢獻帝建安元年丙子歲、太乙入第六紀、壬子元、第二十五局、太乙在一宮、文昌在地主、主筭得三十九為角、

經曰、角有變、占在疫病、其年君臣災病、天下大疫、人民夭喪、

梁末帝正明二年丙子歲、太乙入第六紀、壬子元、二十五局、主筭得三十九為角、〻有變、占在疾病、其年三月劉鄩與晉王大戰于元城、敗績、軍疾民疫、死者不可勝數、此角音疾病之驗

明太乙五音之元術

夫太乙五音之數、先（元）分天地、因田之良醫者、辨陰陽、天數在地、地數在天、譬如陰證多陽、陽證多陰、差以毫釐、謬以千里、太乙造化、聖人法之、而應世雖萬變、而有常理所執簡易也、天地之道（不過乎明於聖人之道）、不過乎仁義、常以立體、變以致用、無體則用不能自見、無用則体不能獨明、故一奇一偶、陰中有陽、〻中有陰、天地之道也、天一地二、數之始也、故為宮音、宮土也、人君象之、天五地六、數之中也、故為羽音、羽水也、宮土克之、妻后象焉、天九地十、數之終也、故為角音、角木也、宮土受制、疾病象焉、益數始于天一地二、終於天九地十之謂也、天三地四、在始中之間、故為徵音、徵火也、以生宮土、宗廟象焉、天七地八、在中終之間、故為商音、商金也、因君土而生之、子孫象焉、音生於宮、窮於角、數始於上、理終于下、生於無形、成於有形、太乙五音之數備矣、一著既

萌不蕃茂和暢而陽烝不極一葉既落不枯槁乾焦而陰烝不終覌萌芽而喜覩落葉而悲者太乙盛衰之理也

太乙統宗寶鑑卷之三終

太乙統宗寶鑑卷之四

明太乙掩迫關囚提挾所主災異術

太者、極也、一者、數之始也、造分天地、二曰配焉、分之為四、四將屬焉、故有主大主參客大客參之為七政、猶日月之與五星也、故經云太乙運璇璣以齊七政、此之謂也、王者治天下、布德行政以順人心、是謂奉天、至於太乙之神、行於歲月日時四計之中、常動而不息、不能無掩迫關囚之變、不能無擊對提挾之占、其驗有中而有不中者、不可為有常、在于人君修省、用謹天戒、未有人心悅於下而天意怒於上者、未有人事不理於下而天道順於工者、其興亡治亂之由、可得而見之也、

釋掩

掩者陰盛陽衰、陰掩於陽也、猶太陽之蝕焉、臣強君弱之謂、吁、可畏哉、人君以柔馭下、不任忠良、政治不行、王綱失序、下陵工替、掩襲劫殺之義也、國破家亡、警示戒懼、歲計遇之、人君宜修德理政、薄賦安民、其於陵暴災變何有乎、張良云、上目(自)相加(加)太乙宮為掩、宋琨周玄云、始擊加太乙宮為掩、樂產王佐秘珠云、始擊將臨太乙宮為掩、歲計遇掩迫關囚擊四固四杜四挾、在天地翔畀歲格之時、災尤深也、君不以道、王綱失序、致臣強君弱、身死國亡、及賊盜兵起水旱疾疫霜雹為殄、王希明金鏡云、掩者、掩襲劫殺之義也、若掩太乙在易絕之宮、人君大凶、在絕陰絕陽之位、臣下受誅、掩大將(主大將主筭不和為凶筭和為吉)雖凶、參將筭和、以小將擊之勝、若參被掩、則小將凶也、三千七百一十七

秦二世二年甲午歲、太乙入第五紀、庚子元第五十五局、太乙在三宮、始擊臨和德、犯太乙宮為掩、文昌在武德格、計目亦格、客大將主客關囚、其年八月趙高弑二世、太乙遇掩之驗、三年秦王子嬰又殺趙高、亦是關囚不利之驗也　四千八百九十一

文昌囚　太乙客大將掩太乙

唐昭宗天復一年壬戌歲、太乙入第五紀壬子元第十一局、太乙在四宮、文昌在高叢、犯太乙宮曰囚、始擊在陽德、客筭得四、客大將犯太乙宮為掩、其年昭宗幸鳳翔、李茂貞中尉韓全誨各有挾天子之意、四月梁王朱全忠遣命朱友寧以大軍屯興平、岐山出戰為其所敗、全忠自河中率軍五萬国(圍)鳳翔(翔)十二月、邠寧鄜等州皆為全忠所有、此文昌囚客大將犯太乙之驗也

太乙值始擊侵淩相掩之年、其凶最大、夫有國者不患貧而患不安、誠能立紀綱、整法度、褒善黜惡、抑強扶正、修德理襄、薄賦安民、豈有纘橫強暴掩襲劫掠之患、何憂下之

不順上之不定乎、

釋迫　六目為始擊、五目為文昌、

迫者、逼迫脅持之義、上不以道馭下、下不以忠事上、上下相淩迫挾之象也、臣之迫君、乃上之不明爾、古有言曰、邦無道、政在大夫、若政在大夫、擅以生殺之權、操以國政之柄、小人之黨、參之左右、迫挾之禍、甚矣哉、黃帝五將法曰、前為外迫、後為內迫、謂上下二目主客大小四將在太乙左右為迫、李淳風謂上下二目主客大小四將及定計目在太乙左右名曰迫、王希明金鏡云、上目無迫義、若下目在太乙前一辰為外辰迫、在太乙前一宮為外宮迫、在太

乙後一辰為內辰迫、在太乙後一宮為內宮迫、宮迫災微、緩、辰迫災急重、為迫之近者、災深而速也、金鏡云、外迫之時、大臣逆命、內迫之時、同姓逆謀、后妃懷二心、若內外迫擊、則內外連謀、筭不和者敗、謀若俱在易絕之宮、先勝後敗、如大小四將迫太乙、謀在朝臣、又李淳風云、在前為明迫、事在外而攻在內也、在後為暗迫、事發于內、近親宗室攻之也、如太歲在太乙前、陽年災深、陰年災淺、如太歲在太乙後、陰年災深、陽年災淺○樂產謂上下二目主客大小四將及定計目在太乙前後宮辰皆為迫、迫者逼迫也、若逼迫之時、用兵主客俱敗、人君慎之、宜修德、大施恩惠、

舊說云、天目在宮者為迫、在筭者為擊、擊理不可以為迫、迫理不可以為擊、

秦始皇三十七年、辛卯歲、太乙入第五紀、庚子元第五十二局、太乙在二宮、文昌在天道、外辰迫、主筭三十九、主大將在九宮、內宮迫、主參將在九宮、亦外宮迫、其年始皇崩、太子扶蘇當立、趙高矯詔賜死、迫之驗也、

漢昭帝元平元年、丁未歲、太乙入第一紀、甲子元四十四局、太乙在八宮、文昌在陽德、外辰迫、主大將在三宮、外宮迫、其年帝崩、立昌邑王即位、繼後霍光廢帝為昌邑、太乙迫之驗也、

漢平帝元始五年、太歲乙丑、太乙入第二紀、丙子元第五十局、太乙在一宮、文昌在大神、主筭得十六、主大將在六宮、內宮迫、主參將在八宮、外宮迫、始擊在太威、客筭得一十五、八門杜、其年王莽鴆平帝之驗、

唐輝王天祐二年、乙丑歲、太乙入第六紀、壬子元第十四局、太乙在六宮、文昌在大神、主筭得單十、客筭得單九、主大將在一宮、外宮迫、客參將在七宮、內宮迫、其年梁王朱全忠殺唐宰相三省宮殆盡、乃內外迫輝王之驗、

天道以數象示興廢、則欲還善修省、歲計遇太乙迫挾之

時人君急先修政、察奸佞、審邪惡、疎外戚、斥嬖寵、遠女謁、慎左右、防微杜漸、以遏其變、

釋關

關者、謂主客大小將自相同宮、在相持爭鋒之際、以强軍壯士、推以要害、互相關防隄備之義、張良云主客大小將自相同宮為關、有客關主人、有主人關客、當相關之時、若一林二虎、一泉二蛟、忍有盛衰、勢不兩立、則以主客目所臨之神五行決之、盛衰可見矣、歲計遇之、將相有相陵之禍、兼并爭奪、不利有為、李淳風云、歲月日時四計之數、若主客大小同宮為關、多筭者勝、少筭者負、筭和者勝、不和者負、然筭齊為關者、如單九十九二十九、雖大小將同宮、筭有長短、和與不和之分、但相關時、將相忌之、宋琨云客大小將犯文昌宮為客關主人、主大小將犯始擊宮為主關客人、故曰筭齊為關也、歲計遇之、將相不利、有為、王希明曰、關之為義、但將相自相忌之事、不及於人君也、

唐文宗太和四年庚戌歲、太乙入第四紀、庚子元、第十一局、太乙在四宮、文昌在高叢、主筭得四、主大將在四宮、主參將在二宮、計神在辰、始擊在陽德、客筭得單四、客大將在四宮、客參將在二宮、謂之關因、其年二月、興元軍亂、殺節度使李絳、從事趙存約等、先是南蠻寇蜀、

詔募兵千餘人、至中道、蠻兵已退、遂還興元、繼後詔命募兵罷歸、絳給以廩麥、皆怏怏而退、監軍楊叔元怨絳不奉己、以言激之、募兵遂譟聚、兵攻叔府庫、兵入、絳方與賓僚宴會、吏報曰募兵亂、請避之、絳曰吾為守土卒臣、將安往、麾存約進之曰臨難苟免、非君子之忠也、遣牙將王棠力戰、死之、絳與存約皆為亂兵所害、上聞振悼、蓋其年主客筭齊、大小將相關之驗、

魯平公九年癸亥歲、太乙入第三紀、戊子元、三十六局、太乙在四宮、文昌在大武、主筭得二十五、八門杜左、大小將不出中宮、始擊在大威、客筭得二十七、客大將在七宮、關文昌、其年秦師伐楚、克城而還、此客筭長和關生之驗、數關之時、人君張乃文、用乃武、文以禁暴、武以禦寇、此關防之戒也、孔子曰其身正、不令而行、况上下相承、中外相接、布之於政、施之以嚴、賞有功、罰有過、宣諭大臣、撫慰將帥、以禦相關侵陵之禍、得其宜哉、

釋囚

囚者、拘繫執止之義、犯上之故也、文昌主客大小將與太乙同宮、總名曰囚、若在易炁絕炁之地、大凶、歲計遇之、有崩亡簒戮奔敗之禍、若在絕陰絕陽之地、自敗、又云諸將與太乙同宮、或近主將、所謀在同類、近參將、謀在內也、視

二日筭和者利筭不和者謀不成日月時同占樂産云文昌與太乙同宮為關關與囚理別關囚之時不利為主客居之代不可以先舉兵也唯宜固守歲計遇關囚大凶則有崩亡及奔敗之禍日月之計皆同李淳風云主客大小将與太乙同宮為囚囚者拘繫也文昌與太乙同宮為關關者隄防也關囚皆不和為主不利人君慎之也

漢建安十九年甲午歲太乙入第六紀壬子元四十三局太乙在八宮文昌在地主主筭得單八為關囚主大将八宮亦囚孫權乘駿馬渡河張遼問曰乘駿馬紫髯将軍為誰曰孫會稽也遼深嘆恨不知權幾不免此關囚之驗不利先舉之義

晉大寧三年甲申歲太乙八二紀丙子元第九局太乙在三宮文昌在和德主筭得單三為關囚主大将在三宮亦囚其年大将王敦反至金陵越城敦病死次将錢鳳沈充退敗兵誅之傳首金陵此關囚不利先起之驗也

後梁末帝同德二年壬午歲太乙入第六紀壬子元第二十一局太乙在三宮文昌在大炅主筭得三十三主大将在三宮囚始擊在陰主客筭單十客大将在一宮客參将在三宮亦囚其年正月戴思遠敗退以應先起無功之驗

釋擊

擊者奮縱擊摶上下相陵之義為始擊在太乙宮左右相陵之故也經曰始擊在太乙前一辰為外辰擊在前一宮為外宮擊始擊在太乙後一辰為內辰擊後一宮為內宮擊所謂擊者凌摶擊刺上陵下僭之義也此時人君将相忌之皆不利有所為也張良宋琨樂産淳風希明經旨並云始擊但近太乙宮總名為擊擊在外者諸侯侵凌臣子生逆或外國侵伐在辰為急在宮為緩擊在內者近臣國姓親王后妃之族辰為急宮為緩枝筭利鈍絕易有無以占勝負

秦始皇六年庚申歲太乙入第四紀壬子元第六十九局太乙在八宮文昌在大威主筭得十六和主大将在六宮掩始擊在和德外宮擊客筭得三十二客大将二宮格其年韓魏趙衛楚五國興兵伐秦秦師出五國兵皆敗追衛君於汚而拔衛不利有為擊之驗也

漢武帝元狩四年壬戌歲太乙入第六紀壬子元第七十一局太乙在九宮文昌在大武主筭得二十九主大将九宮囚始擊在大神為擊時遣李将軍北伐草寇兵不利自刎廢為庶人此擊之不利有為之驗或問此年

元帥衛青霍去病無災何也答曰李將軍雖不是元帥、乃名將也、其年客參將在六宮、與絶氣相併、故受不利、演數者宜詳審、

晋太和五年、庚午歲太乙入第二紀丙子元第五十五局、太乙在三宮、文昌在武德、始擊在和德、為擊、其年司馬桓廢帝為東海王、及后氂此凌擊之驗、

後唐莊宗同光元年癸未歲太乙入第六紀壬子元第三十二局、大乙在三宮、文昌在大神、主筭得二十五、入門杜、始擊在地主、内宮迫、不利有為、其年梁先出軍、帝親度河、次中都、帝師大敗、擒梁將王彥璋、十月、梁帝自

殺、盡滅宗黨、此内宮擊不利有為之驗、

歲計始擊、人君宜順天地、序四時、修人事、求天意、辨忠邪、察真偽、疎外戚、絶女謁、賞有功、罰有過、實倉廩、備不虞、以消擊搏之變、

釋格

格者、改易格變之義、經曰、客目始擊大小將所臨與太乙宮相对為格、言政事上下格也、若在易絶之地大凶、歲計遇格、不利有為、所謂格者、格易之象也、若格太乙者、盜侮其君、主筭不和者敗、張良云、格者變格也、乃王法變格之理、以改正朔、易服色、行恩惠、昭法令、故得景命維新之兆、

拒

李淳風云、僭拒抗衡格易之象、言在政事上下格之歲月日皆同、若主人格、客関、以戰則主人勝、若主人関客格、以戰、則客人勝、歲計格太乙者盜侮其君、主客筭不和者敗、在易絶之地大凶、

陳後主禎明三年己酉歲太乙入第六紀壬子元第五十八局、太乙在四宮、始擊在天道、客筭得二十六、客大將在六宮格文、太歲亦格、其年賀若弼與兵滅陳、

唐宣宗大中十二年戊寅歲太乙入第五紀庚子元三十九局、太乙在六宮、文昌在陰主、主筭得三十五、主大小將入門杜、計辰在子、始擊在大義格、客筭得三十四、

客大將在四宮、格參將在二宮、其年六月南蠻攻安南都護李琢失利、八月、洪州盜賊遍起、攻宣州等處、天下大擾、繼後詔兩浙兵討平之、此客大將格太乙、不利有為、亦應蠻寇侵掠盜侮其君之驗也、

歲計值格、臣下盜侮其君、不利有為、由利罰有濫、恩惠不行、詭佞為諛、以成其非、人君此時格其非心、廣修仁政、省刑布澤、納諫逐諛、使號令新于上、而下莫不遵、賞罰明于内、而外莫不順、奉天道、勉人事、有國之所重也、

釋對

對者、衝突相對之義、經曰、主目文昌所臨、與太乙宮相當

為對相对之時皆為大臣懷二欺君、閉塞賢路、逆逐忠良、將吏挾姦、臣下欺誕之義也李淳風云、文昌衡對太乙之時大臣欺君、閉塞賢路、逐忠良、文昌與客大小將相對之時内外相爭迫太乙者敗、若主客大小將與太乙相對之時、皆為將吏挾姦、臣下欺誕、歲月日計時同占、

後唐閔帝天福五年庚子歲太乙入第六紀壬子元四十九局、太乙在一宮、文昌在太炅、與太乙相衡、為对主筭得二十四、主大將在四宮、参將在二宮、計神在寅、始擊在大陽、客筭得二十五、客大小將杜塞無門、其年將吏挾姦、大臣懷二、李金全舉兵叛、四方大震、此文昌與

太乙相对之驗、客筭杜塞、故李金全叛乱喪亡之兆也、歲計遇文昌與太乙相對之時、入君宜進忠良、抑邪佞、出動命動干戈、張乃威耀乃武、以行誅伐、審察姦偽、得無傾危之憂矣、

釋提挾

提挾者、挾持懷執之義、經曰主客二目、或一目而共挾太乙為挾、主客二目、及大小將在正宮者為提、若二目在間神相挾者為挾、關者主客相關、筭和長、和者勝、二目在正宮與間神總名為挾也、皆為君臣同謀、共誅不義之道也、若二目與大小將相挾太乙者、政由大臣、臣下專權之象矣

和格对太乙為凶、筭不和而格對者先勝後敗也李淳風云歲計遇挾者凶、若客目大將挾主目在宮間之神、則客勝、如挾太乙者、先勝後敗、若主目大將囚太乙宮、亦客勝、若主客二目而相互挾為兩敵相謀、將偏小者敗、主雖值提挾、而在内者猶可戰、自一至四為内也、客雖值提挾而在外者猶可擊、自九至六為外也、若在囚死及絶炁之地者、内外俱凶、凡客在内外值迫而挾者皆不利、先起者文昌囚迫客目大小將挾之、皆不利、為主也

漢獻帝建安元年癸巳歲太乙入第六紀壬子元第四十二局、太乙在七宮、文昌在大炅、主筭得二十七、主大

將在七宮、客挾囚、主参將在一宮、始擊在太陽、客筭得十二、客大將在二宮、内宮迫、客参將在六宮、外宮迫、主挾、其年曹操舟師攻濡口、孫權擊之、大敗、溺死者數千、操秉大舟退遁、此客大將内外迫挾、以應曹公先起喪師剉敗之驗、

晉武帝大元十年乙酉歲、太乙入第三紀丙子元第七十局、太乙在九宮、文昌在天道、筭得三十筭長、主大將在三宮發、主参將在九宮、囚、計神在巳、始擊在高叢、内宮擊、客筭得單四、筭短不和、客大將四宮内迫、主挾客参將二宮外迫、其年符堅伐晉、為謝元所敗、堅中流矢

走堅與兵先起為客，故致喪師，提挾之驗也。

歲計值提挾之時，人君宜修德行仁，褒善黜惡，中兵不試，邊郡不侵，此聖人撫恤之意。夫兵甲用除禍亂，不若道德教化為先。如此則所誅者寡，所濟者衆，以應提挾之兆，凶禍消而福祥至矣。

釋執提

執提者，操持堅執之義。經曰：太乙與開生二門合衝，有操執握持之禍。歲計遇之，不可舉事。謂太乙與開生門合為執提，與開生門衝為提格也。所謂開生二門合衝者，假令開門為直事，不可與開門合衝，生門為直事，不可與生門合衝。太凶。伍子胥曰：三門皆不可與太乙相衝。

梁太祖乾化二年壬申歲，太乙入第六紀壬子元第二十一局，太乙在八宮，文昌在陰德，主筭得單二，筭短，主大將在二宮，格，主參將在六宮，計神在午，始擊在大神，客筭得十七，客大將在七宮，客參將在一宮。其年梁帝疾甚，詔親王近戚至御榻，賜以金帛玉帶，謂曰：我三十年經營王業，不思太原餘孽，復更昌熾如此，吾觀其志不小，天復奪我年，我若死，諸兒非彼敵也，吾無葬所矣。哽咽而絕，復蘇。六月戊寅，郢王友珪，令親信馮延諤刺帝，腹刃出於背。友珪因坎（取）敗氈裹之，瘞於寢殿，秘

不發喪，矯詔稱朕躬危殆，宜令友珪權主軍國之務，遂發喪，即皇帝位。其年死門直事，加太乙宮，正與生門相對，為提格。歲計遇之，不可舉事。友珪弒帝，終致滅亡之驗也。

歲計執提與提格之時，人君宜洗心靜慮，偃兵息民，修德養正，結和通使，而天下安樂，民庶歡洽，陰陽協和，如此則天地之氣亦隨以正，以順其執提之數也。

釋四郭固

四郭者，天子之都，四方之城郭也。固者，四塞不通，堅壁固守之義。經曰：文昌囚太乙宮，主大將主參將又相關，或客目始擊臨之，或客大小將與主大小將相關，皆曰四郭固也。歲計遇之，主有篡廢之禍，人君宜修德政，納忠諫以禳之。主人勝者，謂宜固守而為勝矣。先起者為客，以應四郭固之災變也。

魏邵陵厲公嘉平六年甲戌歲，太乙入第一紀甲子元第十一局，太乙在四宮，文昌在高叢，囚於太乙宮，主筭得單四，不和，主大將在四宮，囚，主參將在二宮，始擊在陽德，客筭得單四，不和，客大將在四宮，囚，客參將在二宮，謂之四郭固。其年九月，大將軍司馬昭為師，乃謀廢帝，召群臣會議，奏太后收璽綬，歸藩於齊，使部下入白

太后授帝齊王印綬迎高貴鄉公髦即皇帝位築齊王
宮室於河内改元正　始此四郭固纂廢之禍驗也
魏高貴鄉公甘露五年庚辰歲太乙入第十七局太乙
在七宮文昌在大武囚太乙宮主筭得單七不和主大
將在七宮囚主參將在一宮始擊在大義筭得二十七
不和客大將在七宮囚客參將在一宮孜其年五月魏
主召尚書王經謂曰丞相司馬昭之心路人所知也吾
不能坐受廢辱今日當與卿自出討之王經曰昔魯昭
公不忍季氏敗走失國為天下笑今權臣專國日久矣
陛下一旦如此無乃欲除疾而更深之邱禍殆不測帝

不聽出討之被賈充成濟弒魏主於相府此四郭固之
驗也
唐僖宗乾符四年丁酉歲太乙入第五紀庚子元第五
十八局太乙在四宮文昌在陰德主筭得十二和主大
將在二宮掩主參將在六宮格與客大將相關計神在
巳始擊在天道客筭得二十六客大將在六宮與主參
將相關客參將在八宮發其年宛朐縣賊黃巢聚衆萬
餘攻陷鄆州逐節度使薛崇七月巢自沂海入植材山
與王仙芝合攻陷隨州其年客大將與主參將同宮為
四郭固太乙在内地助主安居之世利先舉為主故黃

巢乘勝攻陷城邑州郡不能制也
歲計植四郭固之時人君知其難之所加宜修德更政進
忠懲惡發號施令省方化下未有忠既進而生不改正惡
既懲而下不寧政和則人安政乖則人怨知所戒懼可免
災變之咎矣

釋四郭杜

四郭杜者關梁閉杜四塞不通之義經曰客參將與文昌
相併主參將與客大將相併兼之以掩迫關格而為四郭
杜也不利出兵皆為掩塞不通諸事不成歲計遇之大凶
建安二十年甲申歲太乙入第三紀丙子元第六十九

局太乙在八宮文昌在太歲主筭得十六筭和主大將
在六宮發主參將在八宮囚始擊在和德客筭得三十
二客大將在二宮格客參將在六宮與主大將相關其
年苻堅出兵伐晉為謝安所敗君亡國喪此四郭杜之
驗
梁末帝正明四年戊寅歲太乙入第六紀壬子元第二
十七局太乙在一宮文昌在和德主筭得三十一主大
將在一宮囚主參將在三宮計神在子始擊在高叢客
筭得二十八客大將在八宮主挾客參將在四宮其年
正月晉興兵侵掠鄆濮而退八月晉又興師自楊劉城

抵濮州賀懷與晉兵對壘百餘日晉王輕騎覘梁軍款為謝彥璋圍載數重繼後救兵大至晉王得以遁免此年主人挾客為四郭杜經曰主人挾客客敗先動者為客晉人先動故終被圍迫此客不利之驗

假令五紀庚子元四十七局丙歲戊歲太乙在九宮文昌在高叢主筭单四主大將四宮主參將二宮始擊在陽德客筭单八客大將在八宮客參將四宮此年乃四郭杜也又庚子元五十八局太乙在四宮文昌在陰德主筭得十二主大將二宮主參將六宮始擊在天道客筭得二十六客太將在六宮客參將在八宮此年主參將與客大將俱又格太乙之宮曰四郭杜也

歲計值四郭杜之時人君敷仁惠之德實倉廩充府庫完城邑浚濠渠繕修軍器以戒不虞此為有備無患以禦四郭杜之災變也

太乙統宗寶鑑卷之四終

太乙統宗寶鑑卷之五

明天子巡狩之期術

巡狩者巡所守也春省耕而補不足秋省斂而助不給是以古者帝王莫不巡狩所過存問高年恤慰疾苦賜以穀帛此古巡狩之風焉經曰欲知天子巡狩之年當視太乙與天目在四維之歲則為巡狩之期若不巡狩則親御臨軒百僚陪列遣使按行風俗即敬事之意也欲知出何方以天目文昌所臨而決之乃隨所轉而行也太乙囚挾格對之下是謂行期之月

主目在陰德出東方　主目在和德出南方

主目在大炅出西方　主目在大武出北方

明郡國舉進賢良之期術

国之存亡在乎相人之死生在乎将安可使頑童庸僕而當軍国重任哉古之所以移符州郡求訪賢良而舉進之故唐虞之世在野無遺賢商周之時莘野尹伊傅岩傳說渭濱太公隱者莫不皆起然必待夫元愷之舉聘幣之召圖象之營求遊獵之物色而後出賢士之隱逸未嘗有奔競躁進之心也孟子曰古之人未嘗不欲仕而患不由其道也自周衰而後避世匿名之士不肯與人同患如楚狂之歌沮溺之語晨門荷蕢之嘆同鳥獸之群俱草木之腐以自棄其生於無用之地夫子所以有不仕無義之嘆自是以下舉逸民之君有如漢高祖卑辭厚禮以迎四皓光武旌帛蒲輪以聘嚴光德宗以諫議大夫而招陽城非不勤也而三子之出處僅若此況有假隱沽名之人如盧藏用之匿於終南司馬承禎指為仕宦之捷徑韓愈謂盧仝有少室山人索價高兩以諫官徵不起之語是盜名於暗世者也古之所以崇尚名節移符四方表求賢良方正道藝之士班之朝列曰何患王庭不肅邦禁不靖哉古法曰欲知郡国舉賢良方正道藝之士須在歲計天地人三才筭具之年則郡国舉之也經曰若歲計遇十六巳土之筭

則為天地人三才數具則舉之筭在十五以下是謂不具則不舉矣李淳風王希明皆云雖然天地人三才筭具又須是亥卯未三合之年則為舉矣

明人君出師畧地術

古者出兵天子萬乘諸侯千乘大夫百乘以乘計之甲士三人步卒七十二人若萬乘則甲士三萬卒七十二萬也若千乘則甲士三千卒七萬二千也若百乘則甲士三百卒七十二百人也兵志曰國雖安忘戰必危太史公有言鞭撲不可廢於家刑罰不可弛於国征伐不可偃於天下蚩尤作亂三苗為逆此豈可以德化邪經曰兵者不祥之器

不得已而用之先王知其不得已故繕修軍器以備不虞也經曰行師必出其門塁地并用其二古法曰人君鑾輿出塁及安置軍屯者如筭得單二十二二十二三十二五將發三門具乃可出兵塁地擇利便以出軍兵故曰塁地并用其二也出其門者謂出開休生三吉門也若三門不具五將不發不可出兵二為大威離宮之數也為文明為戈甲人君得麗正之氣日晶光曜火炎烘熾以興甲兵掃除禍亂夫經天緯地者莫過於文定戡禍亂者莫過於武二者國之大柄也故稱人君之德乃聖乃神乃武乃文蓋美筭二離之深意也

唐僖宗乾符四年丁酉歲太乙入第五紀庚子元第五十一局太乙在四宮文昌在陰德主筭得十二主大將在二宮主參將在六宮計神在巳始擊在天道客筭得二十六客大將在六宮客參將在八宮其年黃巢聚衆萬餘攻陷鄆州等郡主筭得十二以應黃巢塁地攻陷城邑莫能禦之應也時方安居此是黃巢先起為主勝之驗

明三門具五將發術

三門者開休生三門是也具不具者猶備與不備美與不美之謂也古法曰太乙天目在開生二門之下謂之兩門

不具蓋開門與杜門相對所向塞而不通生門與死門相對所向有凶隨至謂立吉地而向凶門也故言二門不具者有景門小吉在杜死門之中凶若太乙天目在休門之下謂之三門不具蓋休門與景門相對其左右迫之於杜死凶門故為三門不具此三門不具之時不利興兵如太乙天目不在開休生三門之下則為門具謂之避凶而迎吉棄死而就生利以興兵所向通美而獲勝矣歲月日時計同若分野州郡非太乙所臨之宮遇開休生三門為大吉景門小吉杜死傷三門大凶驚門小凶已載於第二卷八門通變之下茲不再述

明五將發不發之術 太乙木 上目火 下目土 主大金 主參水 客大水 客參水

五將者太乙上下二目主客大小將是也屬之五行謂之五將也發與不發者猶言興與不興奮與不奮之義也古法曰始擊將無掩擊文昌將無囚迫主客大小將無相關此謂之將發也發者興奮也兵強將勇發而必中舉而必成若始擊逢於掩擊文昌值於囚迫主客大小將相關之時不謂之將發也

經曰三門不具不可出兵五將不發不可言戰若三門具五將發八門通達宜以出兵自然相會無不勝也三門不具不可出兵五將不發不可臨戰亦自然相會五將者

舊說云主客四將就太乙為五將、又云主客大小四將與
天目為五將、又經云太乙為監將同定計目及文昌始擊
主客大小將、是為五將也、文昌始擊總名天目

數有長短以占緩急術

經曰天目所得之筭、有長有短、有緩有急、得之數長者可
久遠而事之宜緩也、得之筭短者乃促近而事之宜急也
故經云短之以短、長之以長、長者利遲緩而深入、短者利
急速而淺攻、長筭為勝、短筭為負、數之十二以上為長、十
二以下為短、長當緩動不須急攻、短當急動不利深入

唐太宗貞觀四年庚寅歲太乙入第一紀甲子元二十
七局、太乙在一宮、文昌在和德、主筭得三十一、主大將
在一宮囚、主參將在三宮、與〻目囚、於始擊在高叢、客筭
得二十八、筭和、客大將在八宮、客參將在四宮、其年筭
長利於深入、正月、遣李靖師驍騎三千自馬邑進襲定
襄、大破突厥頡利可汗、李靖勣出雲中、與突厥戰於白道
大破之、二月、李靖破頡利可汗於陰山、斬首萬餘、俘男
女十餘萬、頭畜數十餘萬、三月、突厥可汗四夷君長至
長安、沙漠之地遂為一空、此主筭長利於深入得獲捷
之驗也

明多少之數以占勝負術

經曰筭得多少以明勝負者、謂客以多筭臨少筭、則主人
敗、客以少筭臨多筭、則主人勝、皆知用兵之有機、而不知
用兵之有數、兵之為用、本之以數、而出入乎機者也、數定
之於內、而後機應之於外、故於未戰之時、前而先之、以妙
筭可以知其勝負之所在、古之人有運籌帷幄、折衝樽俎
者、誠欲先定其主客之數也、故法曰商之以廊廟之論、此
正欲出奇於堂上、制勝於兩楹、而以成其妙筭也、孫子曰
未戰而廟筭勝者、得筭多也、未戰而筭不勝者、得筭少也
多筭勝、少筭不勝、而況於無筭乎、無筭、杜塞之謂也

唐明皇天寶十五年丙申歲太乙入第三紀戊子元第
九局、太乙在三宮、文昌在和德囚、主筭得單三、筭少不
和、主大將在三宮囚、主參將在九宮發、始擊在大簇、客
筭得十五、筭雖多、大小杜塞、其年安祿山僭號於東都
稱大燕、改元聖武、時關東河北諸郡皆陷、然客以多筭
臨少筭為勝、蓋客大將杜塞無門、亦安祿山父子不久
敗亡之驗也

明內外以占攻擊術

經曰筭有內外以占攻擊者、謂天目在前為內、可以攻外
在後為外、可以攻內、天目在外為孤、在內為虛、欲舉百事
於外、得外筭臨之為吉、欲舉百事於內、得內筭臨之為吉

自陰德至大陽而為內、自大炅至陰主而為外、

唐肅宗至德二年丁酉歲太乙入第三紀戊子元第十局、太乙在四宮、文昌在呂申、主筭得單一、始擊在陰德、客筭得十二、其年天目在內地、可以攻外、九月元師廣平王俶與郭子仪將朔方等軍及回紇西域之衆、同漢兵二十萬、收復西京、殺賊六萬餘、祿山之子慶緒遁走河北、十二月車駕還京、十二月、太上皇自蜀歸咸陽、上備法駕迎於望賢宮、此天目在內利於攻外自然之應

明太乙居天內天外以助主客術

經曰太乙在一八三四之宮為居天內、助攻主人、在九二

七六之宮為居天外、助攻客人、若助主人時、不可出兵攻伐、如遇戰敵、不可先起、若助客之時、利與兵攻伐、如遇戰敵、不可後進、故經曰欲為客待太乙在天外之時、欲為主待太乙在天內之時、又須門具將發、取勝萬全、宋現李淳風云、太乙在內地、三門具為主勝、在外地、三門具為客勝、如太乙在天外、三門不具、主客平、在天內亦然、凡天地之氣勝則為逆、故太乙居陽宮而助主、居陰宮而助客、此之謂也、

明數有孤單以占成敗術

經曰筭有孤單以占成敗者、謂一三七九為數之單陽也、

二四六八為數之單陰也、又曰數得一十三十為孤陽、二十四十為孤陰、單陽孤陽、不利為主、單陰孤陰、不利於客、單陽孤陽併之而為重陽、單陰孤陰併之而為重陰、重陽厄火、重陰厄水、歲計遇之、人君悔過修德以消變異、

唐昭宗光化三年庚申歲太乙入第五紀壬子元第九局、太乙在三宮、文昌在和德、主筭得單陽、主大將在三宮囚、其年十一月中尉劉季述、王仲先、樞密使王彥範、薛齊等陰謀廢立、時昭帝獵苑中醉歸、手殺黃門侍女數人、劉季述謂崔胤曰主上所為如是、豈可理天下、胤謂死不敢違、乃扶上與后同輦、適少陽院、劉季述以銀

撾畫地數上罪數十、乃以鎖鎖少陽院門、鎔鐵固之、遣理軍副使李希處將兵圍衛、穴墻以通飲食、劉季述等矯詔令太子裕監國、幽帝於院、此單陽凶變之應

數有所主以占吉凶術

若筭得十六以上者筭長、曰和、三才具、則將吏兵卒之筭皆備、利與兵師、宜舉百事、若十六以下為數短、單九以下、三才不具、是為將吏兵卒之筭不備、不利與兵、百事皆忌、如主筭將不具、（則為主敗客筭將不具）則為客立凶矣、古法曰將軍吏士兵卒三者之數闕一不可、其若有一不具、則為不利也、如筭中無十為無將也、興師則為主將不利、如筭中無五為無吏士

也興師則為副叅不利、如筭中無一、為無兵卒也、興師則為兵卒不利、数取用十為将者、舉其盈筭也、盖将有統衆之象焉、五為吏士者、取其中數也、有叅副攝下之象焉、一為兵卒者、取其微数也、為衆卒之象焉、

唐明皇天寶十年辛卯歲太乙入第三紀戊子元第四局、太乙在二宮、文昌在陰德、主筭得二十五、八門杜主、大将主叅将不出中宮、始擊在陽德、客筭得十七、将吏兵卒皆備、其年南蠻冠邊、楊国忠遣劍南節度使解于仲通討之、王師大敗、𣪠甲士二十萬衆、並無還者、盖主筭杜塞無門、客筭主将吏士卒皆具、南蠻先動而利客、

不利主之驗也、

明主客以分先後動静術

經曰、主客者、先後之理、動静之義也、古法謂陳兵原野、旗鼓相望、先動者為客、後動者為主、安居之代、先舉者為主、後應者為客、若得三門具、五將發、陰陽和、利以興兵、所向必克、先起勝、後起負也、主客計三门不具、五将不發、陰陽不和、則不利舉兵、宜乎固守為吉、其若興兵、先舉者敗、後起者勝、若主客計一吉一凶、則利主之時主勝、利客之时客勝、如主客計吉凶相等、則筭長者為勝、筭短者為敗、故知主客出入之所者、以主目近四維之神而計其所之、東

出以陰德、南出以和德、西出以大炅、北出以大武、而為始發之神、以定主客所起所歸之神也、審而用之、則不致覆軍殺将之禍矣、知主欲知客、視其筭可以知之、客欲知主、視其筭可以知之、夫太乙所在、明天道之逆順、主客之計筭筭数之盛衰、務在欽順天時以行權變、故主人者兵之所歸、客人者兵之所起、古者為客最難、先起不易、故重審定計以辨安危、

假令秦晉安居、玉帛交聘、秦忽興兵伐晋、雖入晉境、秦得主人之計也、晋人為客、更須重審定計、或謂先起者不易、則秦人當有定計乎、答曰、凡言先起者有三、其一曰陳兵原野、旗鼓相望、先起者為客、皆計時之先起也、（先起為難一 此兩計相）其二曰、彼已置營、負險帶水、我往擊之、先起為難也、其三曰連年兵革相侵、彼有形勢之固、我往攻之、先起為難也、如安居之代、則以興事先起者為主人之計、敵有重審定計哉、凡歲計欲明天道、審察順逆、先觀主烝、次察客烝、以明盛衰而別休咎、則災祥可見矣、

唐昭宗乾寧三年丙申歲太乙入第五紀壬子元第五局、太乙在二宮、文昌在陰德、主筭得二十五、主大小将杜塞無门、始擊在呂申、客筭得十四和、客大将在四宮、叅客叅将在二宮、其年鳳翔李茂貞舉兵逼京師、上令

渾王通等統安聖捧聖保寧安化四軍禦之接戰不利上將李太原稱建請駐蹕華州上從之於是李茂貞乘勝入長安焚燒宮室市肆其年直同宗太乙在天外助客主美杜塞門具將發利於客故李茂貞勝而昭宗蒙塵之驗也

明內外大臣輔相賢否之術

經曰欲知國中輔相大臣賢否者以呂申加歲位視文昌所臨如在生炁旺相之方君得大臣輔贊相位忠良有王佐之畧如文昌在死囚休廢無炁之鄉則左右任於小人非忠良賢哲之相矣如占他國輔佐之臣以呂申加歲位

視始擊所臨如在生炁旺相之方其君得名臣輔佐若始擊在死囚休廢無炁之地小人專權左右不得忠良之臣也歲月日時四計可以同推

明內外將帥賢否之術

經曰欲知國中爲元戎將帥賢否者以呂申加歲位視主大將所臨如在生旺有炁之宮即元戎大將忠良輔國知勇仁信可堪重任如主大將在死囚休廢無炁之宮則元戎大將無謀畧之才任事必敗無福炁之人也如占他國將帥賢否仍以呂申加歲位視客大將所臨則與前占一同如更在死門之下將即必亡其身也

明太乙大小諸將旺相死囚宮辰所在

經曰以太乙諸將所屬在同類之宮爲旺如火見火金見金爲旺也生我者爲相如金見土火見木爲相也我生者爲休如火見土金見水爲休也我克者爲囚如火見金金見木爲囚也克我者爲死如火見水金見火爲死也餘可例推

太乙統宗寶鑑卷之五終

太乙統宗寶鑑卷之六

明太歲與太乙相格所主術

經曰太歲之神人君之象也率領諸神統正方位斡運時序總成歲功以太乙上元開闢之初建行於子一辰一遷十二年而為一周凡國家巡狩省方出師掠地開拓封疆不可抵向其神若歲計與太乙相格其年大凶

經曰太歲格太乙者主有崩亡兵役之事也

太乙在三宮太歲在未申為當有彗星西南方出助太歲東北國前敗西南国後敗若彗星出東北方則反之西南國前敗東北國後敗及主流亡疾疫之事

太乙在四宮太歲在酉為當有太白出西方助太歲東國前敗西國後敗若歲星出東方則反之西國前敗東國後敗及主兵革流亡疾疫為相格在絕烝之宮故也

太乙在八宮太歲在午為當有熒惑出南方助太歲北國前敗南國後敗若辰星出北方則反之南國前敗北國後敗及主兵革喪亡之禍為相格在易烝之宮故也

太乙在九宮太歲在戌亥為（格）當有彗孛出西北方助太歲東南國前敗西北國後敗若出東南方則反之西北國前敗東南國後敗及主兵革喪亡疾疫為相格在絕陰絕陽之地故也

若太乙在前八三四九之宮來格午未申酉戌亥之太歲皆有發氣妖星等類見其方君主宜修德行政以禳之仍宜改元肆赦革政更令以應格易之變也

明太陰與太乙二目同宮所主術

經曰太陰者歲德之後也總御群靈主盟陰教常居歲後二辰所履之宮忌與二目同併宋琨李淳風云歲在四孟太陰大將合於四仲名曰群魄二目加之后妃懷貳女主挾謀古經云歲計太乙與太陰相併其歲必有鄰國進貢婉淑之女入奉王庭若文昌與太陰相併憂上相與女主挾謀之事若始擊與太陰相併憂上將與后妃懷貳之事被制者尤甚在四仲群醜之年凶殃愈深人君值之此年宜親近忠良疏遠讒佞抑宦臣絕女謁防微杜漸以革其弊夫乾為剛德君之道也天道也無剛德若理家則婦女用事治國則臣下侵權古者嗣主童幼百官總於冢宰母后無預政事況君長自臨事乎若權柄任於女主左右任於小人驕盛嗜慾禍亂不可勝矣

明文昌變化所主術

經曰文昌六星在斗魁之前近內階也為天之六府集計天下事號文昌屬（為）主人之目中宮鎮星之精受土德之正為其神職於四季佐太乙為相輔上將掌天下人之吉凶

窮通萬事預先知也、皆從筭於太乙宮前而止、不敢越犯也、若犯太乙宮為囚、囚則不利為主、若在易絕之地、筭數虧者君之災也、在太乙前一宮、名曰外宮、迫主臣下外謀、大臣逆命、在太乙後一宮、名曰內宮、迫主臣下內謀、占在同姓內臣或後宮后妃女子之私、若與太乙相沖、名曰對、主臣下失禮、王綱格正、有僭拒沉機之意、如加西門而得天芮天英天柱天蓬、必有臣下謀上、如與始擊同宮、名曰二目相關、則旺者勝、如在一八三七之宮、主勝客敗、如在四九二六之宮、客勝主敗也、如太乙在一宮、天目在九宮、名曰對、有變、輔相之災、太乙在二宮、天目在八宮、有變、君

父之災、太乙在六宮、天目在四宮、有變、宰輔大將之災、太乙在七宮、天目在三宮、有變、君父之災、如太乙在旺相之宮、主君誅臣下、皆以五行旺相推之、此天目之變也、

明始擊變化所主術

經曰、始擊者、熒惑之精、受火德之正炁、南方夏火、禮也、視也、禮虧視失、行度無常、出則有兵、入則兵散、號曰始擊、屬客人之目也、旺於夏季、佐太乙為輔相上將、統御威武、總領戰伐、掌兵機、運動無窮之事、預先知也、皆從筭於太乙宮前而止、不敢越犯也、若犯太乙宮為掩、主兵戈篡廢之事、會歲計曆數太陽陰主之下、其驗明矣、若始擊在太乙

宮左右宮、謂之神、名曰始擊、擊者逼迫之義、上陵下替、有兵迫廢戮奔亡之禍、人君將相皆畏之、若與文昌同宮、為二目相關、乘旺相宮者勝、始擊在四九二六之宮為客勝、在一八三七之宮為主勝、若掩主大將主參將者、不論旺相、當者必死敗也、凡始擊經行次舍分野、皆主國命為亂為賊、為疾為喪、為饑為兵、人君宜修德行政、祇畏天戒、孫子曰、天地乾德、斯民之萬幸也

甲乙歲

木為始擊、東夷兵起、舟行事興、其歲豐稔、

火為始擊、南蠻變動、夏旱大熱、流民疫亡、所臨分野、大

災暴兵、若在太乙丙丁下者、其城必有大火災旱之災、及有暴兵、

土為始擊、中宮兵動、如遇與太乙掩迫格者、臣下謀上、亦主廢相輔、及土工興作、

金為始擊、西戎兵起、則東國敗也、

水為始擊、北狄兵起、筭和則東有和親、歲稔大水、

丙丁歲

木為始擊、春冬東夷國人有和親事、

火為始擊、南蠻兵動、大旱、兵饑疾病、

土為始擊、東夷兵起、居中宮、

金為始擊、西戎有兵、金銅貴、重臣被誅、
水為始擊、北狄兵起、夏大水、民流亡、
戊己歲
木為始擊、東夷兵起、
火為始擊、南方有兵、蝗蟲為災、穀貴、大旱、流民移亡、
土為始擊、主後宮憂、土工興、山崩地震、
金為始擊、西戎兵起、北狄交爭、
水為始擊、主征伐北狄、大臣被誅、夏旱、冬大雨雪、
庚辛歲
木為始擊、東夷兵興、居民流移、及西戎兵動、

火為始擊、南蠻兵起、中國大災、必有搶捕襲奪之事、金銅貴、
土為始擊、民豐樂、夏大水、
金為始擊、西戎兵動、
水為始擊、北狄兵起、
壬癸歲
木為始擊、東夷兵起、
火為始擊、南蠻多災、夏旱、赤地千里、秋大水、冬霜雪、
土為始擊、中國有兵、
金為始擊、西戎獻寶、大豐民安、

水為始擊、西北兵擾、冬大寒、霜雪殺物、
凡揩經論火為始擊者非也、其神受天地擊搏之氣以成其形、實熒惑之精也、
明始擊加臨二十八舍所主術
古經云、始擊者、熒惑之精、隨歲計所迭加臨二十八舍於歲中各有所主之事、
東方七舍
角、大人有憂、兵出、　亢、民有疾疫之事、（二星在辰）
氐、內有叛臣、中宮防火、　房、人君將相有憂、
心、太子諸王有憂、（三星在卯）　尾、後宮有驚、后妃有災、

箕、兵起、士卒流亡、（二星在寅）
北方七舍
斗、臣失爵祿、關梁閉塞、（在艮）　牛、糴貴（黄）民饑、犧牲多死、（在丑）
女、后妃有憂、疾病、火災、　虛、諸侯有憂、改政、令行赦宥、
危、歲多疾病、土兵興、（三星在子）　室、大人匿謀、歲不收、
壁、文章興、兵廢、（二星在亥）
西方七舍
奎、臣下為孽、（在乾）　婁、山林有寇盜、道路不通、（在戌）
胃、五穀不登、有兵、　昴、胡人病、燕趙兵起、
畢、邊兵刑罰征討、（三星在酉）　觜、將叛、牛馬疫行、

參宮室有移動將有憂（二星在申）

南方七舍

井川瀆滿溢小兵動（在坤）　鬼后妃失勢民多疾病（在未）

柳民饑荒多流亡　星憂火災

張禮儀多變易（三星在午）　翼陰陽失序多雨水（在巳）

軫有大喪死亡之事（在巽）

宋琨樂產李淳風云古法常以計神加和德視始擊所臨之下見何星以察休咎其理明也又推歲計太乙所遷入宮之年淺深為辨如太乙理天之歲則當第一星理地之歲則當第二星理人之歲則當第三星其或始擊不在子午卯酉四正之宮止臨一宿者則本宿當之有二星者中分之則轃一年矣只以太乙所遷前後淺深而為期也

明主大將主參將所主術

經曰主大將者太白之精受金德之正氣西方秋金義也言也義虧言失行則罰見進退乱紀流亡為兵為喪若犯太乙宮謂之爭明大國弱小國強女主昌又太白主大臣其號上公司馬故曰主大將也犯太乙宮為爭明又為囚必有篡戮之禍若太乙在絕陽之地君主之災若乘四九一七之宮與太乙同併者輔相之災在死傷杜景之門又

在天禽天蓬天芮天柱天衝下者天將死如與客大將始擊關囚於凶門之下者客大將死凡出軍征伐不可於關囚與凶星凶門之下若在丙丁下主大將災如與太乙同宮相對名曰格格者陽絕杜塞之謂也上下陽絕君不慈於臣臣不忠於君也若在太乙前後之宮曰迫皆臣下圖迫於上也主參將者在大將宮前故三因取之入宮裨護大將而為參副也因金生之故其神屬水若與大小將自相同宮名曰關關者互相關防之意如一林有二虎一泉有二蛟乘旺宮者勝若有值死絕之地而又在凶星凶門之下或庚辛臨之出兵定損參將必死又不可臨犯太乙之宮名曰無礼迫下欺上之義

明客大將客參將所主術

經曰客大將者辰星之精受水德之正氣北方冬水智也人聽也智虧聽失則罰見兵刑寒暑失節邦國大饑其神掌兵刑得失為廷尉之象燕趙代北夷狄皆主之故曰客大將也若臨太乙之宮在三七之位其年地有震動之變大小同宮亦動若同太乙在一八宮者其年大水若近太乙宮前後為迫迫者逼挾之義下迫其上人君慎之亦主外國來覘也當視其十干甲乙東國丙丁南國庚辛西國壬癸北國戊己中國自起兵也分文昌同宮名提挾者提挾

擲之義、主臣下外国有謀與主大將同宮為關〻者、互相關防爭敵之象、如太乙在天内助主則主人勝、太乙在天外助客、則客人勝、如遇計神同宮名曰謀、主臣下有篡弒之象、為客參將者、在大將之前、故三因取之、為客參副大將輔於客也、其神因水德以生、故属於水、如值囚迫格挾之年、參將不利、有為、大小將自相同宮謂之關、相乘生旺者勝、與主參將同宮、防邊兵為乱、所起在太乙宮下、客大將并參將唯忌在凶門凶星庚辛之下、皆不利為客也、客定計目大小將、本經元無起例、自太公述之以助客也、其法幽微、故聖人隱于此、子房得之以助漢、孔明得之以尊征伐、此法玄奥、不可以理而推、故附于客計之後、

明太乙九星所直吉凶術

經曰、太乙九星者、乃斗中之九星也、二隱七彰、在紫微之北、為七政之樞機、陰陽之元本也、故運乎天中、臨馭四方、以運四時而均五行也、魁四星為璇璣、杓三星為玉衡、又為人君之象、號令之主也、又為帝車、取運動之義、其第一星曰樞、二曰璇、三曰璣、四曰权、五曰衡、六曰闓陽、七曰搖光、一至四為魁、五至七為杓、樞為天、璇為地、璣為人、權為將、玉衡為音、闓陽為律、搖光為呂、又輔弼為參佐之星、此從魁至杓以分九星所主、

第一正星、主陽德、天子之象、樞、天英也、
第二法星、主陰刑、女主之象、璇、天任也、
第三令星、主中国、為號令之事、璣、天柱也、
第四伐星、主理伐無道之事、權、天心也、
第五殺星、主中央、四方殺有罪之事、衡、天禽也、
第六危星、主倉庫五穀之事、闓陽、天輔也、
第七部星、主兵戈殺伐之事、搖光、天衝也、
第八玄武星、主戈兵盜賊驚恐之事、左輔、天芮也、
第九格擾星、主撼動兵不寧更易之事、右弼、天蓬也、

已上九星、遇太乙掩迫關囚擊格提挾之年、災發如其所主、如第一星曰樞、乃正星、天英也、主陽德天子之象、如遇掩迫奇變、則国君之災也、如第四星曰權、乃伐星、天心也、主理伐無道、如遇掩迫之變、則要兵理伐無道也、

又曰一主天、二主地、三主人、四主水、五主土、六主木、七主金、又二星曰左輔、曰右弼、名曰玄戈、招搖也、故為九星、二隱七彰、主于九土、四吉五凶、其數雖同、其用則異、用而異者、變通之謂也、故分配太乙九宮、以司天地人事、所謂樞璇璣權衡闓陽搖光招搖玄戈九星是也、因九星而有九宮、於是禹治洪水、定為九州、象以龜形、書言九丘是也、

此是從杓至魁分九宮、

一天蓬六戊星在斗之柄，天樞招搖主一宮乾位，冀州之分凶星也。
二天芮六己星在斗之玄戈，主二宮離位，荊州之分凶星也。
三天衝六庚星在斗之搖光，主三宮艮位，青州之分凶星也。
四天輔六辛星在斗之闓陽，主四宮震位，徐州之分吉星也。
五天禽六壬星在斗之衡，主五宮中位，豫州之分吉星也。
六天心六癸星在斗之权，主六宮兌位，雍州之分吉星也。
七天柱六丁星在斗之機，主七宮坤位，梁益州之分凶星也。
八天任六丙星在斗之璇，主八宮坎位，兗州之分吉星也。
九天英六乙星在斗之樞，主九宮巽位，揚州之分凶星也。

甲為直符之首星宮之侵也，因直符以配九星，每星十年一易，九十年為一小周，九百年為一大周。九者究也，象其屈曲，乃數之終屈也。數窮曲則變，變則通，通則久，是以終而復始矣。夫太乙九宮，支星始於一而終於八九，竟而更始，原始要終，循環無端，周流不息。太乙以宮為經，以星為變，觀其變，玩其經，則思過半矣。此陰陽消長治乱之樞紐也。太乙以消長為象，聖人之所以經綸天下也。

明九星行支干造化所主術

太乙元氣，函三為一，九星行於十干十二支辰，各有次序也。是故陰陽各得其炁，鍾於子，化生萬物，故孳萌於子，子者滋也，言萬物孳於下也。紐芽於丑，丑者紐也，言陽氣在上，萬物為厄紐未敢出也。引達於寅，寅者引也，言萬物尽出也。茂生於卯，卯者茂也，言萬物為此乎茂生也。振美於辰，辰者振也，言萬物孳生而振美也。已盛於巳，巳者盛也，言陽戮成六气已盛也。數布於午，午者布也，陰道著明而布散也。昧蔓於未，未者昧也，言萬物有成而滋昧也。申堅於申，申者堅重也，言陰氣之賊萬物而堅申也。晋熟於酉，言萬物熟老而稽留也、畢入於戌、言陰氣用事、萬物尽畢、陽氣而無餘也、該閡於亥、言陽氣藏於下也、出甲于甲、言萬物剖符甲而出也、奮軋於乙、言萬物生於軋也、明炳於丙、言陽道著明也、火盛于丁、言萬物丁壯而榮也、豐盛于戊、言萬物之茂盛也、理紀于己、言萬物有成而理紀之象也、斂更於庚、言萬物收斂而變更也、悉辛於辛、言萬物辛瞑而夕也、怀姙於壬、言陽氣任養萬物於下也、陳揆于癸、言萬物可揆度而有所归也、归者數之終也、十干為陽、天之干也、十二支為地、陰地之支也、九星行於天干地支之間、則九十年為一小周、九百年為一大周、周而復始、

置演上右上元甲子至所求積年、以九星天周法九百除之、不尽以小周法九十去之、不尽為星周、余以星率一十均(約)之、而以所得為星宮之數、不尽為八星宮以来年數、其星命起天蓬、順行九星、筭外即得九星直符所在、

一天蓬　二天芮、　三天衝、　四天輔

五天禽、　六天心、　七天柱、　八天任、

九天英、

推之之法、六甲為九星之元首、星宮之符使也、凡所求在六甲之年、即命就加於所求直符之宮、是為伏宮之年也、如六乙之年、即以所求直符加於六乙之宮、乃天英星九宮是也、又如六丙年、即以所求直符加於六丙之宮、乃天任星八宮是也、餘皆准此、假令六丙年求得天蓬為直符、即命一天蓬、如(加)於八宮天任之上、次即二天芮臨九宮、三天衝臨一宮、四天輔臨二宮、五天禽臨三宮、六天心臨四宮、七天柱臨五宮、八天任臨六宮、九天英臨七宮是也、元星所臨、視太乙左右前後有無掩迫關囚擊格提挾、以明休咎、

明文昌行九宮所主分野術

夫文昌九宮者、其始原於太乙、分而為天地、輔(轉)而為陰陽、變而為四時、列而為八卦、定而為九宮、故經云、太乙之尊、

元始初分而為一氣、再分而為二儀、一氣二儀之合、遂成三才、以三乘之而得九宮、故有九星之名焉、又以三乘九宮而得二十有七、乃九星之變宮、周之竟也、九宮一曰文昌、二曰玄戲、三曰明維、四曰陰德、五曰招搖、六曰華明、七曰玄武、八曰玄冥、九曰雄明、古人因彖立象、因象取名、推之而得應驗者、其理必有深趣也、每星三十年行一宮、而為直事、命加所求年干之宮、視之所臨分野、以推吉凶災變、如在甲乙之下、其分野有疾疫風雷之災、丙丁之下、其分野有大旱之災、口舌妖言、庚辛之下、其分野有兵戈盜賊、攻戰死喪之災、壬癸之下、其分野有霪泥霖雨大水之

究及后妃不安之事戊巳之下其分野有土工蝗虫崩陷喪亡之災年月尤甚會於太乙宮者為究深重賂格迫擊挾之方次餘雖有凶犯皆輕州郡應之

一日文昌乾宮之祇有壬主冀州　九宮之干与九星之干不同

二日玄鳳離宮之祇有丁主荊州

三日明離艮宮之祇有甲主青州

四日陰德震宮之祇有乙主徐州

五日招搖中宮之祇有戊巳主豫州

六日華明兌宮之祇有辛主雍州

七日玄武坤宮之祇有庚主梁益州

八日玄冥坎宮之祇有癸主兗州

九日雄明巽宮之祇有丙主揚州

推之之法置上元甲子至所求積年以文昌九宮天周法二千七百除之不盡以小周法三百七十去之不滿為宮周餘以宮率三十約之而以所得為宮數不盡為入宮以來年數其宮三十年易一宮命起一宮文昌順行九宮奚外即得入宮直事所在年數

七元武　六華明　一文昌

二元鳳　五招搖　八元冥

七雄明　四陰德　三明雄

太乙統宗寶鑑卷之六終

太乙統宗寶鑑卷之七

明太乙之数原本所主術

夫太乙之数、原本自天、出於黃帝、後世失之、泥於数而昧於理、故知其為太乙者鮮矣、大哉黃帝践祚、風后演之、以前民用、所由来也、有理有数、有始有終、於是乎天子當陽、公孤為輔、諸侯北面而朝之、四民布列、貴賤有差、上不陵下、下不逼上、政教中出、以播四方、天下和平、風雨順序、年穀豐登、三光全、寒暑平、内外治、君臣睦、國乃不忒也、夫家人有嚴君焉、子孫之表也、級而上之、曰大夫、曰諸侯、曰天子、天下國家之表也、君仁莫不仁、君義莫不義、表範不雅、化為仇敵、可不慎歟、夫太乙至矣哉、外闡龍圖、内列龜文、天地之所以位、君臣父子夫婦之所以立、陰陽晝夜之所以分、山川地里之所以流峙、品物萬類之所以蕃殖、則太乙之理貫於其中矣、明斯数者、而知天地陰陽之道也、太乙之德、其盛乎、天子得之、四海和寧、諸侯得之、社稷不傾、大夫得之、家政乃平、士庶得之、佳醜不爭、是以君子博洽以研其治、古之明王、慎斯術而行禁者、以塞小人禍亂之原也、

明君基太乙所主術 三十年行一辰十二辰二百六十年

經曰、君基太乙者、人君之象也、故宜事之邦、能守其疆、終

為侯王、不能守其疆、戈甲飛揚、謂君基所臨之邦、其君修德、上符天道、下合民心、其化昇平、民登富壽、兵強將勇、遠近歸服、其若人君妄興徭役、竊弄干戈、曲施賦斂、廣營宮室、則主水旱灾傷、兵革疾疫、灾害並臻、一曰君基所在之邦、其地宜進献珍羞以供聖躬、人主宜服其地或幸其方以順天道、服者整也、

君基與五福同宮、皇圖鞏固、海宇肅清、国有嘉祥福瑞之慶、

君基與臣基同宮、君臣際會、君治以道、臣輔克忠、國殷民安、萬物咸遂、

君基與民基同宮、務農業、安百姓、出入有名、使人以時、有巡狩省方、觀民之象、民有進賢於君者也、

君基與天乙金神同宮、出符文、降詔命、練甲胄、誓兵旅、征不道、伐不義、古者王事出兵行師、執旌杖鉞、誓士衆、抗威武、所以征叛逆、止暴亂、如此則國君致其禎祥、其若好攻戰、輕百姓、飾城郭、侵邊境、如此則不祥、變異妖性兵火之咎生矣、

君基與地乙土神同宮、人君宜卑宮室、去奢侈、息土工、安百姓、務農桑、勸稼穡、人安其業、如此則厥德永昌、地生祥瑞、天下豐和、景命惟新矣、其若奢淫驕慢、廣營宮

苑、綴飾珠玉、粧麗過甚、如此則兵火喪亡、五穀荒歉、民生災疾、及地生異類妖物焉、

君基與直符火神同宮、人君南面嚮明而治、賢佞分別、宮人有序、率由舊章、貴重功勳、殊別嫡庶、進文儒、熙風化、如此則國政昇平、景貺之嘉祥也、其若信道不篤、讒邪勝正、廣營宮室、興建臺榭、吏為苛酷、百姓愁怨、致傷和氣、如此則大旱災傷、焚傷燒宮廟、民多饑饉、疾疫大作、而不利於君也、

君基與四神水皇同宮、人君宜敬奉宗廟、郊祀天地、祭禱神祇、嚴肅齋戒、崇重歆饗、以求福助、古之聖王所以順事陰氣以和神人也、及發施號令、明正刑罰、亦奉天時、咸得其氣、則陰陽調和、終始咸熙、邦國道泰、若逆簡宗廟、廢祭祀、逆天時、則主水溢百川、人民流溺、淫雨為災、而傷稼穡、厥咎生於人君矣、

君基與大遊同宮、大遊者、太白神也、其神所臨、有兵革水旱疾疫之禍、人君此時宜修明德、布號令、命將帥、整戈甲、進文儒、行風化、施恩宥、察獄訟、省賦斂、恤軍民、以禦災變之生、其若妄興兵甲、竊弄干戈、以謀開拓之功、不恤生民之苦、百姓愁怨、不求寧日、如此則國耗民竭、危亡之禍、可坐而致矣、此大遊與君基同宮、有德者昌、

無德者殃、兵災民困之故也、

君基與小遊同宮、小遊者、東方木之監將也、歲星之精、為太乙之人君也、君基屬土位、居紫微、為有土之君、人主之象也、此二星皆為君象、有主有客、天之所以限南北也、君基三十年行一宮、為一世、乃有土之君主也、小遊三年行一宮、乃遊畧之客君也、君基為日、小遊為月、日行其遲、月行其疾、此二星同宮、則陰掩於陽、猶月掩日、為爭明之象、蓋衆者以寡為之君、寡者以衆為之民、今二君同宮、陰陽理悖、禍亂可勝言哉、人君知憂難之所在、宣詔令、布恩澤、明刑罰、修武備、以禁其姦、以致其寇或彰、威耀武、君主親征兵革之事、

置上元甲子、至於求積年、加邦盈差二百五十、以君基大周法三千六百除之、不盡以小周法三百六十去之、不盡為邦周餘、以行邦率三十約之、而以所得為邦數、不滿為入邦以來年數、其邦命起午邦、順行十二辰次、筭外即得君基太乙所在、及年數、君基命起午邦者、蓋人君之象、聖人南面垂衣裳而治天下、故命起午邦、順行十二辰次、所貴符合聖人順天施化、下副群望之意也、臣基同起午邦者、蓋取君臣相承、翊贊王業、不相離之象、民基起戌邦者、以明兆庶居下、不可與聖帝賢臣同道而行也、

唐明皇開元二年甲寅歲君基太乙入午邦洛京之分其地人民富庶五穀豐登經十年聖駕躬祀后土于分陰壇側獲古鼎經十二年封東嶽慶雲隨日駕重輪封泰山神為天齊王時東都米一斗五文天下户七百六萬九千五百六十五户經二十七年天下無事海内雄富西都米斛不過三百文縑帛亦如之行者雖適萬里不持寸刃不齎一文人民安逸外户不閉其太平如此至天寶三年甲申歲君基亦出洛京之分野矣

明臣基太乙所主術三年行一辰十二辰三十六年

經曰臣基太乙者輔相之象也其星在紫微宮輔於大帝

乃上天六宮之長下管二十八宿幹旋造化之機執持威福之柄所臨之邦其地之人可引為文武之任於王室有益也

臣基與五福同宮利為宰輔貴極人臣常親帝座任其大事當大安危臨大治亂皆致亨通所臨分野人民豐稔世出英傑

臣基與民基同宮其下賢有進朝民安其業政訟和平百姓豐亨

臣基與天乙金神同宮有横逆不義侵於臣佐其分兵盜

臣基與地乙土神同宮其分多土工百姓失務

臣基與直符火神同宮其分礼法不中民無所措化為火旱

臣基與四神水宿同宮其分賦斂繁後以奪民財而生水潦

臣基與大遊同宮政訟不平農失其務其分水旱兵革饑饉疫疾

臣基與小遊同宮下陵於上君因其臣宰輔不利所臨分野諸侯自謀上下不協

置上元甲子至所求積年加邦盈差二百五十以臣基大

周法三百六十除之不尽以小周法三十六去之不尽為邦周餘以行宮率三約之而以所得為邦数不滿為入邦以来年数命起午邦順行十二辰次笇外而得臣基太乙所在及年数

唐太宗貞觀十六年壬寅歲臣基太乙入午邦洛京之分其年魏王泰山括地理志五百五十卷顔師佐注前漢書六百三十卷癸卯圖画二十四功臣于凌烟閣甲辰上謂使臣曰朕要聞己過卿等為言之散騎常侍劉洎曰有上書不稱旨者皆面加窮詰無不慚懼而退恐非所以廣開言路之意上曰卿言是也當改此矣盖臣

基太乙所在君聖臣賢同德之驗也。

明民基太乙所主術一年行一辰十二辰十二年

經曰民基太乙者庶民之象也故曰民基所在之邦其民富〻五穀豐登無兵徭疾疫之災

民基與五福同宮其分富壽賢福之人生於民家

民基与太乙金神同宮其分兵盜饑荒霜雪殺物人民不安

民基与地乙土神同宮其分土工役民傷稼穡禾穀不收民生疾患

民基与直符火神同宮其分火旱災傷飛蝗為害兵盜亦然

民基与四神水宿同宮其分水澇饑荒民多流蕩

民基与大遊同宮其分兵火水旱人民流移

民基与小遊同宮其分禾稼半收及與兵役之事

置上元甲子至所求積年加邦盈差二百五十以民基大周法一百二十除之不盡以小周法十二去之不盡為邦周餘就為入邦以来年數命起戌邦順行十二辰次冀外即得民基太乙所在及年數

唐太宗貞觀元年丁亥歲民基入未邦秦分是歲正月己酉朔大赦改元宴群臣奏秦王破陣樂曲上曰朕在

藩邸屢有征討遂有此曲其發揚蹈厲雖異其文容言其功業之由故托于樂章示不忘其本也封德彝曰陛下以聖武戡乱立極陳樂象德豈得以文容易此上曰朕雖以武功治天下終以文德綏海内文武之道各隨其時謂文容不如蹈厲斯言過矣德彝謝曰臣愚不明不足以知此蓋民基所在之邦君臣同德民安之驗也

三基者君基臣基民基也君基乃有土之君故三十年行一邦而為一世之君也臣基乃有土之臣故三年迁一邦而為一考之臣也民基乃有土之民所以務農桑去舊播新之謂故一年一易也聖人立法制度以利天下其義有所深取焉

明五福太乙所主術

經曰五福太乙者上天賜福之神也所臨分野四十五年理天十五年風調雨順四时合序八節安和理地十五年山出美玉產靈芝理人十五年世出英傑民安國為安享太平其神所在有五福一曰君壽二曰國殷三曰遐壽四曰臣賢五曰民安其行五宮一曰黃裓在西河雍州之乾地二曰黃始在遼東燕趙之艮地三曰黃室在江淮吳越之巽地四曰黃庭在西蜀梁州之坤地五曰玄室在豫州洛邑之中宮故經云五福所在其君福殷其民壽樂兵

華疾疫之事、
五福與君基同宮、人君福壽享祚、如同宮在初交之始、
合生後儲太子、如遇君基相衝之所、乃生草寇之君、
五福與臣基同宮、福利宰輔、如同宮在初交之始、賢相
當生貴人之家、
五福與民基同宮、四民樂業、天下熙和、如同宮在初交
之始、其分福壽貴人生於白屋之家、
五福與四神同宮、為福減損、金有兵盜、土有疫癘、民災、
火有旱蝗、水有淋雨、漲川瀆、
五福與大遊同宮、為福減半、兵盜水旱不免、

明五福吉筭所利術
經曰、夫五福吉筭之數、若與五福同行、其福各有所利、凡
二百二十五年為一周、四十五年行一宮、不滿宮法所餘
者、方知五福所利也
單一十一二十一三十一四十一福利於君主、
單二十二二十二三十二四十二福利於王侯臣宰、
單三十三二十三三十三四十三福利於后妃、
單四十四二十四三十四四十四福利於太子、
單五十五二十五三十五四十五福利於民庶、
單六十六二十六三十六福利於師帥、

單七十七二十七三十七福利於上將軍、
單八十八二十八三十八福利於中將軍、
單九十九二十九三十九福利於下將軍、
單十二十三十四十福利於士卒、
如五福同君基在陽宮、則主人君、在陰宮則主貴人后妃、
如君基在陰宮與五福對衝、而刻制君基者、事起陰人、截
位及草寇篡位、其餘太乙凶神與五福同宮、則變災為福、
其災降於對衝之分、及水旱不免有之、
五福與小遊同宮、有德者昌、失德者殃、
置上元甲子至所求積年、加宮盈差一百一十五、以五福

大周法二千二百五十除之、不盡以小周法二百二十五
去之、不盡為宮周、餘以行宮率四十五約之、而以所得為
宮數、不滿為之宮、以來年數、具宮命起乾艮巽坤中宮、即
得五福太乙所在、及入宮年數、
唐武德七年甲申歲、五福太乙入玄室中宮、洛京之分、
至丙戌八月九日、上傳位于太宗、至庚寅貞觀四年、斷
天下死罪二十九、幾致刑措、外戶夜不閉、行旅不齎糧、
天下大治、米粟一斗三文四文、此蓋五福太乙所在之
分、民豐樂進、君聖臣賢、太平之應也、
大凡五福太乙所臨之宮、風雨順時、五穀豐收、人民快樂、

卻消兵災、其行止遊五宮、不居四正宮、每宮住四十五年、
行徧五宮、計二百二十五年為一小周、計一千八百年為
一元也、
假如自上元甲寅至大會戊申積一萬三千七百三千
五筭、加二百五十六年為洪武甲子、積一萬三千九百
九十一筭、辛未歲加七、共得一萬三千九百九十八筭、
以元法一千八百約之、得七周、餘一千三百九十八次、
以小周二百二十五約之、得六周、不用、餘四十八、又以
宮數四十五約之、得一、餘三、其一者為法乾宮、以滿余
三者為交艮宮、已三年遞推得己巳年初交、即洪武二

十二年、又未來四十二年癸丑為滿、
唐昭宗在位十四年、己酉至癸丑、乙卯、五福太乙在黃
秘宮、
晉高祖在位八年、丙申至癸卯、庚子、五福太乙在黃始
宮、
宋太宗在位二十二年、丙子至丁酉、甲申、五福大乙在
黃始宮、
宋仁宗在位四十二年、癸亥至癸卯、己巳、五福太乙在
黃庭宮、
宗神宗在位十八年、戊申至乙丑、前癸丑年五福在太

乙在玄室宮、京都洛中元
金太祖在位八年、乙未至壬寅、己亥、在乾黃秘宮、西河、
金世宗在位二十九年、辛巳、大定元年至己酉、甲申、在
黃始宮、
金章宗泰和八年、在位十九年、庚寅至戊辰、五福大乙
在黃始宮、
今上皇帝三年己巳、至辛未、癸丑、五福太乙在黃室宮
庚子入第五中元洛陽、　丙子入乾西北黃秋宮二
十三年、
明天乙太乙所主術、

經曰、天乙太乙者、金神之謂也、馭六宮、逆金氣、主兵革之
事、居累年、兵革相接者、天乙臨之、即有勝負、謂金能決斷
也、兵神所經之分為兵為喪、多主暴兵殺戮、人民、流血千
里、及霜雪肅物也、
天乙與地乙同宮、其分兵戈發、土二興、廢農桑、傷百姓、
交兵結仇、盜賊凶攘、人民愁困、
天乙與直符同宮、其分大旱、刀兵饑饉疾困、
天乙與四神同宮、其分水澇霜雪兵盜為患、舟車不通、
天乙與天遊同宮、其分兵喪禍亂饑饉民流、
天乙與小遊同宮、其分下陵於上、不利有為、

置上元甲子至所求積年以太乙天（大）周法三百六十除之不盡以小周法三十六去之不盡為宮周餘以行宮率三約之而以所得為宮数不滿為入宮以来年数命起六宮順行九宮次接絳宮明堂玉堂三宮筭外即得天乙太乙金神所在及年数主兵主喪助得道破失道

唐高祖武德五年壬午歲天乙太乙入玉堂宮幽州燕分至七年甲申幽州燕分王高道開為其下將張金樹所殺以其地来降此天乙金神所臨有兵喪之應也

明地乙太乙所主術

經曰地乙太乙者土神也掌地之方而浮載以行所守之宮有大兵喪若臨無道之邦主飛蝗疾疫五穀荒歉庶民流亡常居中五土旺四季寄理二宮

地乙與直符同宮其分癸旱兵盜土工大興人民災疾五穀不成

地乙與四神同宮其分水旱不調民多疾困地生妖異

地乙與大遊同宮其分兵喪大作荒歉民流賊盜嘯聚

地乙與小遊同宮其分土木工興法令暴虐致生兵盜

置上元甲子至所求積年以地乙大周法三百六十除之不盡以小周法三十六去之不盡為宮周餘以行宮率三約之而以所得為宮數不滿為入宮以来年數命起九宮

次以絳宮明堂玉堂三宮接之及於一宮順行九宮筭外即得地乙太乙土神所在及年數

後唐閔帝應順元年甲午歲地乙太乙土神入明堂宮梁益之分次年乙未正月孟知祥僭稱帝子益州建立臺省百官改元明德八月孟知祥薨其子昶嗣位此益地乙土神所臨之邦有大兵喪之應也 邦當作分

明直符大乙所主術

經曰直符太乙者火神也乃天帝之使者天遣觀察治道理政掌於萬民也得道者助之失道者咎之若臨失理之国無道之邦主火光旱涸之灾千里草木不生兵革疫疾饑饉水旱大作

直符與四神水宿同宮其分水旱不調四序失節民饑疾疫多生兵盜溺於水火刀兵之厄

直符與大遊同宮其分兵喪民流五穀無成灾橫暴起

直符與小遊同宮其分風火兵革人民不安

置上元甲子至所求積年以直符大周法三百六十除之不盡以小周法三十六去之不盡為宮周餘以行宮率三約之而以所得為宮數不滿為入宮以来年數命起五宮順行九宮次以絳宮明堂玉堂接之及于一宮依次順行筭外即得直符太乙火神所在及年數

宋太祖開寶九年甲子歲直符太乙入九宮揚州之分
是年吳越國王錢俶與男入覲 吳越雖是錢塘之地
其分野亦屬揚州蓋直符太乙所臨之邦其下君歸明
主有德者昌之應也
元至正壬辰直符入二宮火旺自是紅巾蜂起于陳蔡
江淮間

明四神太乙所主術

經曰四神大乙者水神也其神所臨之分紀綱有道之代
即昌無道之代即亡若臨刻戰之鄉兼君無道則水旱兵
饑賊盜侵掠為害若臨生旺有氣有道之邦其殃自息四

神者摠天乙地乙直符而言之其實即水神也猶三基之
說亦總君基臣基民基而言也
四神與天乙同宮主降大雨為災 與地乙仝宮所主
地陷為災 與五福仝宮災變為福 與君基仝宮田
禾薄收 與直符同收宮主旱饑饉兵革起 與大遊
仝宮其分兵喪饑饉人民流亡 與小遊仝宮其分人
民不安多生水澇疾疫之事
置上元甲子至所求積年以四神大周法三百六十除之
不盡以小周法三十六去之不盡為宮周餘以行宮率三
約之而以所得為宮數不滿為入宮以來年數命起一宮

順行九宮次以絳宮明堂玉堂三宮接之筭外即得四神
太乙水神所在及年數
唐昭宗天祐四年丁卯歲四神太乙水神入六宮雍州
之分其分水旱兵賊饑荒大作夏四月唐禅位于朱全
忠號梁有唐三百年王業至此已盡梁王朱全忠遂遷
都于汴梁是為東京此蓋四神太乙所臨君不修德失
業喪亡之驗也
古法曰四神臨魁戰之鄉主水旱兵賊饑荒謂太歲在辰
戌土鄉四神臨五宮太歲在丑未土鄉臨七三宮而為刻
戰如太歲在巳午火鄉四神臨三九宮亦為刻戰尊卑相

接上下失序凶咎生矣諸神倣此消息
自上元甲子至天會戊申積得二千三百二十五年又
加二百五十六年得洪武甲子積二千五百八十一筭
以三百六十約之周七遍余六十一以三十六約之得
一周余二十五又以三約之為州得八余一筭也
四神太乙起九宮為在五宮豫州一年
天乙太乙起二宮為在十宮絳宮雲中兗州一年
地乙太乙命起五宮為在一宮冀州一年
直符太乙命起一宮為在九宮揚州一年
中宮之日主歲三合上元癸巳中元庚申下元癸亥庚寅

九二　五一　天乙　七乘三　在中　青龍　一乘九　在中　咸池　九乘七　在中

四位太乙皆遊行十二州、每州住三年、三十六年行十二州徧、各有所主不同、條述于後、

四神太乙者、水神也、主水旱兵革饑饉疾疫、

天乙太乙者、金神也、主兵革而定勝負之事、

地乙太乙者、土神也、主兵革五谷不熟民流移、

直符太乙者、火神也、主兵革水旱疾疫之事、

自上元宋乾德甲子至元朝庚戌、積二百八十七筭、加一百三十四、為洪武甲子、積四百二十一筭、今推洪武辛未、又加七筭、共得四百二十八、以一百八十約之、得二周、余六十八、為在中元甲子內、加一百二十、有餘約在下元內、次以三十六約之、得一周、餘三十二數、約無差餘、為四神在十二下三十二、又以三約之、得十餘二、其十者為在十宮兗州、滿餘二者為四神太乙交十一宮明堂益州、次年也、餘一為初年、餘二為次年、餘三為末年、又得十一付署三位、上添五、中添八、下添四、假以十二減之、餘上四為天乙太乙、在徐州、中七為地乙太乙、在梁州、下三為直符太乙、在青州、

推四神太乙立成曆

大歲	四神三元	天乙三元	地乙三元	直符三元
	冀揚豫	雍荊交	揚豫冀	豫冀揚
甲子	一九五	六二絳	九五一	五一九
乙丑				
丙寅				
	荊交雍	梁青益	交雍荊	雍荊交
丁卯	二絳六	七三明	絳六二	六二絳
戊辰				
己巳				
	青益梁	兗徐凶	益梁青	梁青益
庚午	三明七	八四五	七明三	七三明
辛未				
壬申				
	徐凶兗	揚豫冀	凶兗徐	兗徐凶
癸酉	四五八	九五一	八五四	八四五
甲戌				
乙亥				
	豫冀揚	交雍荊	冀揚豫	揚豫冀
丙子	五一九	絳六二	一九五	九五一
丁丑				

戊寅八
雍荊交 益梁青 荊交雍 交雍荊
己卯 六二絳 明七三 二絳六 絳六二
庚辰
辛巳
梁青益 幽兗徐 青益梁 益梁青
壬午 七三明 三八四 三明七 明七三
癸未
甲申
兗徐幽 冀揚豫 徐幽兗 幽兗徐

乙酉 八四五 一九五 四五八 五八四
丙戌
丁亥
揚豫冀 荊交雍 豫冀揚 冀揚豫
戊子 九五一 二絳六 五一九 一九五
己丑
庚寅
交雍荊 青益梁 雍荊交 荊交雍
辛卯 絳六二 三明七 六二絳 二絳六
壬辰

癸巳
益梁青 徐幽兗 梁青益 青益梁
甲午 明七三 四五八 七三明 三明七
乙未
丙申
幽兗徐 豫冀揚 兗徐幽 徐幽兗
五八四 五一九 八四五 四五八
戊戌
己亥
冀揚豫 雍荊交 揚豫冀 豫冀揚

庚子 一九五 六二絳 九五一 五一九
辛丑
壬寅
荊交雍 梁青益 交雍荊 雍荊交
癸卯 二絳六 七三明 絳六二 六二絳
甲辰
乙巳
青益梁 兗徐幽 益梁青 梁青益
丙午 三明七 八四五 明七三 七三明
丁未

戊申	徐凶兗	揚豫冀	凶徐兗	兗徐凶
己酉	四五八	九五一	五八四	八四五
庚戌				
辛亥	豫冀揚	交雍荊	冀揚豫	揚豫冀
壬子	五一九	絳六二	一九五	九五一
癸丑				
甲寅	雍荊交	益梁青	荊交雍	交雍荊
乙卯	六二絳	明七三	二絳六	絳六二
丙辰				
丁巳	梁青益	凶兗徐	青益梁	益梁青
戊午	七三明	五八四	三明七	明七三
己未				
庚申	兗徐凶	冀揚豫	徐凶兗	凶兗徐
辛酉	八四五	一九五	四五八	五八四
壬戌				

癸亥

明大遊大乙所主術

經曰大遊太乙者、馭七宮之氣、金神也、巡行八宮、不入中宮、與小遊所考一同、其神三十六年、考治一宮、十二年理天、十二年理地、十二年理人、考較人君之善惡、二百八十八年一周、而行其罰、故古經曰太乙治陽宮、遼東不見兵、太乙治陰宮、罰漢可全身、謂大遊大乙臨八三四九之地、為治陽宮、則灾在中国、中原之野、東北之夷国、屬於陰、故云遼東不見兵也、若大遊大乙臨二七六一之地、為治陰宮、則灾在夷狄之國、則中原陽国得安、故云罰漢可以全身而得安居也、

大遊太乙与五福会宮、兵革水灾降於對衝之分、与天乙会宮、其分大興兵革為害、天災怪異、与地乙会宮、其分盜賊飛蝗、草木不生、与君基会宮、主君有兵灾、与臣基会宮、主臣有兵灾、与民基会宮、主民有兵灾、与直符会宮、主刀兵火旱、与四神会宮、水旱饑饉、人民流移、与小遊会宮、兵喪水旱、凶暴大作、

置上元甲子至所求積年加宮盈差三十四以大遊大周法二千八百八十除之不盡以小周法二百八十八去之不盡為宮周餘以行宮率三十六約之而以所得為宮數

不滿爲入宫以来年数其宫命起七宫順行八宫不入中五筭外即得大遊太乙所在及入宫以来年数

後唐明宗長興元年庚寅歲大遊太乙入七宫梁益之分其年東川黄璋兵叛西川孟知祥兵叛自後西川兵寇連年大震雖命将征討終不能平後孟知祥爲劒東南西川節度使封蜀王遂失西土蓋大遊太乙在陰宫爲蜀漢可全身之應也

儌如上元至大暦甲寅積一萬三千三百八十一筭加六百一十爲洪武甲子積一萬三千九百九十一筭辛未加七筭共得一萬三千九百九十八筭以一元数四千三百二十約之得三周余一千零三十八筭次以小周二百八十八約之得三周不用余一百七十四又以宫數三十六約之得四周余三十其四者命起七宫至四爲一宫得滿余三十者爲在坤二宫荆州已三十年遂推得壬寅年初交至正二十三年未来六年丁未爲滿坤二宫爲陰宫也

明大遊凶筭所主灾咎術

經曰夫大遊凶筭之数若与大遊全行爲灾各有不利

單一　十一　二十一　三十一　不利於君王

單二　十二　二十二　三十二　不利於王侯臣宰

單三　十三　二十三　三十三　不利於后妃

單四　十四　二十四　三十四　不利於太子

單五　十五　二十五　三十五　不利於民庶

單六　十六　二十六　三十六　不利於師帥

單七　十七　二十七　三十七　不利於上将軍

單八　十八　二十八　三十八　不利於中将軍

單九　十九　二十九　三十九　不利於下将軍

單十　二十　三十　四十　不利於士卒

夫大遊凶筭灾咎之數聖人效之蓋体無定用唯灾是用用無定体唯化是体也凡凶筭所值人君大臣觀其所灾宜責躬脩德甲兵不試和恊陰陽以消災禍之應也

明大遊天目所主術

經曰大遊天目者土神也爲大遊之目巡行下土主威刑行訪察所臨之地敷德恵恤軍民納規諫立刑憲得無傾危之患其有惰政令黜忠良興繇役損百姓傾危之灾不旋踵而至矣

置上元甲子至所求積年加神盈差二百一十六一十四以大遊大周法一百八十除之不盡以小周法一十八去之不盡爲神周餘就爲入神以来年数命起天道順行十六宫遇大武陰德重留一筭外即得大遊天目所在及年数

又大遊天目命起大遊所入宫之年順行十六宫間之

神一年一移遇大武陰德重留一筭十八年一周滿三十六年經行二周則變矣

明小遊太乙所主術

小遊太乙者是天之神有道則昌無道則殃止遊八宮不居中宮自坎順行每宮住三年二十四年一周故以二十四約之餘又以三約余一為初年余二為次年余三為末年初年治天天有變星辰失度寒暑愆期次年治地地有變山崩川竭震動非常末年理人人有變奸謀妖訛口舌揺蕩也

其法置演上元甲子至所求積年以小遊紀元周法三百

六十除之不盡以宮法二十四去之不盡為官周餘以行宮率三約之而以所得為宮數不滿為入宮以來年數命起一宮順行八宮不入中五筭外即得小遊太乙所在及年数

福應經曰小遊太乙三年一移宮不入中五宮其所考理之地兵革水旱饑饉與五福太乙同宮變災為福與君基太乙同宮君有小災不宜舉事與臣基全宮且不利有兵厄與民基全基民有災着分野天乙地乙大小同宮主天地間殺害人民更變有民基來會者驗與水神同宮水旱饑饉災直符全宮主兵革火災凶天乙全宮主火為災在民間地乙全宮水旱寸草不生

唐昭宗天祐元年甲子歲小遊太乙入六宮雍州之分其年正月梁王朱全忠遣牙将冦彦卿奉表請遷都洛陽令長安居民按籍徙居毁屋連甍浮河而下號泣月餘不息此盖小遊太乙所臨考治之地致兵喪水旱饑饉流亡失地之應也

假如上元宋乾德甲子至元朝庚戌積二百八十七筭又加一百三十四為洪武甲子積四百二十一筭辛未歲又加七筭共得四百二十八元以二十四約之得一十七周餘二十又以三約之得六餘二其六者為坤宮滿餘二者為及入兑宮已二年推得庚午初年辛未為次年理地地有變壬申為末年

太乙統宗寶鑑卷之八

明太乙經行分野疆界術

天地開闢、未有經界、神農之王天下也、東西九十萬里、南北八十五萬里、黃帝受命、始作舟車以濟不通、推分里次以定律度、其地北至幽陵、南至交趾、西距流沙、東極蟠木、日月所照、莫不底屬、建萬國、治九州、堯遭洪水、分為十二州、禹平水土、表提綱而分區宇、判山河而考疆域、冀北朔并群之名、燕齊趙幽營之號、所謂肇十有二州是也、天有七星、地有七表、天有四維、地有四瀆、八紘之外各有八極、地不足東南、天不足西北、八極之廣、東西二儀三萬一千三百里、南北得其等、海內之地、東西二萬八千里、南北二万六千里、南北為經、東西為緯、周監二代、定官分職、改徐梁合於青雍、分冀州以為幽并、職方氏掌地理以辨九州之國、保章氏掌天文以辨九野之名、所分疆域、皆有星分、以視吉凶之變、春秋戰國、合從連衡、天下拒而為七、掌候之官、隨世更易、占則取驗、亦必有其深義矣、秦吞天下、王治務亡、郡縣更罷、分天下為三十六郡、又置閩中南海桂林象郡、凡四十焉、推五運以為獲水德之瑞、更曰水德、王天下、正月以亥為首、色尚黑、分野星分、未能睹其真也、漢興、循秦舊制、又加郡國十有三州、漢屠咸陽、蕭何所收圖

籍、不聞編著、由是地里疆界不能精審、迨明帝時、班固著修三統曆、取十二次配十二野、其術方詳、漢末三分、迄晉宋以下、言分野、革旁引曲、取迂就其說、皆不為善、唐興、僧一行作大衍曆、改正古今之異、星分十道、則與班固著述多合、五代短世、又紛然互失、不復其真、至宋方得其詳、用班固所得為定、次取一行之術、分野分星相參配焉、然斗牛北方之宿也、主在吳粵、星張南面之宿也、而配在周邦、或綿亘万里、或止係數州、兗地皆鄭也、而桐柏在禹貢之豫州、宋分當豫也、而淮泗乃夏書之揚州、古之得應驗者、其義亦有深取、考古亦從其說、大抵古今事殊、州郡改易、九州十二國之疆界、固難考正、今国朝四海一宇、非如戰國三分、五代拒土之比、其又史臣所載、自古垂象立制、賴有其具、代置史官以掌其職、天有十二次、日月之所纏也、地有十二辰、王侯之所国也、因生得姓、因功命上、咸有所繫、而六合都會于燕、上當箕尾、下應入焉、以燕分為宗、兹錄于後、

明太乙經行十二分野所纏次舍術

寅、燕分、天文志箕尾析木之次、初尾九度、外末斗牛十一度內、於分為燕、於辰在寅、於野為幽、自漢渤海九河之北、皆析木之分、尾星得雲漢之末、渤海遼東西高麗係

馬故當九河之下流潰於渤海皆北紀之所東也箕與
南斗相近故其分自遼水之漁陽朝鮮三韓之地在吳
粵之東今東之漁陽右北平遼西遼東上谷代郡鴈門
南北涿郡之易州范陽固安新昌安次及保雄瀛漢霸
州信安乾寧廣信永靜安肅保順順安皆燕分也遼東
西高麗亦屬焉

卯宋分天文志氐房心大火之次也初氐四度外末尾九
度內於分為宋於辰在卯於野為豫自雍丘襄邑東循
濟陰分于齊魯環泗水達呂梁東南抵淮西南抵太昊
之墟自宿亳次負河北為心分自豊沛以負南河為房
分故其上流於尾星同西接陳鄭為氐之分今開封陳
留以東及亳天濠分壽州之東界與宿徐濟曹單皆宋
之分野

辰鄭分天文志角亢壽星之次也初軫十一度外末氐四
度內於分為鄭於辰在辰於野為兗自河南新鄭登臺
陽城之中東至封丘陳留至於陳蔡汝南西涉南陽至
於桐柏及於潁川成皋又東北抵嵩山之東繫淮陽大
昊之墟次孟潁與亳相掇皆為亢分南涉淮氣連鶉尾
成周之東皆為角分今開封陳留封丘太河迤南孟潁
陳蔡光黃壽州之西界皆鄭分野

巳楚分天文志翼軫鶉尾之次初張十六度外末軫一十
一度內於分為楚於辰在巳於野為荊自房陵東盡漢
之南郡江夏東達廬江抵彭蠡之西又逾南紀盡鬱林
合浦之地翼星於張星近故其分野當河南之北軫在
天關之外故當南河之南其中一星主長沙逾嶺徼而
南皆東甌青丘之分今襄房郢蘄江陵澧鼎衡潭岳鄂
全邵辰杭郴連道永賀歸峽英韶昭桂融柳象潯宜貴
橫欽廉邕順蔚林溪

午周分天文志柳星張鶉火之次初柳八度外末張十六
度內於分為周於辰在午於野為三河自滎陽滎澤南
至東隅斜射方城抵桐柏漢陽之地又自雒邑負北河
之南西及函谷逾南紀達武當漢水之陰盡漢弘農郡
柳在輿鬼之東接漢源故商雒之陽接南河之上流也
星上係軒轅得土之正位故為河南之分張星直南陽
漢東與鶉尾全占昔周公營洛邑以其得土之中諸侯
藩屏四方故立京師至平王東居洛邑其後五伯更帥
諸侯以尊王室故周於三代最為長久所封畿域東西
長南北短相覆而為千里今河南許與唐鄧隨光鄖陝
商均信陽及新鄭之西皆為周之分野也

未秦分天文志東井輿鬼鶉首之次初井十五度外末柳

八度內於分為秦於辰在未於野為雍自漢之三輔京兆扶風馮翊北地上郡西得安定天水隴西至河右西南巴蜀漢中之地及廣漢河東捷粵巂西抵金城武威張掖醴泉燉煌牂柯之所咸屬焉東井居兩界之陰故當洛之西北輿鬼居兩界之陽故當漢中東盡華陽與鶉火相接當洛之東南鶉首之云潛漢流而未達故狼星分野在南河上源之西今陝西之永興鳳翔邠州同華延耀坊鄜寧環慶涇渭儀階金岷秦熙河德順鎮戎保安通遠四川之成都興元蜀郡嘉嵋榮瀘渝忠昌簡夔萬遂彭綿梓利劍梁達巴閬洋壁雲安懷安永唐富順陵井大寧廣安南平及夏之西秦鳳之西北西川之西諸蠻夷之地皆秦之分野

申晉分天文志觜觿參伐實沈之次初畢十一度外未井十五度內於分為晉於辰在申於野為益自太行以西尽西河之地其南曲之陰在晉地衆山之陽南曲之陽在益地衆山之陰陰陽之氣并故与井星合象參伐戎武故當河東尽大夏之墟上党以下居流与趙魏相接為觜觿之分今大原河中晉絳解澤潞遼忻代汾憲慈隰嵐石麟府豐大同威勝岢嵐火山保德寧化大遼之西偏夏国之東皆晉之分野

酉趙分天文志胃昴畢大梁之次初胃六度外末畢十一度內於分為趙於辰在酉於野為冀自古魏郡漳河東達清河信都北據中山真定又北逾衆山盡漢代郡鴈门雲中定襄之地北紀之東陽表裏山河以藩屏中国為畢宿之分循河之表西盡塞垣皆髦頭之國為昴之分冀之北土馬牧之所蕃庶故天苑之象存焉今真定冀恩趙定刑磁深洺皆趙之分野

戌魯分天文志奎婁降婁之次初奎四度外末胃六度內於分為魯於辰在戌於野為徐自岱岳衆山之陽以負東海濱泗水之東至於呂梁東南抵淮并淮水而東盡徐夷之地奎為大澤在陬訾之下流其地直鉅野東濱于淮泗東北負山為婁胃之墟蓋中國膏腴之地百穀所阜也胃星得馬牧之氣与冀之北土同古今兗州沂海密泗徐邳抵楚皆魯之分野也

亥衛分天文志營室東壁陬訾之次初危十五度外末奎四度內於分為衛於辰在亥於野為并自濮陽循西大行而東盡河內黎陽北負漳鄴東及館陶聊城盡漢東之域今開封之白馬及大名澶懷衛相濮鄆皆衛之分野

子齊分天文志須女虛危玄枵之次初女七度外末危十

五度内、於分為齊、於辰在子、於野為青、自漢濟北郡適水
涉平原至於岱岳衆山之陰、東南及高密、又盡萊淄之
地、復盡九河故道、南濱于碣石、今登青萊濰淄齊滄濱
棣德皆齊之分野、

丑、吳越分、天文志南斗牽牛星紀之次、初斗十一度外、末
女七度、於分為吳越、於辰在丑、於野在揚州、自廬江九
江負淮之南、盡臨淮廣陵至於東海、又適南河西濱彭
蠡南至南海、南斗在雲漢之下流、當淮海之間、為吳分
牽牛去南河浸遠、故其分野自古豫章、東達会稽、南適
嶺徼、為越分、島夷蛮貊之人、教所不能化者、皆係之、其
在中国之地、今淮南廬陽和滁真揚楚太通無為而浙
之蘇秀湖杭常潤湖越之處、温台衢婺江寧饒信洪撫
筠袁處吉宣歙江池太平廣德南康興国建昌臨江福
建漳泉南劍興化邵武汀廣南之循梅潮惠廣端康封
梧新恩春滕高豆雷化容白儀瓊珠崖万安昌化交趾
九真日本、皆吳越之分野也、

明太乙行九宮訣經分野術 絳宮明堂玉堂附

一宮冀州分野、按禹貢周礼為河内之地、舜置十二牧
則其一也、春秋元命包云昴畢散為冀州分為趙国、其
地有險、有易、帝王所都、乱則冀安、弱則冀強、荒則冀豊、南北

分衛、以西為并州、燕以北為幽州、周人因焉、漢武帝置
三州、以其地依旧名焉、冀州歷後漢至晋不改、
冀郡名武陽、宮名丁丑、從一宮之分野、

貝、清河癸丑、　信都戊子、　相、魏郡丁未、
澶、清豊庚申、　滑、白馬庚辰、　衛河東辛卯、
懷河内癸丑、　澤長平乙丑、　潞上党壬戌、
絳辟厚癸酉、　晋平陽丙戌、　隰永和丙寅、
汾西河癸未、　石离石丁未、　代鴈門戊子、
忻樓煩戊辰、　并太原乙未、　邢襄國辛酉、
潞武安壬戌、　趙趙郡庚戌、　鎮恒山壬寅、
定昌陽丙戌　覇文安甲戌　瀛河間丙戌
幽涿郡甲戌　易上谷辛丑　平北平乙未
潼樂安辛丑　營遼西丁巳　沁義寧丙午
蒲河東丁亥　雲定襄辛亥　嬀懷城戊午
燕安次己巳　薊漁陽戊子　嵐樓煩壬戌
順廣平癸巳　磁邯鄲庚午　朔馬邑癸酉
蔚靈丘壬申

二宮荊州分野、按禹貢荊及衡陽之地、舜置十二牧則其
一也、周禮曰正南曰荊州、春秋元命包曰日輪星散為荊
州、荊強也、言南蠻數為冠逆、其人有道後伐、無道先殺

常警脩也又曰取山名為荊州六國時其地為楚分
荊郡名江陵丁酉宮 心丁未總一宮之分野
峽夷陵壬午　郢竟陵甲子　沔沔陽丙午
辰阮陵甲辰　昜武陵庚戌　施清江乙巳
襄襄陽戊子　邵邵陽丁未　隨漢東辛酉
安安陸庚辰　黄永安已巳　申義陽丙午
鄂江夏巳未　澧澧陽巳亥　岳巴陵丁亥
潭長沙丁巳　衡衡山甲申　郴桂陽巳亥
永零陵甲子　連連山巳亥　江九江丙申
桂桂林甲子　道江華壬申

三宮青州分野按禹貢為海岱之地舜置十二牧則其一
也又以青州越海又分為營州則遼東本為青州矣周礼
曰正東曰青州盖取土居少陽其色已青州以為名也春秋
元命包曰虗危流為青州漢武帝置十三州仍旧名歷後
漢至晋不改
青郡名壯海　宮名癸丑總一宮之分野
齊濟南癸未　萊東萊甲戌　深饒陽甲申
登東平壬午　海東海丁未　德平康乙酉
密高密庚戌
四宮徐州分野按禹貢海岱及淮之地舜置十二牧則其
一也於周入青州之地春秋元命包曰亢氐流為徐州盖
取舒緩之義或云因徐丘以立名焉
徐郡名彭城辛夘宮名甲辰總一宮之分野
沂琅琊庚子　海東海丁未　泗下邳巳夘
楚山陽丙午
五宮豫州分野按禹貢為荊河之地周禮曰豫州豫者舒
也地稟中和之氣性理安舒也春秋元命包曰鉤鈐星列
為豫州自華山東至於淮壯又自濟南界抵荊州秦并天
下以為三州焉
豫郡名汝南丙申宮名乙巳總一宮之分野

洛河南甲子　鄭滎陽戊寅　宋睢陽壬寅
亳譙郡丁巳　曹濟陰壬申　汝襄城庚辰
許陳留壬子　陳淮陽辛酉　穎汝陰巳夘
商上洛癸未　虢弘農甲子　鄧南陽庚辰
唐譙安巳巳　許長社丁巳　陜甘棠乙丑
六宮雍州分野按禹貢黑水西河之地舜置十二牧則其
一也以其四山之地故以雍名焉亦為西壯之地陽不及
陰陽氣閼雍也周禮正西曰雍州盖併禹梁州之地自周
武王克殷都於豐鎬雍州為王畿及平王東迁洛邑以岐
酆之地賜秦襄公則為秦地累世都之至始皇遂平六國

秦滅之後漢又都之至後漢光武都洛邑関中復置雍州
焉

雍郡名京兆甲戌宫名甲申總一宫之分野

華華陰辛巳　同馮翊辛酉　岐岐陽辛未
河蒲城庚戌　寧安定丙申　涇平定庚辰
渭隴西丙申　邠新平甲子　鄜上郡丙寅
綏雕陰壬午　延延安壬寅　防中郡乙丑
丹汾水辛丑　慶弘化己巳　原平原乙巳
會會寧癸卯　夏朔方辛卯　鹽五原己巳
靈靈武己未　勝榆林丙子　豊九原丁未

秦天水戊子　蘭金城己卯　河枹罕壬子
廓澆河庚子　鄯西平甲午　源武威己酉
甘張掖乙未　肅酒泉甲寅　沙燉煌戊戌
伊伊吾癸酉　瓜常東丁酉　北庭都護府平吐谷直
西安都護府吐谷軍国　西州都護府積石山河所出也

七宫梁州分野按禹貢華陽黑水之地舜置十二牧則其一也梁者言西方金剛之氣強梁故因名焉周禮職方氏以梁并雍漢不立州名以其地為益州春秋元命包曰参伐流為益州益之為言阨也言所在險阨也亦曰疆壞益大故以名焉秦惠王滅置蜀郡以張若為蜀守及始皇三十六郡蜀之名不改漢初有漢中巴蜀高祖六年分蜀置廣漢凡為四郡武帝開西南夷更置犍為牂柯越巂益州四郡凡八郡遂置益州統焉益州蓋始此武帝分益州置梁州以漢中屬焉按禹貢及舜十二牧俱為梁州之域

梁郡名漢中丁巳宫名戊戌總一宫之分野

益廣漢癸酉　金西城辛卯　房房陵辛未
巴清化丙寅　渠宕渠壬子　成漢陽辛未
鳳河地壬寅　興順昌丙子　利義城丁未
蜀蜀山癸巳　劔晋安壬申　綿金山丁丑
梓新城戊戌　遂遂寧辛未　嘉嵋山丙申

涪涪陵甲戌　渝巴陵辛亥　夔巴東丙申
邛臨邛庚寅　嵋嵋陽壬寅　陵陵山壬戌
資盤古壬午　瀘瀘川乙亥　戎南溪戊辰
牂牂牁癸未　黔黔安庚子　果巴西己巳
洮臨洮辛未　疊合州丁巳　岷和改辛丑
宕宕昌己卯　武武城甲寅　扶同昌甲辰
隴平武壬辰　巂越巂乙酉　通通川甲子
閬閬中丁巳

八宫兖州分野按禹貢濟河之地舜置十二牧則其一也周礼河東曰兖州春秋元命包曰氐星流為兖州兖者端

也信也又曰取兖水以為名漢武帝置十三州從旧名為兖州自此不改

兖郡名泰上山己酉宮名乙未總一宮之分野

鄆東平庚寅　濟濟北庚戌　魏信都乙亥

滄渤海乙巳　德平原甲辰　棣樂安戊戌

淄鄒平甲申　傅高唐丙申　曹濟陰壬辰

濮濮陽丙寅

九宮揚州分野按禹貢淮海之地舜置十二牧則其一也周礼東南曰揚州春秋元命包云牽牛流為揚州分為越國以為江南之氣躁勁厥性輕揚亦曰州界多水水波揚

也按古則荒服之國戰國時其地為楚分秦始皇并天下置會稽九江南郡漢以九江曰淮南封黥布為淮南王六年平之分淮南置豫章又廣州禹貢亦揚州之域秦末趙佗所據漢武帝以其地置交趾郡至元鼎六年分交州之南海蒼梧鬱林京高四郡五為廣州仍復舊永安六年復分交州置廣州皆揚州之野

揚郡名廣陵丙午宮名癸酉總一宮之分野

濠鍾離丙寅　壽淮南壬子　光弋陽壬辰

蘄蘄春壬寅　廬廬江壬申　舒同安壬寅

和風陽丁丑　潤丹陽丙辰　宣宣城壬戌

先毗陵甲戌　蘇吳郡戊戌　越會稽丙辰

杭餘杭己丑　歙新安己未　婺溧陽庚辰

括永嘉丁丑　閏廬陵戊戌　睦遂安戊戌

饒鄱陽癸未　撫臨川甲子　吉豫章戊戌

虔南康戊申　袁宜春庚午　洪餘杭癸酉

廣南海庚辰　鬱鬱林甲午　潮弋安辛巳

高高源己丑　端傜安辛未　循博羅乙酉

交交趾壬戌　梧蒼梧丁未　廉合浦丙辰

瀧永寧壬申　欽寧城壬午　雖九真乙巳

驩日南甲午　崖朱崖辛巳　震海臨壬申

雷海康丁卯　桂始安甲子　澄無虞甲申

藤永平丙戌

絳宮交州分野按禹貢揚州之域是謂南越之上秦始皇畧定揚越以戍卒五十万人守五嶺自北徂南入越之道必由嶺嶠時有五處故曰五嶺後使任囂越地攻戰畧取陸地隨定南越為桂林南海象郡三郡非三十六郡之限也乃置南海尉以典之

合浦宮名壬申總一宮之分野

交趾　新昌　武寧　九真　日南　九德　象郡

桂林　南越　南海

明堂益州分野按禹貢及舜置十二牧為梁州之地周合
梁為雍又為雍州之地說見前梁州
益州宮名辛丑總一宮之分野
成都　犍為　牂牁　越嶲　漢嘉　江陽　朱提
汶山
玉堂幽州分野按禹貢冀州之域舜置十二牧則其一也
周禮東北曰幽州春秋元命包曰箕星散為幽州分為燕
國言其北方太陰故以幽其為號武王定殷封召公於燕
其後六國俱稱王及秦滅燕以為范陽上谷右北平遼西
遼東郡分為五漢高祖分上谷置涿郡武帝置十三州幽

州舊名不改焉
幽州宮名癸卯總一宮之分野
范陽　燕國　北平　上谷　廣寧　代郡　遼西
遼東
李淳風又引淮南子支干分野於後
十干所屬
甲齊　乙東夷　丙楚越　丁南蠻　戊魏　己韓鄭　庚西秦
辛西戎　壬燕　癸北狄
十二支所屬
子周　丑吳越　寅楚　卯鄭　辰晉　巳衛　午秦

未宋　申晉　酉魯　戌趙　亥燕
甲戌燕　乙酉齊　丙子越　丁巳楚　壬子代
庚辰秦　癸亥胡　己亥韓　己卯魏　戊午周
六合天下也
明分野地名郡邑仝異之別術
百王制度代有沿革考覈實難況地名同異古今混淆尤
難辨也誠以山川所屆時各異名而郡邑之名又復非古
或治其地而易其名或襲其名而遷其域或地亦遷而名
亦革是以仰觀推候有失之與且如河東一名也有兗州
之河東有并州之河東黃河北流故河北東踞在河之東

秦漢以還河決東下故河東移在并州河西一名也有雍
州之河西有涼州之河西河南一名也有中土之河南有
沙塞之河南銀夏諸州是也河北一名也有中國之河北
有陰山之河北加之百王疆理代有不同有指一郡言者
有指一州言者有指一道言者故周之河內異乎漢之河
內周之河內冀州之河北踞漢之河內今懷衛二州是也
漢之河東異乎唐之河東漢河東今河中府唐河東今河
東踞古之淮南乃今之淮北宿亳諸州是也今之河北乃
古之河東河北東踞是也以至淮西一名也有在京西有
在京東漢立楚王今京東西踞唐裴度平淮西今京西北

路江西一名也，有在江北，有在江南，魏武帝紀稱江西，遂定今淮南東路江南一名也，有稱江左，有稱江右，金陵江右，今中原也，山東一名也，有指河南言，據華山言，有指河北言，杜牧之言此山川所流時各異名也。嘗考歷代州郡之名，多異於古，有履其地而不沒其名者，如書稱河亶甲居相，今相州是也。春秋衛侯燬滅邢，今邢州也。楚子入陳，即今陳州。齊師滅萊，即今萊州。楚子圍鄭，即今鄭州之新鄭縣。齊侯侵蔡，即今蔡州之上蔡縣。若此之類是也。有非其地而空存其名者，如春秋吳入郢，近今之郢州，而非也。古郢在今荊南府界，去郢州二百里。楚人滅舒，非今之舒州，（古舒州在廬州郡城去舒州三百里）楚人滅黃，非今之黃州，（古黃州今光州定城縣去黃州四百五十里）有西亳南亳北亳，（皆非今之亳州西亳在洛陽偃師縣南亳南京穀熟縣北亳東京考城縣）有東楚西楚南楚，（皆非今之楚州東楚今平江西楚今徐州南楚今荊州）若此之類是也。州之名既異於古，而縣邑之名抑又乖戾，有名同於古而地改於今，如古之酒泉在河南，（左傳王與虢公酒泉之邑）今之酒泉在河西，（開夷地名酒泉郡）為古之丹陽在荊南，（左傳楚子邑陽）于丹今之丹陽在江東，（闔州陽郡）丹古之豫章在江北，（史記楚敗吳於豫章今盧州）今之豫章在江南，（今江西隆興是）古之澶淵在河南，（春秋時澶州）今之澶淵在河北，（河北東路）古之南陽在河北，（左傳晉於是始南陽今懷州）今之南陽在河南，（今京西南路鄧州皆晉地也）古之東陽

在淮北，今之東陽在浙西，皆吳地。古之漢陽在陝西，（漢之漢陽郡州今秦）今之漢陽在河北，（漢陽軍湖北路居漢水之陽也）皆以至楚一地也，有兩方城，（左傳楚方城以為城在唐州北陽縣又楚師侵州庸及庸方城在方州上庸縣）漢一時也，有兩廣武，（漢高祖與項王對語廣武在孟州）又代州亦為廣武。當時皆莫之辨，悠悠千載，其可考哉。前史所載山川地名，皆本一時傳記，而遂為信史。參考歷代，必至混淆。驗其名則初無異同，考其地則一彼一此，仰觀推測，幾何而不誤哉。故百王制度，考正實難，而地名異同，尤難辨也。

太乙統宗寶鑑卷之八終

太乙統宗寶鑑卷之九

明大遊軌運象卦觀曆數術

夫大遊軌運象卦觀曆者乃帝王應天授時始終之期也考之於古靡不精貫符契昔聖人之演數也極深研幾窮神知化開物成務經濟天下莫不定於自然之數也自古遺經雖存多秘不露唐李淳風表而出之軌入圖影推占休祥義有深趣夫大遊統行六十四卦臨於三百八十四爻有理有數未嘗有其數而無其理者也有象必有卦有卦必有經緯經緯錯綜以成其爻觀曆之大較也數之大原本出於天演之黃帝後世失之泥於數而昧於理夫由

理而得數因數而得象因象而得卦既得卦矣象數悉藏於中故以之藏往作易者以探造化之原而求諸傍也於是乎因理而倚數因數而藏象因象而生爻爻有飛伏卦有隱顯更迭用事以用為主故大遊以數為体以爻為用循環無端周流不息無体則用不能自見無用則体不能獨立是故常以立体爻以致用大遊軌運而行其中也經曰帝王曆數應天授時始終之期昭明興廢可得預知而益修其德也夫有始必有終有興必有廢譬諸夜旦之必然自古明王未嘗有超出於數而極立永祚者易曰知至至之可与幾也知終終之可与存義也是故居上位而不

驕在下位而不憂故乾乾因其時而惕雖危而無咎矣人君之於國譬猶一身視遠如視迩在境如在庭懔懔危懼尚不能保其社稷況縱以天性矯而行之荒淫無度绝父母之恩虧君臣之義变古壞礼乖乱纪綱豈得善終之事哉

明大遊太乙軌運入內卦訣在術

置演上元甲子至所求積年加宮盈數差三十四以大遊大周法二千八百八十除之不盡以小周法二百八十八去不盡為宮周餘以宮率三十六約之而以所求為宮卦不備為入宮卦以來年數其宮數命起七宮坤卦為首順

行八宮以為八卦不入中五筭外即得大遊太乙所在宮卦及年數就命之為內卦也

明大遊軌運外卦訣在術

置大遊所求積年加宮盈差五十以大遊天數軌運六十四卦大周法六百四十除之不盡以八卦小周法八十去之不盡為卦周餘以大遊行卦率一十約之而以所得為卦數不備為八卦以來年數命起坤坎巽乾離艮震兌每十年一易筭外即得大遊太乙天數所得之卦及年數命之為外卦也

明大遊內外重卦之策術

置大遊所求行宮之卦畫之於內以天數所得之卦畫之於外內外通之即得所求重卦之象分老陽老陰少陽少陰四象之策視得幾何乾為老陽其策三十有六坤為老陰其策二十有四震坎艮少陽也其策二十有八巽離兌少陰也其策三十有二是為四象之策也

明曆數長短以觀遠近之期術

置极業之君建功立德之主即位之年所得之數不滿大遊卦周六百四十除之餘以當年所得重卦內外六爻老陽老陰少陽少陰四象之策除之不盡者加大遊動爻納甲干支併加於上即得曆數長短之期也凡取動爻以大遊入內卦三十六年均分之則六年行一爻矣視大遊當年入內卦淺深以明之假如入內卦之年自一至六取初爻為動爻自七至十二取二爻為動爻自十三至十八則取第三爻為動爻依此為例假如入內卦得三十一年即在上爻也凡取納甲干支數用甲己子午九乙庚丑未八丙辛寅申七丁壬卯酉六戊癸辰戌五巳亥屬之四是也如大遊所行之爻在二五得中之位則六爻納甲干支之數當倍加之如在初爻四爻只宜本爻納甲干支加之如在內外極爻為亢極無位而為短世不倍加也內極為綫三爻是也外極為急上爻是也卦為极業之事爻為极業

之時太乙命大遊而觀曆數者以坤數九宮大武金氣彰威武建功業而定天下取其義也三十六年行一宮理一卦者得乾之象天之數也用十而為外卦者取其盈數為大遊之象也凡大遊所經之卦雖忌內外極爻值太陽陰主所臨之年為壽祿盡終之期如值太乙關囚掩迫格對擊挾之歲內外有篡弒兵喪之禍皆以十干決之甲爻東齊分乙爻東夷丙爻南楚丁爻蠻貊庚爻西秦辛爻梁益以抵西戎壬爻燕冀癸爻北狄戊己中国臣下篡謀取其姓名以五音決之子午為宮丑未寅申為徵卯酉為羽辰戌為商巳亥為角又以八卦內外立象觀之上下立体詳之所起之方做前甲齊乙東夷之分又視大遊迫天目內外宮卦所及六爻有無所臨其神為大遊之目主威刑行訪察如臨內外宮卦之間助得道殃失道在二五之爻君得臣之助數德惠恤軍民時當發盛如在初爻四爻忌關囚掩迫之年不為安世在內外極爻傾危之禍不旋踵而至矣又遇太陽陰主之下人君宜施德行惠修明善政慄慄警慎祇畏天戒大遊天目已載於第七卷中

明安居之代曆數之期術

置即位年所得內外之卦視大遊入卦年數淺深以明大遊經行六爻之位如臨初二四五之爻位數長三六之爻

位數短、二為時之正旺、五為時之已過、其六爻之中、察其得失陰陽、得位則政治安、陰陽失位則政治亂、陽爻有應、君得臣之助、陽失無應、君失臣之輔、君臣合則政道亨、君臣格則政道乖、大遊在內卦、曆數應長、外卦曆數應短、內極災輕、外極災重、古法以即位年干支加大義太陽陰主之下為厄會之期、如臨內外極爻、其驗明矣、又值太乙掩迫囚擊格挾之年、在內極主兵革盜賊水火之災、外極有失地亡国之咎、更逢陽九百六首尾出入之年、有禍尤深、

假令大遊入宮卦在十三年之上、乃內極之限、謂臨於三爻也、如大遊入宮卦在三十年之上、為外極之限、謂臨於上爻也、凡大遊六年遷一爻、則三十六年為一周矣、

明小遊太乙軌運觀卦吉凶術

經曰昔者聖人之演數也、觀象察法、以通神明之德、以類萬物之情、可以藏往知來、開物成務、故政教兆於人理、祥變應於天時、得失雖微、罔不昭著、故主者君天下、先天道、勉人事、布德行政、以順人心者、當視九宮、考八卦、調四序、而行八節、是謂奉天、則人君行事詳矣、未有人心悅於下而天意怒於上者、未有人理逆於下而天道順於上者、嗚呼、興亡治亂之由、可得而見也、太乙巡行九宮、考治八卦、以占君国強大、有德者昌、弱小失道者亡、深觀時變、察其

精粗、天人之際、燦然明矣、

明小遊軌運內卦所在術

置演上元甲子所得積年、以小遊卦周法一千九百二十除之、不盡以小周法壹百九十二去之、不盡為卦周餘、以卦率二十四約之、而以所得為卦數、不滿為入卦以來年數、命起乾、離艮震兌坤坎巽、順行八卦、筭外即得小遊太乙入內卦所在及年數

明小遊軌運外卦所在術

置演上元甲子至所求積年、以小遊卦周紀元三百六十除之、不盡以卦周二十四去之、不盡為卦周餘、以卦率三約之、而以所得為卦數、不滿為入卦以來年數、命起乾、離艮震兌坤坎巽、順行八卦、筭外即得小遊太乙入外卦所在

明小遊內外卦相重之策術

置小遊所求內卦、分老陽老陰少陽少陰、畫於其內、以所求外卦、仍分老陽老陰少陽少陰、畫於其外、以內外卦通之、即得所求重卦之象、欲明動爻、以小遊入內卦二十四年均分之、則四年行一爻矣、視小遊當年入內卦年數淺深以明之、

假如內卦之年、自一至四為初爻之動、小遊臨於其

中自丑至八則為二爻之動明小遊臨於其中如得二十四年則小遊臨上爻之終是為動爻也依此為例乾為老陽坤為老陰震坎艮為少陽巽離兌為少陰二十四年行一內卦者宮周之數也三年行一外卦者考理三才之道也其一年理天二年理地三年理人也小遊所行外卦即太乙所臨宮也

明小遊統卦行爻所主災祥術

經曰小遊統卦所主災祥先明於卦次明於爻卦主其事爻主其時如大象言吉事終吉言凶事終凶先觀內体次推外象彰往察來以示休怒如小遊在二五之爻行於中道為安平之歲行於初四兩爻笑和有應為吉不和無應君臣失政世不寧謐行於內外極爻事多凶變如小遊值理天初年之際天有変異日月失輝五緯不經其度理地之歲風雨不調五穀不成地有震動理人之歲人民疾疫時多荒歉更值關囚掩迫擊挾格對之年則主水旱災傷兵凶飢饉疾疫流亡內極尚輕外極為重又占動爻納甲在甲乙之下風雷疾病丙丁之下大旱亢熱口舌妖言及後宮有謀戊巳之下飛蝗土工及主火喪庚辛之下兵革攻戰賊盜相傷国界不安甚則妖彗変現壬癸之下淋雨陰沉大水溢川后妃不安之事又甲齊乙東丙楚丁蛮戊中

巳豫庚秦辛西城梁益壬燕冀癸北狄又云子齊丑吳寅燕卯宋辰鄭巳楚午周未秦申晉酉趙戌魯亥衛凡以動爻占之其下必主兵刀疾病水旱災傷之事宜修德施惠省刑布澤納諫逐讒以消災變也

明大小遊行宮卦不同術

大遊軌運三十六年行一內卦得乾天之策小遊軌運二十四年行一內卦得坤地之策此所謂大遊小遊之名尊卑上下之別或問大遊得乾天之策何以行坤小遊得坤地之策何以行乾曰陰得陽而生陽得陰而成天地配合陰陽互用一陰一陽之謂道道成萬物而不遺者也此太乙變化之機陰陽行乎其中自然之理此大遊變易之体不可備論微妙在乎口訣難以書傳者也

大遊十年行一卦謂之大運周六十四卦經六百四十年方終

小遊三年行一卦謂之小運周六十四卦經一百九十二年方終

明太乙曆數之期術

夫曆數者帝王應天順人始終之期也故唐堯以授命於舜舜以授命於禹禹湯文武之下迄於霸国鼎立之嵗始終治乱之期靡不精貫若合符契自堯舜禹三代以來莫

不稱天以奉事，蓋聖人不绝天於人，亦不以天恭人。绝天於人，則人道廢；以天恭人，則国政惑。春秋書天灾星变，孔子未尝道其所以然。日中則移，月盈則虧，暦數始終之期，譬如晝之有夜。孔子曰：天何言哉，四時行焉。有春必有夏，也有始則有終。易經云：當以即位年干支加大義、大神、太陽、陰主四神之下，而為厄會之期。王希明曰：四神者，太陽臨午，則未年亦為大陽之下二神；陰主臨子，則丑年亦為陰主之下二神，合為四神也，取其相合互用而已。如太陽在午未年亦是，陰主在子丑年亦是，依此為例。用大義近加支干。壬者，群陰欲盡，万物懷妊，取始終之理也。太陽者，天罡也；陰主者，天魁也。故以即位年加之，視其魁罡所臨為始終厄會之期也。雖然，當詳太乙入運氣、爻卦象及大遊、小遊、執運卦爻內外極限、值囚迫擊格掩挟之年，其驗昭著。亦須占候天子初登位日月傍雲氣，以其干支所得之數通而得之。大而計之為年，小而計之為月，近而併之為日矣。

日傍雲氣數

黄雲屬土，其數五。白雲屬金，其數九。青雲屬木，其數三。又云入數書用成數。黑雲屬水，其數六。赤雲屬火，其數七。

當日干支數

甲己子午得九，乙庚丑未得八，丙辛寅申得七，
丁壬卯酉得六，戊癸辰戌得五，巳亥單得四數。

登位之日，雲生日者多子，雲生辰者多女，雲剋日者绝嗣，陰雲位不失，五色雲綿遠壽昌，子孫興旺。以干為日，以支為辰。

按堯以戊辰年即位，以辰加太義，大陽臨亥，陰主臨巳。堯以乙巳年崩，禅位于舜。舜以丙午年即位，以干加大義，其年陰主臨卯，太陽臨酉。舜以丁酉年崩，禅位於夏禹。禹以戊戌年即位，其年陰主加亥，太陽加巳。禹以丁巳年崩，国禅於商。湯以戊午年即位，以午加大義，其年太陽加酉，陰主加卯。周武王以辛卯年崩。

明太乙陽九百六厄會術

經曰：太乙者，陽九之灾；百六厄會者，謂陽窮於九，陰窮於六，乃陰陽之極數，極則有变，灾禍興焉。極有大小，禍有浅深。大數之極，臣弑其君，子弑其父，天下紛紜，血流滿野；小數之極，大国弱，小国強，臣下逆命，女后專权，四夷兵挠。陽極火旱，陰極水潦，国史民愁，飢荒大作。或遇掩迫関擊囚格挟提之歲尤凶，或陽九百六齊出齊入之年。

求陽九灾变之期大小限數術

經曰太歲有陽九之災者四千五百六十年為一大限之極、為一元之大數終也四百五十六年為一小限之極為一小元之數終也凡求陽九之小數積之以為大數歲臨大小數終之際、人君宜修德行政偃兵恤民、省刑結和、以應之、

置演上元甲子至所求積年加陽盈差一百三十以陽九大限元數四千五百六十除之不盡以小限元數四百五十六約之而以所得為陽九小限之數不滿為入限以來年數命起第一小元之限筭外得陽九入小元之限及年數淺深所在十三年行一邦命起寅邦順行十二邦

求百六災變之期大小限數術

置演上元甲子至所求積年加陰盈差二千単五十以百六大限元數四千三百二十除之不盡以小限元數二百八十八除之而以所得為小限之數不滿為入小限以來年數命起第一小元之限筭外則得百六入小元之限及年數深淺所在

凡百六經十五小小元之限積之而成其一大元之數大數之終災深小數之終災淺、已述于前、茲不再述、二十四年移一邦、命起寅、邦順行十二邦、

求陰陽九厄水旱災期之會術

經曰太乙有傷九之災、四千五百六十年為一元之數也、數終之期餘殃不息、化為水旱不滿元數之外而有八會謂之八厄通之則為九厄也皆主水旱災傷、

陰陽水旱括

一元大數四千五百六十年、災歲五十七、漢書律曆志同、共四千六百一十七數、

一曆一百六十年終、 一陽九災、 旱九年、 二六相近

二曆二百七十四年終、 二陰九災、 水九年、 二六相近、

大八 三曆四百八十年終、 三陽九災、 旱九年、 二六相近、

九八 四曆七百二十年終、 四陰七災、 水七年、 二九相近、

九八 五曆七百二十年終、 五陽七災、 旱七年、 二九相比

七八八八 六曆六百年終、 六陰五災、 水五年、 七八併危、

合主吉單分 七曆六百年終、 七陽五災、 旱五年、 七八併危、

六八 八曆四百八十年終、 八陰三災、 水三年、 二六復次

六八 九曆四百八十年終、 九陽三災、 旱三年、 二六復次

揔合一元起數四千六百一十七策

置演上元甲子步至所求積年止加陽盈差一百三十以元法四千五百六十約之除為元數不盡命陰陽九七五三厄會之筭以求之筭外即得陰陽九厄水旱災傷之年歲陽為旱歲陰為水也

經曰陰陽九厄水旱之災者、數因九會而復其元也、月有九道陰臣而成數也、凡四千六百一十七策、謂之起元之數、自上而下、過之則一元之數而有三統、則一統之數得一千五百三十九策、統有三會、則一會之數、五百一十三策、會有二十七、章則一章之數、得一十九策、二十七章者蓋閏餘因定七而為之也、凡九會之數、得二百四十三章、以章法十九而乘之、得四千六百一十七策而合起元之數也、所謂九會而復其元者也、自下而上過之以一章一十九數而乘二十七章、得五百一十三策、乃為一會、以一會之數、三因之、得一千五百三十九策、乃為一統、以一統之策、三因之、得四千六百一十七策、而復合一起元之數也、于中減除陰陽水旱三九二七二五二三九會九厄災年五十七數、筭外、而得四千五百六十策、此正為陽九之大數也、夫陽九之數、四章為一部（章法一十九　法七十六）五部為一菅（菅法三百八十）四菅為一統（統數一千五百二十）三統為一元、而得四千五百六十、是為一元之大數也、其九会九厄水旱災陽之數五十七策潛伏於陽九大數四千五百六十之中、分之為四、因之為八、而成九厄、其一曰二六相近、乃二因之數而有三九之厄、其二曰二九相比、乃二因之數而有二七之厄、其三曰七八併焉、亦二因之數而有二五之厄、其四曰二

六復次、亦二因之數而有二三之厄、其八因九厄災會之年、自始至終、五十餘七而分之為五十七章、則八十年為一竟、是竟數之終、乃災異原、夫太乙之始行宮也、天正冬至、日在甲子、及八十年、仍復甲子為冬至、是為一竟之數、所以大遊考治外卦、以明曆數、八十年行一終周者、而行陽九一竟之數也、竟終則災異生、為陽九厄會之數、取八相因者謂此也

一曰二六相近者、以六因八、得四十有八、陽九取盈以十倍之、當四百八十年而有災變、經曰、二六相近者、謂以兩六而因其兩八也、得四百八十年而變、以兩會四百八十年而併之、得九百六十之數、而有陰陽三九水旱之厄、在出入之年也、若以二六相近九百六十年中分為陰陽二九之厄、則虛其入元百六一九厄會之數也、

陽九初入元一百六年為陽九災變之期、而有九年之旱者、此百六之厄也、百六之厄、乃元數之餘分、災變之餘氣、若積而成閏、非正數也、而在天地開闢之初、為陽九之首限、故一百六年之終、為第一厄會、而有九年之旱、是一陽九之災也、

次三百七十四年為陰九災變之期、而有九年之[illegible]水、與前陽九初限一百六年二數併之、而得四百八十、經

曰二六相近者、乃因八之盈數、此二者合而得一因之數、則相近之意在其中、故三百七十四年之終為第二厄會、而有九年之水、是二陰九之災也、

次四百八十年、又為陽九災變之期、第三厄會將終之期、而有九年之旱、是三陽九之災也、此卦爻六變之年數、乃復以六因八相倍之盈數也、

二曰二九相比者、謂以九因八而得七十有二、陽九取其數盈、以十倍之、當七百二十年而有災變、經曰二九相比者、兩九而因其兩八也、又得七百二十年而有災變、則兩會七百二十也、併之得一千四百四十年而有陰陽二七水旱之厄、在出入之年也、

次七百二十年為陰七災變之期、為第四厄会將終之年、而有七年之水、是第四陰七之災也、

次七百二十年為陽七災變之期、為第五厄会將終之年、而有七年之旱、是第五陽七之災也、此易爻九變之年、數窮則災生矣、

三曰七八併氣者、謂以七因八而得五十有六、陽九取其盈數、以十倍之、當五百六十年而有災變、經曰七八併氣者、又以八因而得六十有四、陽九取其數盈、以十倍之、當六百四十年也、七与八乃易之少陽少陰之象、相因而不

變者也、不變則不能成變化而行鬼神也、故易窮則變、變則通、通則久、乃以七八相因之策、通而併之得一千二百之數、裒多益寡、以齊其氣、分其等、六百而有陰陽二五水旱之厄、在出入之年也、

次六百年為陰五災變之期、為第六厄会將終之年、而有五年之水、是第六陰五之災也、

次六百年為陽五災變之期、為第七厄会將終之年、而有五年之旱、是第七陽五之災也、

四曰二六復次者、謂以六因八而得四十有八、陽九取其數盈、以十倍之、當四百八十年而有災變、經云二六復次者、兩六而因其兩八也、又得四百八十年而有災變、復次者、數將竟而復次其元也、以兩会之數併之而得九百六十之策、而分陰陽水旱之厄、在出入之年也、

次四百八十年為陰三災變之期、為第八厄会將終之年、有三年之水、是為第八陰三之災也、

次四百八十年為陽三災變之期、為第九厄会將終之年、有三年之旱、是為第九陽三之災也、

經曰四千五百六十年為百六厄之会、八而言之、又有八厄之限不羨、皆以一竟八十年推之、

二六相近六竟為限〇以上限四百八十去之為九年之水〇又以下限四百八十去之為九年之旱共計九百六十年也
二九相比九竟為限〇以上限七百二十去之為七年之水〇又以下限七百二十去之為七年之旱共計一千四百四十年也
七八併焉七竟八竟併為限六百〇以上限六百去之為五年之水〇又以下限六百去之為五年之旱共計一千二百年也
二六復次還如初限〇以上限四百八十去之為三年之水〇又以下限四百八十去之為三年之旱共計九百六十年也
右八限共計四千五百六十年〇八厄者為百六之數有二十四年水災二十四年旱災共四十八年水旱之災
自上元至唐大曆甲寅載積一万一千四百六十一箕加六百一十為洪武甲子積一万二千〇七十一箕辛未年又加七箕共得一万二千零七十八箕以百六限約之得二周餘二千九百五十八以厄限重減之二六相近減了九百六十年九二相比減了一千四百四十年余五百五十八箕為在七八併焉上限已過五百五十八年為五年之水順推未來四十二年壬子癸丑甲寅當災也

夫陽九一元之中數有四轄四轄之中乃有八因八因之中而有九厄九厄之數其用三九也二七也二五也二三也自大至小從極至微積之五十有七是為災年皆陽數也故名陽九陽九之年化為水旱或謂一三五七九與為陽數今用九用七用五用三不用一者何也答曰一者數之毋也故虛而不用不用者用之端也故陽九之厄而有九會五陽主旱四陰主水旱為凶荒災旱之年也水為雨

滂川海之岁也曆運有常非偶然也所以陽九用十九而為一章四章為一部四部為一會四會為一統三統而合一元則四千五百六十岁得一元之正數也于中命九七五三而為災之數者從其奇也用八十而為一竟者從其偶也三九二七二五二三九厄之數積之五十七岁而為五十七竟八十年而得四千五百六十年仍合陽九一元之正數也

易謂立天之道曰陰与陽立地之道曰柔与剛陽中用陰陰中用陽理之常也故大遊太乙考治外卦八十年而行一周者是行陽九一竟之數也竟終猶為災變也八十年為一竟者何也法曰周天三百六十五度四分度之一也歲周之日三百六十乃三百六十度也甲子日周六十則一岁得六甲子之終凡八十岁則得四百八十甲子也一岁之日不及五度者余五日也以八十年因之則五八得四百日也又四分度之一者則八十年約之而得二十日也凡四百二十日又得七甲子之周則八十年總合四百八十七元甲子也餘分皆盡故八十歲則仍復甲子為冬至也亦九九靨一不用之正數也大遊行災年五十七竟及四千五百六十年仍復為陽九之元也内陰陽水旱之災而用七八九六之數相因者六水也七火也八水也九

金也四象互用，遞相乘也大哉七八九六之數，天地之所用也陰陽之自然也故九年七年五年三年之災有所定也。

陽九水旱，術出玉函金鏡及九基循曆

經之四千五百六十年爲一太陽九，至逆臣作乱，其限有三九二七二五二三之陰陽爲九厄之限

第一元一百六十年，爲陽主旱，

第二元三百二十年爲陰九主水，計四百八十年，

第三元四百八十年爲陽九主旱，計九百六十年，

第四元七百二十年爲陰七，主水，計一千六百八十年，

第五元七百二十年爲陽七，主旱，計一千四百年，

第六元六百年爲陰五，主水，計三千年，

第七元六百年爲陽五，主旱，計三千六百年，

第八元四百八十年爲陰三，主水，計四千八十年，

第九元四百八十年爲陽三，主旱，計四千五百六十年，

自上元至唐大曆甲寅截得積二萬五千二百零一筭，加六百一十爲洪武甲子，積二萬五千八百一十一筭，辛未歲加七，共得二萬五千八百一十八，又以九元厄數量減之，去四千五百六十得五周，余三千零一十八，以九元厄數量減之第六元了三十，余一十八爲入第七元陽五，主年已過一十八年，逆推得癸丑六元陰五，洪武六年次年甲寅，入第七元陽五，未來三千五百八十二年癸丑歲爲滿。

又法自上元至大曆甲寅積一萬三千三百八十一加六百一十爲洪武甲子，積一萬三千九百九十一筭辛未歲加七共得一萬三千九百九十八算，以百六限三百六十約之，得三十八周，余三百一十八，爲已過之年，癸丑限盡甲寅，初交宋熙寧七年，未來四十二年癸丑歲爲滿也

太乙遊九限出玉函金鏡圖

經曰太乙有陽九之災者，即百六之厄限，四千五百六十爲

一陽九有大災，四百五十六年爲小陽九，主大乱也，其法甲上起子，至寅爲初交年，依次推之，十元備矣，

一元起甲寅尽己丑，二元始庚寅尽乙丑，三元始丙寅尽辛丑，四元始壬寅尽丁丑，五元始戊寅尽癸丑，

六元始甲寅尽己丑，七元始庚寅尽乙丑，八元始丙寅尽辛丑，九元始壬寅尽丁丑，十元始戊寅尽癸丑，

自上元至宋熙寧甲寅截得積三萬九千九百零一筭加三百一十爲洪武甲子積四萬零二百一十一筭入辛未歲加七共得四萬零二百一十八筭以一元法四千三百二十約之得九周余一千三百三十八又以小百六限二百八十八約之得四周余一百八十六四者爲第四元百八十六者爲入第五元百六限已一百八

十六年也遂推得戊寅為始即金大和六年元太祖称號年未来一百二年癸丑第五百六限終

明陽九百六大遊行限觀曆術

經云太乙之神畏惡者大遊也其神巡行八卦彰往察来而觀曆運遠近之期乃行陽九百六之限以别厄會之所在也其神所理外卦十年乃行一宫八十年而行一竟此考治陽九之災年也行五十七竟及四千五百六十而復一陽九之大數也其神所理内卦三十六年乃行一宫二百八十八年而行一竟此考治百六之厄年也行一十五竟及四千三百二十年而復一百六之大數也陽九百六

者乃陽九陰六之名也易之為象在上為天君道也而為陽乾元用九故曰陽九大遊行外卦主之在下為地臣道也而為陰坤元用六故曰百六百六者陰六也大遊行内卦主之亦天五生土地十成之百六數取其盈以十倍之故名百六為陰之極也是以大遊巡行内外二象以推百六之數遠近之限災厄所在故也凡帝王受命所稟自天興亡否泰有數存焉當此陽九百六之期命即位年支干加大義觀大陽陰主四神之下為厄會之年也大義者天心也太陽者天罡也陰主者天魁也故以即位年干支加之觀其魁罡所臨而為厄會之期也又須參詳陽九百六

太乙入卦運氣爻象乃知曆數遠近之期也又以創業之主開基之君本命用加即位之年復視本命上之神見大神大義為重陰主一之四見太陽陰主為陽殺主二之五見高叢大簇為對陰主三之六見吕申武德為重陽主七之一見陽德天道為陰殺主八之二見地主大威為對陽主九之三如氣臨旺相者益之囚死者損之皆視本命上神以明之同類為旺生我為相克我為死我克為囚我生為休如此可知天地盈虛之數也

依太乙式以即位年支午加大義取太陽陰主下為厄會從即位年上起數視陰陽逆順而行以知位終之限

也法當以大武和德為界大武和德乃坤艮之宫也坤以右行自天道大威二大神大炅九太陽高叢四吕申為逆行如艮以左行自武德太簇六陰主陰德一大義地主八陽德為順行初從即位年上視陰陽逆順積而行之至厄會即止派厄會再行之視太乙吉凶之筭推之假令漢高祖本命甲寅加乙未年即位以吕申加未復視吕申上神即見陰主為陽殺主二之五我克為囚氣無不倍主二十五帝再以即位年加大義太陽臨申陰主臨寅自即位年未上起一逆行一天道二大威九大炅四高叢計一十六年至第十二年太乙入六十七

局、其丙午歲太歲格主崩亡、唐高祖本命丁酉戊寅年即位以太簇加寅復視酉上見大陽為陽蔟、主二之五、見大威為對陽、主九之二、以生本命為相、有氣倍之二九得一十八帝也、每以呂申加大義、太陽臨丑、陰主臨未從即位年寅上起一、逆行艮三、共得四數、倍之得八、即九年傳位於太宗也、經云嘗以即位年支干加大義視大陽陰主下四神為厄会、此法亦論開基創業之主、知一代之終朔也、假令漢高祖以乙未年即位、先以乙未加大義、太陽臨申酉、陰主臨寅卯、其後王莽以丙寅年篡位、合支干之數也、克我為鬼、故有此、

推太歲有陽九之災法

陽九災者、若入元之始、及元之末、或衡併分野亡国殺君事也、四千五百六十為一元、四百五十六歲為陽九、十三年移一邦、命起寅邦、順行十二邦、筭外即陽九所在也、置漢紀上元甲寅歲至唐開元十二年甲子歲積得一万三千三百三十一年、自炎帝熙元三十五年庚寅入第二陽九、火筭十二年丙寅入第三陽九、夏至狂相四年壬寅入第四陽九、至湯滕沃丁三十九年戊寅入第五陽九至殷五庚丁八年甲寅入第六陽九也、至周平王宜臼二十年庚寅入第七陽九、至周赧王延二十年丙寅入第八陽

九、至漢桓帝嘉元元年壬寅入第九陽九、至隋義寧二年即武德元年也、戊寅歲入第十陽九、唐開元十年已後三百五十年方會陽九之數、

推太乙有百六之厄法

玄女曰百六者、太乙之厄、若入元之始、及元之末、或与陽九及大氣衡併、分野、其災為篡弑之禍、法以二百八十八年為一周、十五周四千三百二十為一元、二十四年移一邦、命起寅邦、順行十二邦、筭外即百六所在也、

自炎帝八年戊寅入第四百六、火旺、

堯帝九十五年壬寅第五百六、水旺、

少昊六十年甲寅入第六百六、金旺、

自黃七年丙午入第五百六、火旺、

夏王不降六年庚寅入第八百六、金旺、

殷王太康元年戊寅入第六百六、水旺、

殷庚申四年丙寅入第十百六

至周成王誦十年甲寅入第十一百六、水旺、

周靖王二十九年壬寅入第十二百六、

周敬王至正九年庚寅入第十三百六、

秦始皇二十四年戊寅入第十四百六、

漢明帝承平九年丙寅入第十五百六、

帝平和十年甲寅入第十六百六之始也
唐貞觀十六年壬寅入第十七百六也、

明国政革易法令变更術

經曰欲明國政革易法令变更、風俗改常、禮儀廢壞、以呂申加即位叔立新事之年、視大簇所臨之下、為國政革易、法令变更、風俗改常、服色更易、火傷所臨之下、紀律聚廢、厄會兵刃、陰生所臨之下、奸臣匿謀、凶喪禍亂、地主所臨之下、禮儀廢失、口舌謡言、武德所臨之下、遷移易地、叔營宮室、大義所臨之下、毁析廢棄、遠近遲速之期、以當年干支之數推而明之、筭和而長、事應在遠、筭短不和、事應在近、如甲子叔立之事、筭和筭長之年、遠在九十或一百八十、筭短不和之年、近在九年、或一十八年、又視大簇太陽陰主武德地主大義六神所臨之宮、有無囚迫掩擊格挟杜囚、如遇之、則所格不善、变更有凶也、

明歲中災發月日之期術　取天目加太歲上順行取大歲合神所臨之下為災

經云欲明歲中災發月日之期者、以太歲合神命加歲支、視文昌天目所臨之下而為災發之月也、衝處亦然、如文昌臨辰當三月見災、九月亦然也、欲明所起日辰、以當月合神仍加當月之支、視文昌天目所臨何位、即此日期也、衝處亦然、又云以歲支合神加歲位、如文昌臨在陽宮、主

旱、在陰宮主水、如加在太乙之宮、或格掩迫擊挟提之間其年君臣不協、歲不豐稔也、凡太乙以始擊有掩擊之義文昌不占、惟此獨取用之、

如第一局甲子歲合神陽德、遍加於月建、正月文昌犯太乙為掩、七月對太乙為格、而為災發之期、

太乙統宗寶鑑卷之十

九宮八卦會要圖

坤二攝提母后　兌七咸池少女　乾六青龍君父　荊州為地納乙癸
梁州為澤納丁　雍州為火納壬　立秋六七月西南　秋分金商白肺　立冬九十月西北
離九天乙中女　中五天將　坎乙太乙中男　揚州為火納巳
豫州嵩山　冀州為水納戊　夏至太徵赤心　土宮黃脾　冬至水羽黑腎
巽四招搖長女　震三軒轅長男　艮八太陰少男　徐州為風納辛
青州為雷納庚　兗州為山納丙　立夏三四月東南　春分木角青肝　立春十二月正月東北

明太乙九宮貴神術

太乙九宮貴神，其來尚矣。昔伏羲黃帝氏未畫八卦而圖已出於河，神龍背畫之文有九宮之數，故謂之圖書。已出於洛，神龜背畫之文有八卦九宮之象，皆為一時之瑞。天使龜龍負而出之，顯示於人。聖人以道濟天下，仰觀俯察，則而為法，九宮八卦所以作也。作之如何，無天地人而為三才，作三畫以象三才，奠守四方四隅之位，是為八卦。參三才而為九宮，九宮一立，神靈託爲，屬之有五行，照之有九神。斗九宮太乙之神於是乎生矣。經緯九壚，主張綱紀，以占九土，實合乎圖書之瑞，而皆本於三才。三才既立，萬物生爲，莫不原於此爾。夫天之數始於一，成於三，終於九，由三而為九，則數窮，窮而變，變而通，天下通變之事，皆九

宮太乙之神管攝統領爲，故雖大化斡旋，日月運行，寒暑代謝，皆不離於九宮太乙貴神之內。至於消息盈虛，興廢治亂，則氣數同流而成變化也。夫惟聖人作而明述，以顯神明之德，以通萬物之情。嗚呼，神机一露，幾無餘蘊矣。自古聖賢奉天授時，以濟天下，以濟民行，以善民事，吉凶與民同患，誠以九宮太乙為理治之本。是書非人不示，非道不傳，切不可輕易視之也。

求九宮太乙貴神紀年術

置演紀上元甲子距所求積年，以周紀法三百六十去之，不盡為周紀餘，以紀六十納之為紀數，不滿為入紀以來年數。其紀數命起第一紀，筭外即得九宮太乙入紀及年數。

求九宮太乙貴神所在術　此洛書本數

置周紀餘加宮盈差三，以小周法九去之，不盡命起一宮逆行九宮，筭外即得九宮太乙貴神所在而為直事者也。

定宮

一太乙　九天乙　八太陰　七咸池　六青龍
五天符　四招搖　三軒轅　二攝提

假令小周法九去不盡餘三，即得太陰也。筭外所得。

求太乙貴神鈞宮飛行所臨宮分術

置小周餘所得之神為直事，命起鈞入中宮，以相次之神

飛出乾宮依次順行河圖九宮郎得九神太乙宮飛行所臨宮分

一太乙　二攝提　三軒轅

鈎宮　四招搖　五天符　六青龍

七咸池　八太陰　九天乙

假令小周餘三、郎得太陰也、却以太陰鈎入中宮、九、天乙在乾、一、太乙在兌、二、攝提在艮、三、軒轅在離、四、招搖在坎、五、天符在坤、六、青龍在震、七、咸池在巽、乃得鈎位所臨以明吉凶、

一太乙、坎宮之祇、其氣黑、其行水、其數一、其位正北也、廟

於坎、勝於離、畏於坤艮、說乎乾兌、和于震巽之方也、其神所理之地、天氣溟漖、地氣堅寒、黑氣彰、霖雨作、河決水湧、五穀不實、至和說旺相之方、為災減半、會五福三基吉神所司之分、無凶至福、災殃不興、與太乙大遊四神同司、天道、氣悉、地氣不蒸、人多痼疾瘟疫、傷民、所勝之方、利以征伐、所畏之方、嚴加固守、以禦兵侵、行震寒生於春、行離寒生於夏、行兌寒生於秋、行坎寒生於冬也、如行四維、寒生於四季也、

二攝提坤宮之祇、其氣黃、其行土、其數二、其位西南之維也、庙於坤、勝于坎、畏于震巽、說乎乾兌離、和于艮也、其神所理之地、天多陰霧霜傷萬物、人病脾濕四肢腫滿、水道不通、面黃肌瘦、至和說旺相之方為災減半、會五福三基吉神同司、雨露溫潤、萬物平康、國生嘉瑞、與大小遊四神凶殺同會水火金土四神也、昏霧溟塞、民多疾痢、土工太興、兵水火旱、宜修武備以禦兵侵、或巡幸、其方遣使觀察、所勝之方、利以征伐、所畏之方、宜以固守、行震春雨寒、行離夏陰雨、行兌秋嚴霜、行坎冬若寒、在四維同、

三軒轅震宮之祇、其氣青、其行木、其數三、其位正東也、廟于震、勝于坤艮、畏于乾兌、說于坎離、和于巽也、其神所理之地、木氣化風、萬物舒榮、會五福三基吉神同司、天氣溫

和、地生嘉瑞、草木蕃秀、穀帛成收、與太乙或大遊四神凶殺同併、風災損物、木稼不成、民病脾厥寒熱之疾、時興兵盜、所勝之方、利以征伐、所畏之方、宜以固守、行于春風雨旱、行于夏雷擊物、行于秋風雨傷物、行于冬風寒非時而雷震、

四招搖巽宮之祇、其氣青、其行水、其數四、其位東南之維也、廟于巽、勝于坤艮、畏于乾兌、說于坎離、和于震也、其神所理之地、風災傷物、節令不調、旱澇不均、禾稼不收、絲麻致損、政令不興、至和說旺相之方、內輕外重、為災減半、會五福三基吉神同司、無凶、至國治民安、與太乙大遊四神

凶殺同併風熱感化變生妖異羽虫傷苗民災飢饉災病
暴亡小兒風癇驚怖天行地有變物動山有頹崩搖乃
巽風之祇有所致之所勝之地利以征伐所畏之方宜以
固守更與太乙四神同會水旱兵飢民流疾疫行春多風
行夏傷禾行秋水旱行冬風寒折禾
五天符中宮之祇其氣黃其行土其宮五其位正中廟于
中勝于坎艮畏于震巽說于乾兌離和于坤艮也亦名天之
使而居中行八方也主土工動搖旱澇飛蝗疾疫之事至
和說旺相之方為災減半五福三基吉神同司其位天地
溫和雨露均潤地產嘉祥萬物豐茂天符居天地之中為

八方主宰之神也與吉神同會為豐年也與太乙大小遊
四神惡殺同併蝗蟲布野土工大興徭役人民時妨稼穡
水火兵飢疾疫大作所勝之方宜以征伐所畏之方宜以
固守行春土工行夏飛蝗行秋傷禾行冬疾疫
六青龍乾宮之祇其氣白其行金其數六其位西北之維
也廟于乾勝于震巽畏于離說于坤艮坎和于兌也其神
所理之地天氣不通地氣不滋時令不寒嚴霜傷物白埃
四起兵火相持至和說旺相之方為災減半會五福三基
吉神同司轉禍為福時生祥瑞與太乙大小遊四神惡殺
同集亢旱災燥物當焦枯兵荒民流宜修武備所勝之方

利以征伐所畏之地廢加固守行春冬寒行夏旱澇行秋
肅霜行冬兵盜大寒
七咸池兌宮之祇其氣白其行金其宮七其位正西也廟
于兌勝于震巽畏于離說于坤艮坎和于乾也其神所理
之地西風至鹹滷生白埃起霜殺物咸池為西方燥金之
神所到之方物當乾焦西方生燥故也中風瘡瘍疾癘之
災行為至和說旺相之方為災減半會五福三基吉神同
司凶災不彰邦国強勝會太乙大小遊四神惡殺同司內
生謠言外生兵盜伏宮之歲山川彰塞人多疫癘寒霜殺
物草木彫落與太歲合會火風折木百穀無成風癱疫癘

之疾生矣所勝之方利以征伐所畏之方宜以固守行春
令寒行夏令燥熱亢旱行秋令災霜傷木行冬令大寒兵
盜物貴
八大陰艮宮之祇其氣黃其行土其宮八其位東北之維
也廟于艮勝于坎畏于震巽說于乾兌離和于坤及中宮
也其神所理之地天地失色日月無光昏霧晦冥時行疫
癉祀享邪神妄生妖異雨露不均歲無豐穰至和說旺相
之方為災減半會五福三基同司無妖至福国泰民康與
太乙大小遊四神惡殺相會陰人擅權臣下專政時多土
工廣營宮室徭役人民有妨稼穡雨露不均也所勝之方

利以征伐所畏之方宜以固守行其四季天色昏晦日月
失色也
九天乙離宮之祇其氣亦其行火其數九其位正南也又
名禍神廟于离勝于乾兌銳于坤艮畏于坎其神所理之
地酷燥氣怒暴增令行亢旱飛蝗時發瘟瘴熱鬱傷人至
和說旺相之方為災殃半會五福三基吉神同司災禍不
興反生祥瑞日月光彩花卉鮮明與太乙大小遊四神恐
敎相會水火兵刃民多瘦疾而興災害所勝之方利以征
伐所畏之方深加固守以禦兵寇其行四季節令失序多
熱火寒也

九宮貴神統行變象術

一太乙北方坎宮之水神也其神統行之象變化以考其
治故宮之祇為水為月為雲為雨為霧露為江河為溝瀆為堤
堰為隱伏為險陷為矯揉為盜為血為赤為中男為憂為
心病為勞為耳為弓輪為豕為馬為美脊為青為通為木
堅多心其神所經次舍與吉神同宮而有此禎祥之氣應
與凶神同宮有此乖戾妖異之氣興如為水則水有變為
月則月有變為雲為雨為憂為隱伏等亦然以類而明變
化在其中矣方位為正北也

二攝提西南方坤宮之祇土神也其神統行之象變化以
考其治故西南方坤宮之祇為地為方為大輿為布為埴
為城廓為宮室為書契為衆庶為母為居妃為腹為裳為
子母牛為桑麻為蕃殖為吝嗇其神所經次舍與吉神同
宮而有此禎祥之氣應與凶神同宮有此乖戾之異興如
為地則地有變為城廓庶衆宮室等亦然以類而明之變
化在其中矣方位西南也

三軒轅東方震宮之木神也其神統行之象變化以考其
治故震宮之祇為雷為龍為玄黃為旉出為奮起為大塗
為林莽為晦為長子為主器為肝為足為走為麟趾為姐
豆為鍵籥為蒼筤竹為萑為葦為反生為狡兔為龙材為

矩為棺槨為動震為馬其神所經次舍與吉神同宮而有
此禎祥之氣應與凶神同宮有此乖戾之異興如為雷雷有
變而擊物為大塗林莽動走亦然以類而明之變化在其
中矣方位正東也

四招搖東南方之木神也其神統行之象變化以考其治
巽宮之祇為風為雷霆為撓物為虹蜺為長女為商為入為
伏為柴齋為賣寶為閩市為宅墀為餘為木為臭為茂卉
為雞為曲直為進退為工為寡髮為廣顙為眉為及為白
服為膽為股為神緒其神所經次舍與吉神同宮而為此
禎祥慶瑞之氣應與凶神同宮有此乖戾妖異之氣應如

為風為散則風有變事有散如虹蜺為蝕為市亦然以類
而明之變化在其中矣方位為東南也
五天符中宮之土神也為太乙之使卦配在坤理陰陽調
四時明紀綱審法度運行九宮致治下上察奸邪循良吏
其神統行之象變化以考其治故中宮之氣為君后為關
表為担服為大輿為饗禮為廣為重實為城邑為紀綱為
五帝為治要其神所經次舍與吉神同宮有此禎祥豐瑞
之氣應與凶神同宮有此乖戾妖異之氣與如為君后后
有變為關表紀綱亦然以類而明之變化在其中矣方位
為中宮而寄二宮坤也

六青龍西北方乾宮之金神也其神統行之象變化以考
其治故乾宮之祇為天為圜為君為父為兵為寒為戰為
火赤為銀汗為清明為泉為金為玉為頭首為品類為蕃殖
為整獄為馬其神所經次舍與吉神同宮而有此禎祥慶
瑞之氣應與凶神同宮有此乖戾妖異之氣與如為天則
天有變為君為父亦然皆以類而明之變化在其中矣方
位西北也
七咸池西方兌宮之金神也其神統行之象變化以考其
治故兌宮之祇為澤為星為霜雹為剛鹵為兵為斧鉞為
欃槍為毀折為少女為美音容為巫為呂為西戎為賤妾

為口舌為羊其神所經次舍與吉神同宮而有此禎祥慶
瑞之氣應與凶神同宮有此妖異乖戾之氣生如為澤則
雨澤有變恩澤同如為星則星有變霜雪亦然以類而明
之變化在其中矣方位正西也
八太陰東北方艮宮之土神也其神統行之象變化以考
其治故艮宮之祇也為山為止為石為坡坂為男為門
闕為閽寺為花園為山陵為蹊徑為徑路為寺舍為虎兕
為狗為瓜果為黔喙為木堅多心其神所經次舍與吉神
同宮有此禎祥慶瑞豐熟之氣應與凶神同宮則乖戾妖
異之氣與如為山則山有變為門闕果蓏閽寺亦然以類

而明之變化在其中矣方位東北也
九天乙南方離宮之火神也其神統行之象變化以考其
治故離宮之祇為火為日為麗為明為繼明為電為旱為
燥為甲冑為戈兵為牢獄為中女為目為心為文彩為禮
為奔輝為陶冶為綱罟為烹飪為雉為蚕為水族鱉蟹龜
蚌之屬為木科上槁其神所經之次舍吉神同宮有此禎
祥慶瑞之氣應與凶神同宮有此乖戾妖異之氣與如為
火為日則日與火有變為戈兵甲冑亦然皆以類而明之
變化在其中矣方位正南也
大太乙九宮貴神數始于一而終于九竟而復始循環無

端周流不息也其陽宮之神有四陰宮之神有四天符為
太乙之使命配于坤也陽宮之神乾震坎艮也陰宮之神
坤巽離兌也其中天地日月雷風山澤係焉乾于西北以
知太始坤于西南以作成物老陰老陽居無事之位長子
代父震居東方主生物之宮長女代母巽居地戶包水土
之氣坎離得位火南水北艮兌為偶山澤相通八卦之神
有陰有陽有剛有柔天地萬物不離此也陽神之行陰神
從之流而為雨陰格陽薄散而遂為風矣剛神之行柔神
從之蒸而成雲柔蓄而剛動則激而成雷矣主客先後陰
陽逆順不同也風雨自天而降故言陰陽雲雷自地而升

故言剛柔天地陽也陽必資陰故無陰則不能為雨迺陰
也陰必資陽故無陽則不能成雷此言陰陽之相資互代
而生化其義乃有深取故天乙貴神行九宮八卦理陰
陽調順逆用斯道焉八卦之神配在五行則震巽為木乾
兌為金坤艮為土坎為水離為火獨金木土各二水火各
一何也巽者生火之木居地四君火之位乾者生水之金
居天六命門之位真火不見托言乎乾金君火居離之前
命門在坎之在可以見陰陽生出之本矣艮居東北出土
之神時坤居西南入土之時奉天地之一体也辰戌丑未
為土之墓旺四季亦若是矣七曜之與乾坤其數為九故

名九宮之貴神也太乙水神水溢河決霖雨而為災也攝
提土神陰盛為寒霜而殺物也軒轅木神主生物之功
五穀秀而榮實也為木多風人民災疾所由也招搖木神
而生君火風火之災所由致也罡為撓物禾稼而致傷害
也天符土神太乙之星使者位居中宮土旺四季土工興
焉飛蝗出焉疾病所由起也青龍金神而生真水凝寒霜
雪物皆損也與華相持陽居陰而生戰也咸池金神兌宮
白虎出入為與霜雪勝而肅物也太陰土神陰暗之氣日
月所以無光世霧風充塞疫癘所由興也天乙火神暑氣
大行燥熱亢旱五谷致傷人民多生災禍也故名禍神其

九宮之神歲遇伏位格對相制所畏之方皆為凶歲吉多
凶少凶不能勝吉矣凶多吉少吉不能勝凶矣災殃自興
焉在四季占之立春屬艮春分屬震立夏屬巽夏至屬離
立秋屬坤秋分屬兌立冬屬乾冬至屬坎八節水旱災傷
依九宮之神所以到占之與吉神同宮會合者則為福矣

五福　君基　臣基　民基　文昌　計神

與凶神同宮會合則為禍矣

大遊　小遊　始擊　太乙水神　地乙土神　天乙金神　直符火神

郭僕靈曜經云河洛之數天一生水地六成之一屬于坎
六屬于乾九宮貴神統齊其氣經行生數而起于坎乃從

河圖九宮而行也、一坎二坤三震四巽五中六乾七兌
八艮九離是也、十神太乙統齊其歲經行成數、故踐一宮
以就乾、乃從太乙九宮而行也、故乾一離二艮三震四中
五兌六坤七坎八巽九是也、夫九宮太乙貴神、動惟厥時、
統齊其氣、變象無方、窮神知化、所遷歲時雖有所主、以占
否泰、李淳風洗心澄慮、為之修演、非深造于道者、有不能
知、其辭簡、其義與、通幽洞冥、有始有卒、天地之道、昭然有
以見之矣、

各宮麻貫、

一太乙坎宮之水神也、歲會于神太乙之年、主水亦河決

臨坎一宮、為伏宮、冬至之氣、水溢河決、霖雨霜雪翎毛為妖、
臨坤二宮、立秋之氣、江水從、土工興、小兵起、
臨震三宮、春分之氣、霜降不以時、當旱不以節、禾稼傷、蟲蝗災、
臨巽四宮、立夏之氣、雨水傷禾、土工小興、臣下專命、
臨中五宮、四季之氣、地震水溢、而為災害、土功興作、丑未月尤甚、
臨乾六宮、立冬之氣、土工興作、水雪寒凍、為災傷人、
臨兌七宮、秋分之氣、兵戈重災、徵角尤甚、
臨艮八宮、立春之氣、水土氣沴、人多病、
臨離九宮、夏至之氣、炎旱焦枯、雷震擊物、稅斂重徵、
二攝提坤宮之土神也、歲會太乙之年、主霜雪寒凍、致傷

五穀、土工大興、
臨坎一宮、冬至之氣、霜雪凝、人畜災傷、
臨坤二宮、立秋之氣、寒霜殺物、時旱不雨、人多暴亡、
臨震三宮、春分之氣、令不以時、寒霜殺物、五穀多貴、
臨巽四宮、立夏之氣、節令反常、寒氣變災、人多疾疫、
臨中五宮、四季之氣、霜凝雪寒、天下大冷、季冬尤甚、四
季者、辰戌丑未月也、
臨乾六宮、立冬之氣、寒氣淒淒、風冷入內而不雨、
臨兌七宮、秋分之氣、旱霜傷殺、田禾少成、
臨艮八宮、立春之氣、霜雪損物、草木俱傷、

臨離九宮、夏至之氣、火風折木、氣寒入病、
三軒轅震宮之木神也、歲會太乙之年、主風雷擊物、穀不
成實、人民疾病、
臨坎一宮、冬至之氣、多風冷、氣逼人、
臨坤二宮、立秋之氣、風雷大作、損傷禾稼、
臨震三宮、春分之氣、風多雷旱、而相鼓舞、
臨巽四宮、立夏之氣、風雷災傷、
臨中五宮、四季之氣、天下風雷、未月尤甚、
臨乾六宮、立冬之氣、時多風雨、
臨兌七宮、秋分之氣、風雷不收、時令不節、

臨艮八宮立春之氣多風、
臨離九宮夏至之氣、多風雷雨
四招搖巽宮之木神也歲會太乙之年至大酉大風傷害木稼、
臨坎一宮冬至之氣多風雨雪、
臨坤二宮立秋之氣多收雨、
臨震三宮春分之氣、多風雨、
臨巽四宮立夏之氣、炎風驟雨、
臨中五宮四季之氣、天下盛雨為災、丑未月尤甚、
臨乾六宮立冬之氣、天下多雨、
臨兌七宮秋分之氣、時多雨水、

臨艮八宮立春之氣、風雨連陰為災、
臨離九宮夏至之氣旱風枯禾、及雷雨為災、
五天符中宮之土神也歲會太乙之年、主地動瘟疫土工
蝗蟲
臨坎一宮冬至之氣、水湧河決、民生疾病之災、
臨坤二宮立秋之氣、旱傷五穀而生疫癘、土工興作、
臨震三宮春分之氣、今不以節旱霜傷禾雷不以時羽
虫為災、人民生氣疫之疾、
臨巽四宮立夏之氣、雷雹損禾、土工小興、
臨中五宮、四季之氣、天下土工興、王命已廢、國邑大荒、

陰氣災害、丑未月災尤甚、
臨乾六宮立冬之氣、寒凍而旱、土工勞民、
臨兌七宮、秋分之氣、霜殺萬物、
臨艮八宮立春之氣、霜殺草木、土工民苦、
臨離九宮夏至之氣、旱傷萬物、
六青龍乾宮之金神也歲會太乙之年、主霜雪兵興、
臨坎一宮、冬至之氣天道大寒風雪大作、
臨坤二宮、立秋之氣、寒氣早行
臨震三宮、春分之氣、多風寒、
臨巽四宮、立夏之氣、寒物不茂育、

臨中五宮、四季之氣、寒氣不解、天下如之、季冬尤甚、
臨乾六宮、立冬之氣大寒風雪降、
臨兌七宮秋分之氣、寒霜降早、
臨艮八宮、立春之氣大寒風雨雪、
臨離九宮、夏至之氣、水災為害、兵小兵
七咸池兌宮之金神也歲會大乙之年主霜凍萬物、五穀
致傷、兵盜興作、人畜遭損、
臨坎一宮冬至之氣寒凍傷人及畜、
臨坤二宮、立秋之氣、霜早傷萬物、
臨震三宮、春分之氣、霜寒求解、萬物不舒、

臨巽四宮、立夏之氣寒氣傷物、人多疫病、
臨中五宮、四季之氣、天下大寒、萬物致傷、季冬尤甚、
臨乾六宮、立冬之氣霜雪大寒、
臨兌七宮、秋分之氣霜殺萬物、
臨艮八宮、立春之氣霜雪多寒、
臨離九宮夏至之氣、節不以時、天道變物不榮實、
八太陰艮宮之土神也、歲會太乙之年、主天地陰沉、日月無光
臨坎一宮、冬至之氣、天道陰沉、多霧塞、
臨坤二宮、立秋之氣陰沉連寒雪覆日月、
臨震三宮、春分之氣昏晦陰沉、日月失色、
臨巽四宮、立夏之氣陰沉細雨、
臨中五宮、四季之氣陰沉霧塞、丑未月尤甚、
臨乾六宮、立冬之氣陰沉少晴、
臨兌七宮、秋分之氣陰沉連寒、
臨艮八宮、立春之氣、天地昏暗、日月無光
臨離九宮夏至之氣、陰沉少晴、
九天乙離宮之火神也、歲會太乙之年、主炎熱旱傷五穀
不登、人多疾疫、一名禍神、
臨坎一宮、冬至之氣、天道旱溫、賦斂重徵、

臨坤二宮、立秋之氣旱禾稼大熟、
臨震三宮、春分之氣小旱、稅斂重徵、
臨巽四宮、立夏之氣旱熱、物不茂興、
臨中五宮、四季之氣、炎旱、徵斂重、天下大旱、
臨乾六宮、立冬之氣、旱溼熱、虫出行
臨兌七宮、秋分之氣、天旱傷物、
臨艮八宮、立春之氣旱溼傷物、人畜不安、
臨離九宮夏至之氣、炎熱旱災、
李淳風云、九宮太乙貴神、隨歲遷變、所臨之方各有所主、
以推其事、若與太乙太歲合會格對之宮、為禍愈深、如與
吉神同併、禍殃自伏、與凶神同宮、凶禍併作、仍以吉凶旺
相輕重淺深明之、則歲中災祥可得而占也。○術曰、搜辰
飛跳九、逆寅數至徇午上為中宮、不用亥子丑。○如辛未
年太乙在三宮、逆三順行、

寅	卯	辰	巳	午	未	申	酉	戌
太陰	天乙	太乙	攝提	軒轅	招搖	天符	青龍	咸池

九綦相乘

一乘九、夏多雷雹
九乘一、冷多雷傷根藏、
二乘八、春陽萌菜
八乘二、秋風災木不宗、
三乘七、秋分草木花葉、
七乘三、春分草木傷、

四乘六冬温蟄虫行、　六乘四寒傷萬物
九乘九交吟和烝失節
求歲基在中宮、
下三紀法去之有余数以宮法九約之、無余為太乙在九宮、余一為在一宮、余二為在二宮、求中宮歲碁於太乙所在、提一宮命起五數逆行至太乙所在即得、
立成对取
太乙坐宮　一二三四五六七八九
中宮歲基　五四三二一九八七六
符招軒摂太天陰咸青
如辛未三紀去之余九十三、以九約之、得十余三、為太乙在三宮、軒轅在中宮、立成三对三是也、

明太乙歲會五運六氣術
夫太乙歲會五運六氣之術、猶權衡也、善為治者抑高而舉卑、使均調順適而不失其平、則天地之和氣應矣、寒暑燥湿風火、乃天之陰陽也、木火土金水、乃地之陰陽也、此皆太乙運行而統焉、天以無為而下應乎地、地以有為而上應乎天、陰陽升降、寒暑迭推、太乙之神、周流其間、則太過不及之理可見矣、天罡文昌武德順流萬世不易、是為主氣、地目始擊对易迭遷、隨歲推移、是為客氣、相加或生或克、逆順之勢行矣、掩迫関囚之所至矣、九宮三推與運相合、謂之歲會、一曰天會、二曰歲會、三曰運會、三合輻輳則為太乙天符、太乙主客有在陽宮之神、有在陰宮之神、運行太歲、有在陽干之年、有在陰干之年、以陽加陽、其氣有余、以陰加陰、其氣不足、推而行之、誠不容說、古昔聖人審主氣之常序、察客氣之推遷、明九宮之歲會、所以節宣補助、必有深意存焉、

五運行氣配屬之目
土運　甲己之歲　土運統之
金運　乙庚之歲　金運統之
水運　丙辛之歲　水運統之
木運　丁壬之歲　木運統之

火運　戊癸之歲　火運統之
六氣配属之目
少陰　子午之歲、上見少陰、少陰之上、熱氣主之、
太陰　丑未之歲、上見太陰、太陰之上、湿氣主之、
厥陰　巳亥之歲、上見厥陰、厥陰之上、風氣主之、
少陽　寅申之歲、上見少陽、少陽之上、相火主之、
陽明　卯酉之歲、上見陽明、陽明之上、燥氣主之、
太陽　辰戌之歲、上見太陽、太陽之上、寒氣主之、
五氣配五音
土運配宮、　黄天之氣橫於甲己為土運、

金運配商　素天之氣橫於乙庚為金運、
水運配羽　玄天之氣橫於丙辛為水運、
木運配角　蒼天之氣橫於丁壬為木運、
火運配徵　丹天之氣橫於戊癸為火運、

六氣配五行

厥陰風木風化、　少陰君火熱化、　太陰溼土雨化、
少陽相火水化、　陽明燥金清化、　太陽寒水寒化、

運氣太過之變

發生之紀歲木太過、風氣流行、　赫曦之紀、歲火太過、炎暑流行、
崇阜之紀歲土太過、雨溼流行、　堅成之紀、歲金太過、燥氣流行、

流行之紀歲水太過、寒氣流行、

故不常其德、則所勝來復、故常其理、則所勝同化、

運氣不及之變

委和之紀歲水不及、氣乃行、　伏明之紀歲火不及、寒水乃行、
卑監之紀歲土不及、風化乃行、　從革之紀歲金不及、炎火乃行、
涸流之紀歲水不及、溼氣乃行、

故乘危而行、不速而至、暴瘧無德、災反及之、

運行平氣之序

敷和之紀五化宣平、其應春、　外明之紀五化鈞衡、其應夏、
備化之紀其五化齊修、其應長夏　主軍之紀五化主明、其應秋、

靜順之紀五化咸整、其應冬、

故生而物殺、長而勿罰、化而勿制、藏而勿抑、是為氣平、

運氣與太乙天符合會術

太乙天符者乃太乙九宮神之使也、其神位居九宮之中、握權衡、掌造化、理運八方、考治下土、其若當年司天之氣運與太乙天符同併者為歲會、命之曰太乙天符也、運氣與在泉相合、其氣化陽年昊符、陰年昌歲會、其落蓋本於太古上候灵文、在伏羲時鏤諸玉板、而天真元氣運行之紀、因是論載、所以發明災変者、乃在黃帝時藏之靈蘭、而天乙紀論以次七篇實明運氣、所以考其常、乃宋徽宗明製聖濟經、

將廣黃帝之傳、其篇五十章、四十有二、始慈幼而終之以審劑、先衛生而次之以藥理、五運六氣、九候三部、與藥石之変、草木之寒、溫莫不備焉、

明太乙與三旗行宮合會術

經曰三旗者、青龙太陰、害氣也、乃太乙之星使、名之三旗也、考治下土、指行其罰、若彗孛飛流之類是也、所躔九宮十二辰次、忌與太歲合會、為殃深重、大則除舊布新、小則兵饑疫癘、餘殃不息、化為水旱、二神會合災緩、三神會合災急、孟年為重神、仲年次之、季年又次之、在甲乙風雨不調、四時失序、丙丁燥旱、雷雨傷禾、庚辛兵盜、霜殺物、壬癸水湧、五谷不登、

戊巳土工興作農傷禾稼在三合三會之年飛蝗竟野疾疫大興兵火相殘民流饑饉斂煩賦重徭役人民茲蓋人事失於其下天象变於上災非天降妖由人興古者聖人之治審造化察盈虛以盡人事以消天变德格於天應猶影響此術出自軒轅黃帝佇於漢世唐末五代兵火之餘經義雖明古文缺裂予考亦正文引證有理比類他書有以批驗

求太歲青龍旗術

置積年以紀法六十去之不盡以小周法十二除之餘不盡者命起子邦順行十二辰次筭外即得太歲青龍旗所

在經云青龍旗與太歲周流同行故曰太歲青龍旗也其神一歲一遷從亥而子順行十二辰次三年一移邦六年一易常易常之時五谷小傷十二年為一終周終周之時則有飢困終周之策及四十八年為一谷貴乃除舊布新之時也又終周之策及一百八十年為一流亡經十二終周一百四十年為盜賊兵起之時也至易常終周之期審察三合三會之年干支之鄉及歲刑之下其年受殃也或有過期與不及者在數終前後一二年可見也大抵青龍旗會所治在木多風在火炎旱在土土工在金兵戍在水湧溢甲乙寅卯為治木也丙丁巳午為治火也戊巳辰戌丑未為治土也庚辛申酉為治金也壬癸亥子為治水也歲干歲支應乎天地天動地靜周流不息以干支所屬上下相推乃分衰旺而明輕重此青龍旗之所治也

又經云其神考治寅卯木鄉之年大災旱澇雷電傷禾考治巳午火鄉之年火旱為災人多疫瘟考治辛酉金鄉之年霣霜殺物歲荒民飢盜賊兵起人多疫癘考治亥子水鄉之年山川水湧淫雨為災考治辰戌丑未土鄉之年土工妄興營繕宮苑囚黜忠良曲施賦斂水湧川決人民不安所經分野為災尤甚十干之歲亦如是

求太陰黑旗所在術

置積年加邦盈差二十五以大周法百六十去之不盡以小周法三十六除之不盡者以行邦率三約之為邦數不滿為入邦以末年數命起亥邦三年一移逆行十二辰次假如辛未年下三紀去之余九十三又以三十六約之得二周余二十一又以三約之得七無余七為在巳無余為在末年艮其之精也一名黑旗其神三十六年一周天主执法行令也三年一小考九年一大考小考則小飢大考則大飢以行其罰考治寅卯木鄉之年陰晦多昏日月失色人民疾病考治巳午火鄉之年夏多炎旱風雨不調蟲傷禾稼絲麻火收考治申酉金鄉之年霣霜大雪凍氣侵

人兵火相凌，賊盜刦掠。考治亥子水鄉之年，淫雨霧沱，山川水湧，人民飢困，萬物荒蕪。考治辰戌丑未土鄉之年，天多昏霧，日月失明，土工大興，時妨農稼。在十干之年亦如之。所經分野，為災尤甚。

求害氣亦旗所在術

置積年加邦盈差，以大周法四十去之，不盡以小周法四十除之，餘一，命起亥邦，余二為申，余三為巳，無余為寅，故曰逆行四孟之神，一年一移，其外即得害氣亦旗所在。假如辛未年，以三紀去之，余九十三，以四約之，得二十三周，余一，為在亥。經曰害氣者，太乙之使也。其神四年一周，所至之邦，營宮室，飾臺榭，勞人民，妨稼穡，損契券，在限界之年，災尤明也。其神所考合會之歲，水旱災傷，飛蝗竟野，兵戈賊盜，五穀不登，以行其罰。考治寅卯木鄉之年，歲旱亢熱，人民不安，桑麻不成，禾果不實。考治巳午火鄉之年，亢旱焦禾，人畜暴死。考治申酉金鄉之年，寒熱不調，雷電不時，兵火侵凌，民多疫癘。考治亥子水鄉之年，水旱不均，民飢疾疫。考治辰戌丑未土鄉之年，妄興徭役，窃美干戈，火旱災傷，兵飢疫癘，五谷不登，土工大作。在十干之年亦如是。所經分野，為災尤甚。　經云三旗之行，起自大義，發於天門左，在右推移，周流不息，幽顯之用，指示其罰，吉凶藏否，

在乎倚伏之間。故三旗之行，左先而右後，一順而二逆。三年有一二之合，九年有一三之會。二合災輕，青龍與害氣故也。三合災重，青龍與害氣太陰故也。經謂二合災稍緩，三合災重急者，蓋青龍害氣太陰俱合會於孟辰之歲，併臨于換節之首年，有是變也。當此之時，道術不明，人心不正，妖孽惑人，姦偽亂俗，以致師旅更張，徭役妄作，水旱不調，禾稼不登，人民疾疫而生荒亂。三旗之神三合於甲乙之歲，春瘟夏旱，秋霜冬寒，傷禾稼，損草木，人民疾疫，畜獸災傷。三合於丙丁之歲，節序不調，水旱並作，寇盜相攻，火災為災，田蠶殺傷。三合於戊巳之歲，土工大興，五谷麻麥不收，民饑，油貴。三合於庚辛之歲，水旱不均，嚴霜殺物，兵革興，草木傷，二麥損，民瘦困。三合於壬癸之歲，大雨水湧，蓋穀遭傷，魚鹽有損。當此之時，君宜審陰陽，察逆順，修明德理，厥躬省法于內，布澤于外，納諫逐讒，撫兵恤入民，以消災沴。

三旗三元立成定局

上元（太歲 太陰 害氣）	中元（太歲 太陰 害氣）	下元（太歲 太陰 害氣）
己亥 五 丑 亥亥 三合飢 疫水	己亥 八 卯 亥 二合水	己亥 二 未 亥 二合虫水
庚子 四 亥 申	庚子 七 卯 申 飢	庚子 一 未 申
辛丑 三 亥 巳	辛丑 六 卯 巳	辛丑 九 未 巳

壬寅二戌寅二合虫水　壬寅五寅寅三合水收疫　壬寅八午寅二合
癸卯一戌亥　癸卯四寅亥　癸卯七午亥
甲辰九戌申　甲辰三寅申　甲辰六午申
乙巳八酉巳二合　乙巳二丑巳二合虫水　乙巳五巳巳三合飢疫
丙午七酉寅　丙午乙丑寅　丙午四巳寅
丁未六酉亥　丁未九丑亥　丁未三巳亥
戊申五申申三合土飢疫　戊申八子申二合　戊申二辰申二合虫水
己酉四申巳　己酉七子巳　己酉一辰巳
庚戌三申寅　庚戌六子寅　庚戌九辰寅
辛亥二未亥二合飢　辛亥五亥亥三合兵疫虫水　辛亥八卯亥二合

壬子一未申飢　壬子四亥申　壬子七卯申
癸丑九未巳　癸丑三亥巳　癸丑六卯巳
甲寅八午寅二合　甲寅二戌寅二合虫水　甲寅五寅寅三合水飢疫
乙卯七午亥登　乙卯一戌亥　乙卯四寅亥
丙辰六午申兵　丙辰九戌申　丙辰三寅申
丁巳五巳巳三合旱收疫　丁巳八酉巳二合水　丁巳二丑巳二合虫
戊午四巳寅　戊午七酉寅　戊午一丑寅登
己未三巳亥　己未六酉亥　己未九丑亥
庚申二辰申二合　庚申五申申三合兵水　庚申八子申二合
辛酉一辰巳飢　辛酉四申巳　辛酉七子巳飢

壬戌九辰寅　壬戌三申寅　壬戌六子寅三合收疫兵水
癸亥八卯亥二合水　癸亥二未亥二合虫水　癸亥五亥亥
甲子七卯申登　甲子一未申　甲子四亥申
乙丑六卯巳　乙丑九未巳　乙丑三亥巳
丙寅五寅寅三合收疫　丙寅八午寅二合　丙寅二戌寅二合虫
丁卯四寅亥　丁卯七午亥　丁卯一戌亥登
戊辰三寅申　戊辰六午申　戊辰九戌申
己巳二丑巳二合虫水　己巳五巳巳三合兵金旱疫　己巳八酉巳二合
庚午一丑寅　庚午四巳寅　庚午七酉寅飢
辛未九丑亥　辛未三巳亥　辛未六酉亥

壬申八子申二合　壬申二辰申二合虫水　壬申五申申二合收水
癸酉九子巳　癸酉一辰巳　癸酉四申巳
甲戌六子寅　甲戌九辰寅　甲戌三申寅
乙亥五亥亥三合疫兵水　乙亥八卯亥二合　乙亥二未亥二合水
丙子四亥申　丙子七卯申　丙子一未申
丁丑三亥巳　丁丑六卯巳　丁丑九未巳
戊寅二戌寅二合虫水　戊寅五寅寅三合土疫水　戊寅八午寅二合
己卯一戌亥　己卯四寅亥　己卯七午亥
庚辰九戌申　庚辰三寅申　庚辰六午申
辛巳八酉巳二合水　辛巳二丑巳二合飢　辛巳五巳巳三合兵疫旱

壬午七酉寅　壬午一丑寅　壬午四巳寅
癸未六酉亥　癸未九丑亥　癸未三巳亥
甲申五申申三合疫飢　甲申八子申二合　甲申二辰申二合兵水
乙酉四申巳　乙酉七子巳登　乙酉一辰巳
丙戌三申寅　丙戌六子寅　丙戌九辰寅
丁亥二未亥二合　丁亥五亥亥三合水兵疫　丁亥八卯亥二合
戊子一未申登兵　戊子四亥申　戊子七卯申
己丑九未巳　己丑三亥巳　己丑六卯巳
庚寅八午寅二合飢　庚寅二戌寅二合兵水飢　庚寅五寅寅三合兵疫水
辛卯七午亥　辛卯一戌亥　辛卯四寅亥

壬辰六午申　壬辰九戌申　壬辰三寅申
癸巳五巳巳三合水旱疫　癸巳八酉巳二合水　癸巳二丑巳二合兵水
甲午四巳寅　甲午七酉寅登　甲午一丑寅
乙未三巳亥　乙未六酉亥　乙未九丑亥
丙申二辰申　丙申五申申三合水兵水　丙申八子申二合
丁酉一辰巳兵登二合　丁酉四申巳　丁酉七子巳
戊戌九辰寅　戊戌三申寅　戊戌六子寅
合一宮水大興　合二宮土工殃　合三宮山水清
合四宮水霖　合五宮合水旱蝗兵疫並起　合六宮兵起水災
合七宮地動兵興　合八宮山岳崩　合九宮主災旱

候大饑大穰術
三合在陽壬癸也　前二則大饑　上元辛卯　中元庚子　下元辛酉庚子九四年
前五則大穰　上元戊子丁酉　中元　下元丁卯戊午九四年
三合在陰丙丁也　前五則大饑　上元壬子辛酉　中元壬午辛卯　下元　九四年
前二則大穰　上元甲子乙卯　中元甲午乙酉　下元　九四年
按九綦立成共一百八十年大饑豐穰各八年　前二前五為太乙與前二五展合也有勾股之意注中為前二有弦意勾前五合寅勾巳合申勾亥合巳勾申合亥勾寅冲至勾有股意如三合寅弦是冲申勾是寅至巳股是巳至申故以取似又云歲在三合之年大饑天乙所在豐登一云旱　三合在丙丁壬癸主豐登得壬有收成歲在子陽肇豐在午陰肇小豐　立夏以未入食嘉禾

候地動術
太歲與正月朔同　四月朔立夏　七月朔立秋　太乙乘五宮　三合在七宮　立秋以火日　太歲在丙寅丙辰丙午丙申丙戌已上該主地動

候土工興術
天符所在　太乙在四季　三合在戊己　土乘木戊寅己卯年　一乘九土大怒土工興主六月十二月已上主土工興作

候大水災術

太乙所在主水水枯　太陰與太歲俱在水鄉　太歲在天門地戶上　四主制月朔其月大水　分至與月朔俱水　太乙在中宮　天符在一宮　冬至水土　十一月冬至壬子　冬至後六七八九日得壬癸亥子上乘水江湖泛漲戊子己亥年朔日大乘水湧泉出丙子丁亥節朔無羽則久旱　節多羽而潦連陰乃八節朔日十一月壬癸多節朔無宮霖雨水漬　九乘七水大怒水湧起　一四八在中宮重羽又歲天下大水百川決溢　正月六日得辛白龍治水天下大水　正月九日十日得辛黑龍治水天下大水已上談為災

候九旱術

天乙所在旱大將也天將在九宮主旱太乙在九宮主五六月旱歲在戊己丙丁三合尤甚七乘三大炎熱夏　金乘火庚午辛巳年太陰太歲俱在火鄉炎旱歲在壬午癸巳多火災　太歲十二年一周旱　月朔制四立草木枯乾　太歲與月朔日同其月旱分至與月朔俱角徵旱冬至後一日得壬大旱二日得壬小旱三日得壬尤生節朔多徵天炎小旱　九在中宮重徵之歲大旱枯焦　二在中宮重徵之歲小旱正月先得戊己天下大旱

候蝗虫災術

太歲在鬼門虫災丑寅年天符所在主虫　太乙在中宮虫木神所在招搖軒轅二月朔得驚蟄已上並主蝗虫生發

候霜雹等災術

金神所在主風霜青龍咸池太乙在三宮主霜　八乘二立方霜降傷草木　三合金鄉至霜　立春以木風折木春分以木多盛　立夏少金多風　壬子治春多風丙子治春多旱　戊子治春霜旱動　甲子治夏多暴風壬子治夏多雷雹

候兵災術

七宮所在咸池　一乘九兵起在六月十二月　三乘六秋兵起　三合制金三合在庚辛歲兵動　太乙所在主兵　歲在人門主兵未申戌亥　水乘金大兵甲申乙酉庚子治夏兵革盛乃立夏後先得庚子　六在中宮歲之南天下兵動　又曰合寅東北虜兵起　合巳東南朱崖兵起　合申西羌兵起　合亥西北胡羯兵起

候疾疫災術

木神所在疾疫軒轅招搖　五在一二三至疾疫　三合木鄉寅也　三合甲乙歲七在人門主疾疫申未立秋以

木老人疾疫，甲乙日秋分以木，列國多喪，瘟疫行。冬至以火，瘟疫大行，列國多疾疫，丙丁是也。　節朔氣商，疾疫起。　三合在中宮重徵之歲，小疾疫。　三合在申，重商之歲，多疾疫。

候大寒術

三合甲乙，春夏大寒非常。　金乘木，歲大寒，辛卯庚寅。三乘八，立春寒傷萌芽。　九乘九，夏多雷雹。　六乘六，夏多傷苗。　九乘七，水火怒，立冬多大寒，涼傷人。　壬子治夏，夏多寒雨雹。　節朔春傷大寒為變。

候大熱術

三合丙丁巳午，夏大熱。　七乘三，火大怒，夏大熱。　天乙所在主災熱，重徵尤甚。

候水旱不調

三合之鄉，水旱不調。　三合紀之歲，水旱不調。　三合丙丁，水旱不調。

太歲自朔占

正月朔與太歲同者，主地動，上失政。　月朔與二十四氣同者，歲中多寒暑失序，星變為災。　月朔與八節日同者，息不流行，五穀不長。　月朔與月厭同者，其月多盜賊。月厭者，正月起戌，逆行十二辰。　月朔與月殺會者，大臣災。月殺正月起辰，逆行四季之辰是也。　正月朔日立春，民庶不安，流移動轉。　正月朔日得雨水者，其年猛獸數見，其狼如豺。　二月朔驚蟄，蝗蟲，小人勝。　二月朔春分，主疫色，稼治不凌，上民不安。　三月朔清明，草木有花者再去。　得穀雨，主大雹爍石，猛將死，國不安。　四月朔立夏，主地動，六畜能言。　得小滿者，主大將有災，禾稼災傷。　五月朔芒種，六畜亂鳴，夜有光怪。　得夏至，主鳳鳥至，賢人出。　六月朔小暑，主山崩，水不流，晝見星。　得大暑，民災。　七月朔立秋，處暑降，病多死人，白虎出山。　得處暑者，甘露降，人當瘟疸。　八月朔白露，國有火兵。三月發得秋分，嘉禾生，老人來。　九月朔寒露，天溫，不時蟲動，胡人至。得霜降，國有壯士出。　十月朔立冬，天雨毛羽，決怪異事。得小雪，國有憂逆事。　十一月朔大雪，逆臣犯上，國有憂。得冬至，日食非常，不宜遠出。　十二月朔得小寒，主冬寒夏雪。得大寒，德及遠，白龜出。　凡月朔制四立，主恩不流行，草木枯槁。若四立制自有其月，大水。

候八節

經曰：謹視八節以課吉凶。八節相干，和氣失節，寒溫不常，風雨失時，民受其殃。視其節度，不可不詳。四立為陽，分至為陰。陽制陰吉，君臣和合；陰制陽凶。

陰精勝上下不和廢出移動、立冬以火陽氣盛功臣封
邑。分至不至與月朔日節日俱以宫日月無光　分至與月
朔日節日俱以商量珥虹蜺在日傍　冬至以土天鼓聲
發雷怒水流高山下　冬至以火温炁盛人民疫病國多
喪　分至與月朔節日俱以徵火災起有旱殃　分至與
月朔節日俱以羽主大水行　分至與月朔日節日俱以
角多風旱

五子占

經曰察其子易知終始　冬至後先得五子主治春　甲
子治春則風通行五穀成熟　丙子治春則物早生寒傷

於夏旱於秋　戊子治春則温雷旱動萬物不生土工至
庚子治春則寒霜草木傷榮　壬子治春則大寒不解
霜傷人　立夏先得五子主治夏　甲子治夏則歲多暴
風　丙子治夏則能生長萬物　戊子治夏則夏温暑雷
動傷害為災　庚子治夏則小寒兵革盛　壬子治夏則
夏寒雷雨多　凡治刑者秋榮冬温者秋榮傷實冬温傷
根傷實老人病疾傷根則孕婦不安　甲子丙子戊子為
陽故言温榮雷成所在為陽德則主温榮草木　庚子壬
子為陰也為刑故言兵革盛而大寒雷電蓋壬子水所主
太陰之道庚子金少陰故言為兵革夏春為悪秋冬為刑

正月立春以寅者見白狐来皆以太歲與月朔立春同在
寅辰之位　五月夏至以午主大馬来見中土　七月立
秋以申主白虎見歲有大霜　十一月冬至以子井泉動
溢井中炁出　立春春分之日大寒主下犯上　立春之
日東方不旺在春加西方申酉金木被死金制也　立夏
夏至立冬冬至日温多旱炎災為歲在壬午犯天已火馬
壬癸水所加水徃克太上而凌下故温有旱災凡古木火
金主寒　立春春分之日立夏夏至之日大寒五谷傷為
歲在丁亥丙子水澇火治故主定傷五谷也　立春以水
春分以水立秋以金秋分以金為春制秋炁也　立秋秋

分以金立春春分以木為秋炁勝春炁分則病專則死支
干分則病者以方物其專則死者乃支干俱金　立春以
金則春寒人民火饑主旱立春以土則人民多病疫有德
命下春分以火則旱傷五穀歲多風　春分以土則六畜
多傷德命下　立春以木則下民和德令出人民食其嘉
禾　立夏以象則五穀成熟夏多風　夏至以水憂擾兵
炁主有妖言　夏至以金陰炁伏從大暑陰氣勝　立秋
以火則秋温草木再榮地炁動　立秋以木老人病少者
災雷風蝗草木折　立秋以火石精土地動毀怪星出見
秋分以水温氣行人民疾疫外国土多喪　立冬以土

九宮主事

一宮主壬午癸未甲申乙酉丙戌丁亥　冬至用事
二宮主庚子辛丑壬寅癸卯甲辰乙巳　立秋用事
三宮主甲午乙未丙申丁酉戊戌己亥　春分用事
四宮主丙子丁丑戊寅己卯庚辰辛巳　立夏用事
五宮主戊子己丑庚寅辛卯壬辰癸巳戊午己未庚申辛酉壬戌癸亥
六宮主壬子癸丑甲寅乙卯丙辰丁巳　立冬用事
七宮主庚午辛未壬申癸酉甲戌乙亥　秋分用事
八宮主甲子乙丑丙寅丁卯戊辰己巳　立春用事

九宮主丙午丁未戊申己酉庚戌辛亥　夏至用事

一宮主小豆　二宮主粟米　三宮主大麥
四宮主秧　五宮主瓜瓠　六宮主芝麻
七宮主稻　八宮主大豆　九宮主黍

此四正為陽宮四隅為陰宮陰主賤陽主貴　假令立春之日得八宮以相寄為賤極得二宮之日亦為陰日主賤得陽日便賤不得極　假令春分之日得三宮之日是以宮相克為貴極支與日相害故也得七宮之日亦為貴極得陰日便貴未極他相害傷倣此　中宮之日出主歲朔之日於三合歲飢在京師二合小亂謂二合三合之歲占之余歲不占也諸宮之日出主歲朔之日已上各在其州有飢如一宮之日主歲相之日飢在冀州

太乙災害

下辛未年積五千八百五十三筭若以易常數六約之為滿收年得九百七十五周余下三為已過了三年戊辰盡己巳年初交未來甲戌筭盡乙亥歲又為初交若以四終數四十八約之為五谷湧貴年得一百一十一周余四十五為已過四十五年逆推得丙戌筭盡至正六年丁亥初交順推未來三年甲戌筭盡乙亥初交當之若以九終數二百八約之為流亡年得五十四周余二十一筭為已過

二十一年逆推得庚戌年數盡洪武三年五十亥歲初交順推未來八十七年戊戌數盡己亥初交若以十二終數一百四十四筭約之乃為盜賊兵興之年得四十周余九十三為已過年逆推得戊戌筭盡大德二年己亥初交當之未來五十一年壬戌筭盡癸亥初交

九炁太乙

九炁太乙者山神也所在飛鳥不能巢人民難居室若主上修德稍輕也每宮住九年八十一年九宮徧再一周計一百六十二年而一大周命起一宮飛九宮

自上元己亥至元庚戌積五千七百一十二加一百三十

四年為洪武甲子積五千八百四十六又年未加七共五千八百五十三以倍炁法一百六十二約之得三十六周余二十一不滿八十一免約又以九約之得二余三二者脅起一宮坤二宮已滿余三者為在震三宮首州已三年逆推得已巳歲為初交八年未来丁丑為滿也

辨交限

假令以太乙九炁言以倍炁法一百六十二去之約過者不用余以九氣數八十一約之無余為第九炁滿之年有餘又以九約之或是余一受約為八第一炁之初年或是九以九約之約過者得一無余為第一炁之末年或是十以九約之約過者得一余一得一凡側約過無圖之合炁如之

九炁小者

一氣上為天日月昏赤　二氣下為地主小水旱蝗災　三氣中為人飲食相連歌舞倡優　四氣為六畜取人菽麦而食　五氣為禽獸不收稼穡　六氣為飛鳥不巢而乳人多難苦　七氣為鳥獸不食众肉食人五穀　八氣為蟄虫當蟄不蟄金瘡疽毒　九氣為下成最道中溢穰

自大曆甲寅至大明景泰三年積五千五百五十四筭上元至大曆甲寅四千八百七十六加六百一十得洪武甲子積五千四百八十六筭至辛未加七筭共該五千四百九十三筭以倍炁數一百六十二約之得三十三周余一百四十七已為已過大飢年逆推得甲辰年数盡金大定二十四年乙巳初交當此大未来十五年丙戌数盡亦然又下余一百四十七筭以九数八十一約之得一周余六十六数又以九約之得七余三七者為炁終余三者為交八氣已三年此氣主蟄虫當蟄不蟄人多瘡疽逆推得已巳初交至未来丁丑年方滿也

五穀大貴限

經曰太乙行九宮十二偏計一百八年則五穀大貴人民飢荒號為二九之一

自上元至大曆甲寅四千八百七十六如六百一十為洪武甲子積五千四百八十六筭求辛未又加七筭共得五千四百九十三筭以九終数一百零八約之得五十周余九十三為已過之年逆推得戊戌数盡大德二年已亥初交限當之未来十五年丙戌年亦然

流移限

經曰太歲行十二辰四周計四十八年民一流七也

自上元至大曆甲寅一万三千三百八十一筭加六百一十筭為洪武甲子積一万三千九百九十一筭至辛未歲又

加七筭共得一萬三千九百九十八以流移限四十八約之得二百九十一周余三十為已過之年逆推得辛丑年數盡至正十一年未来十八年己丑亦然

甲兵繫繫

經曰太歲行十二辰十二周計一百四十四年則甲兵繫人民被灾先有小饑

自上元至大曆甲寅歲截得積一萬一千四百六十一加六百一十為洪武甲子積一萬二千零七十一筭辛未歲又加七共得一萬二千零七十八以十二終數一百四十四約之得八十三周不用余一百二十六為已過之年逆推得乙丑歲數盡丙寅初交元前至元三年盡未来一十八年己丑終當滿

積與流移限同下辛未積一萬三千九百九十八以十二終周數一百四十四約之得九十七周余三十為已過之年逆推得辛丑數終至正二十一年未来一百一十四年乙丑歲亦然

大水浩浩

經曰太乙直十二辰一百四十四歲復以十二周計一千七百二十八年河決洪水浩浩矣積與流移限積同下辛未積一萬三千九百九十八筭以厄限一千七百二十八

太乙統宗寶鑑 卷十 四二

約之得八周余一百七十四為已過之年逆推得丁丑數盡金正隆二年順推得未来一千五百五十四年乙丑當之

太乙遊八卦

經曰太乙遊八卦從宮順數行八卦一歲一移不居中五

一為坎主水涝 二為艮主山崩 三為震主雷霆

四為巽主風災 五為離主大旱 六為坤主地動

七為兌主妖孽起 八為乾主時變寒霜兵戈戟

自宋熙寧甲寅截得積三百零五筭加三百一十得洪武甲子積六百一十五年辛未加七筭共得六百二十二筭以八卦數約之得七十七周余六命起坎順行得坤主地動民恐有應

支五音附合

子午屬土宫音　辰戌屬金商音　卯酉屬水羽音

巳亥屬木角音　丑未寅申屬火徵音

如云重木角者太乙在三宫木屬角或木歲月朔在巳亥輔助之故為重角土火深也

歲干所主

甲乙為孤主小饑疾病　丙丁為陰主炎旱豐穰

戊己為虚主土工饑荒　庚辛為平主西戎有兵

壬癸為陽主小亨小水

歲支所主附八會

子陽牽午陰牽主小穰丑陰極未陽極主應曆改元卯陰陽酉陽陽主小饑亥天門巳地户出天門入地户主水旱饑申未人門主疾疫兵起寅丑鬼門主徭動蝗虫盗起

八會年主易命　甲戌庚辰　乙酉辛卯　丙午壬子　丁未癸丑　八會主國不安

支干相乘

如甲申歲為木乘金徵此金乘木大寒冬木乘金兵起金乘火主大旱水乘火主霜雹火乘水水泉湧水乘木春有水木乘水土工興土乘火大水湧兵起

逆推年限終年

如辛未流移限四十八余三十為已過了三十年也驗當下辛未八加上六十年渴六十八減了已過三十年余三十八年即辛丑歲前限終又前行一位得壬寅為今限初交之年也

順推未來限滿年

下限如四十八去了三十余一十八加上辛未八箕将二十六為己丑年今限満也微此

交限初末

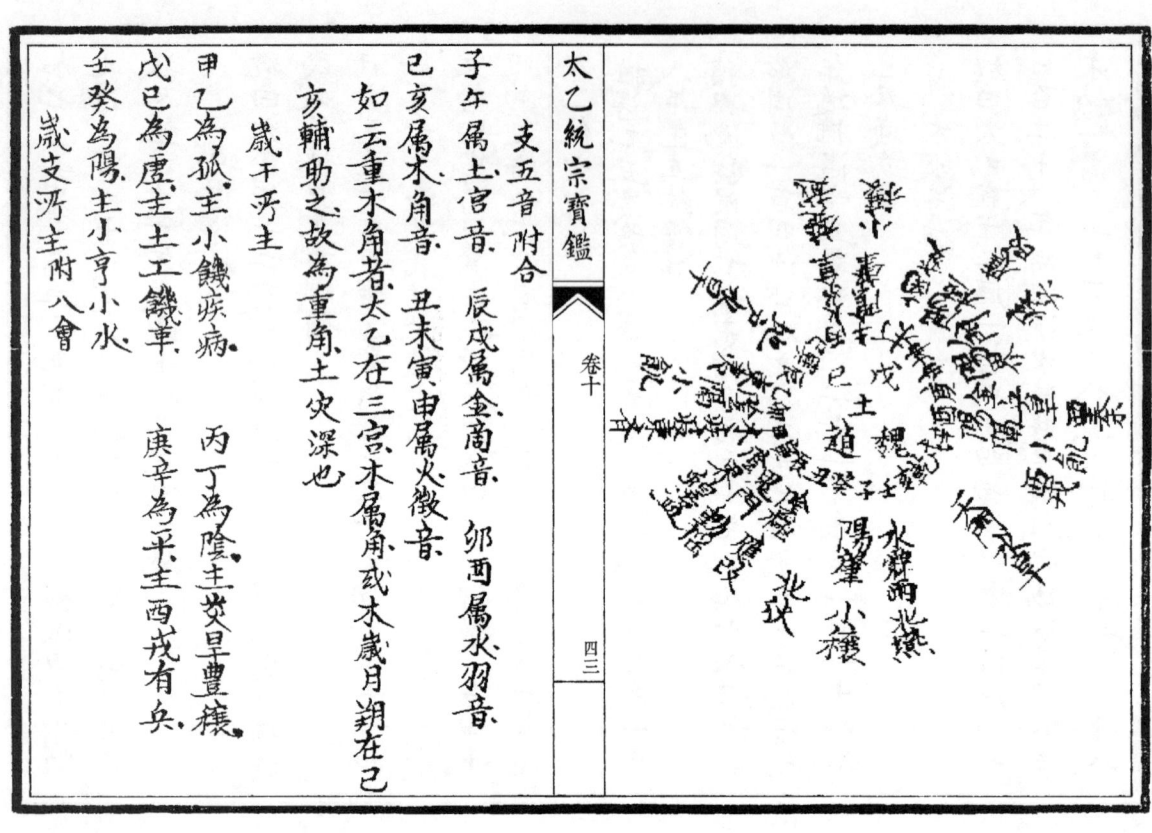

凡凶限初年災不發交末年災必發卻良過日数後箕尽凶神並臻所在之郡災殃尤甚

太乙統宗寶鑑卷之十一

明太乙七術所主

經曰太乙七術者昔玄女授之於黃帝風后作之遂取蚩尤于涿鹿之野是茲術焉後范蠡得之佐越王句踐而兵國平以成霸業泊乎秦嬴失道炎漢將興張良用輔沛公西入關中則子嬰啣璧東會垓下項羽摧鋒然則入為帝師出受將署或攻或守靡不踰茲其法有七故謂之七術名焉

明臨津問道第一術

夫臨津問道者言攻轉之術以權謀而輔仁義不敢有所

輕舉也可不深思熟察由臨津而問道焉審而後移始可知其洛度也右用兵之法合五事而分三等一曰道二曰天地三曰將法自道而天地自天地而將法先後之序也兵家以道為主則上合天心而得天時下通人事以服人心中知地形而得地利如此則攻而必取守而必固也大戰必欲勝不能必勝不如不戰故戰未必勝者不可以謂之善戰者也何足與言戰哉攻必欲取不能必取不如不攻故攻未必取者不可以謂之善攻者也何足與言攻哉已既無一定之謀不可與決攻戰而不知用師之道焉昔樂毅管仲得天地而不知以道王猛謝安得時法而不知以道皆失之一偏也張良范蠡知道而以輔權謀所以能知強弱所在故第一為臨津問道之術焉

經云平安之代敵人兵起來侵我境者我欲討之未知其敵破在何期如臨津未渡問其道而破之也法曰常以呂申加敵起兵之年當視大神之下是其破年也又以呂申加所破之年視大神之下為其破月又以呂申加所破之月視大神之下為破日又以呂申加所破之日視大神之下是破時也

假令敵人於甲子年起兵便以呂申加子則大神臨卯即卯年為破年也又以呂申加卯則大神臨午即午月為其

破月也又以呂申加午則大神臨酉即酉日為其破日也又以呂申加酉則大神臨子即子時為其破時也如此則知卯年午月酉日子時而知其敵兵當破之期也余皆倣此

明獅子反擲第二術

獅子反擲者取西方之獸有兵師率衆之象反擲者兵師止而不進有回反之謂又如敵國已破師旅奏凱而回亦反擲之義焉

法曰常以呂申加敵起兵年當視大神所臨其神在四維之地及十八年方破如大神所臨旺相之間亦不破矣

假令甲戌年敵人起兵、以吕申加戌、則火神臨丑、丑屬于艮、艮在東北之維也、及十八年方為破期、應在辛卯年為破矣、如不候破期而進兵、不能克敵、則我師有反櫟之謂也

明白雲卷空第三術

雲者、兵家之氣、表而明之、以分主客勝負之原也、謂兩陣相當、當視太乙悉宜主客、由白雲為兵、既擧矣、若白雲卷空、勢不可遏之象也、欲知主客勝負、當用此術以占之、法曰以吕申加主客大將之宮、視大神所臨之下、如值囚死休墓、若展陣交鋒、攻戰大敗、若大神所臨旺相生有氣之方、士卒精銳、敢男戰死、若在旺宮、兵不可觸犯也

假令兩陣相當、太乙入上元第一紀甲子元第一局甲子日、太乙在一宮、武德為天目、主筭得单七、主大將在七宮、主參將在一宮、寅為封神、始擊在天武、客筭得十三、客大將在二宮、客參將在九宮、先以吕申加主大將七宮、則大神臨於一宮乾金之位、大神屬火、火能克金、經云、我克者為囚、此名大神臨囚氣、如展陣交鋒攻戰、則主人大敗、次以吕申加客大將三宮、則大神臨於九宮巽木之位、大神屬火、木能生之、經曰生我者為相、此名火神乘相氣、則客人大勝也

明猛虎相拒第四術

猛虎者、西方兑金兵之象也、拒者、兩陣相當、各安營寨、相持之意也、欲先攻敵之營、當用此術以明可否、法曰視敵下營日、太乙在何宮、以吕申加之、看大神所臨于何地、如大神臨於旺相、其營不可攻也、若大神臨於衰死囚墓、其營不久而見破矣、宜進兵攻之

假令敵以上元第一紀甲子元第七局庚午日下營、其日太乙在三宮、便以吕申加三宮、則大神、大神臨於九宮木神之位、經曰主我者為相、此名大神乘相氣、其營不可攻也

明雷公入水第五術

雷公入水者、言主客喪滅之時、大小將將亡之象也、其雷之發聲也、震驚百里、張威耀奮、以行懲誅、使民虩虩而有驚惧也、及至雷公入水之時、其氣入地、遁於黄泉、其聲伏、其威息、何以能震耀威武而行其全功哉、此主客大小將衰滅將亡之象、當明此術以占之、法曰常以吕申加太乙宮、視大神所臨之下宮神、若克主大將所臨之宮、即主大將當死、若克主參將之宮、即主參將當死、克客大將之宮、客大將當死、若克客參將之宮、客參將當死、不然則兵將奔逃散亡之義也

假令太乙入上元第一紀甲子元第十三局丙子日太乙

在六宮、文昌星在大炅、主筭得一十八、主大將在八宮、主參將在四宮、計神在寅、始擊在太陽、客筭得拾九、客大將在九宮、客參將在七宮、便以呂申加太乙所臨六宮之位、則大神臨於一宮乾金之位、主大將在八宮坎水之位、金生於水、經曰、生我者為相、則主大將乘相氣、客大將在九宮巽木之位、則大神所臨之金而能克木、即客大將當應滅亡之兆、主大將乘相氣、即無凶也、

明白龍得雲第六術

白色為金、兵之象也、龍之為物、變化無常、雲者、變化之氣也、氣同則合、異則離、故馬鳴而牛不應、鯈躍而蟻不隨、雲

虎相違、風龍不干、蓋出乎其氣類也、兵者應變無方、將比神物、以喻之、龍得雲乃能昇騰、兵得氣乃能應變、龍無雲無以昇騰、兵無氣不能應變、此出兵下營、先觀大將有氣與無氣也、如旺相有氣、可以出兵下營、休囚無氣、不可以出兵下營也、當明此術以占之

法曰、常以呂申加太乙宮、視大神所臨之下、與主客大將相生相比、旺相有氣、宜出兵下營、如主客大將臨於囚死休墓無氣之地、不可出兵下營、若彼軍大將之宮克我軍大將之宮、出兵必死、刑克小將之宮、小將亦死也

假令上元第一紀甲子元第二十二局、乙酉日、太乙在九宮、文昌在陰德、主筭得十六、主大將在六宮、主參將在八宮、計神在巳、始擊在天道、客筭得三十宮、大將在三宮、客參將在九宮、其日便以呂申加太乙九宮之位、則大神臨於大武七宮坤、坤屬於土、土大將在六宮屬金、則大神所臨之下而生於大將之宮、經曰、生我者為相、此名主大將乘相氣、利於出兵下營而得吉、客大將在三宮屬土、與大神所臨之下同類為旺、此名客大將乘旺氣、亦利出兵下營、屯軍為吉、則知此日主客皆利、俱可出兵下營而得吉也、

明回車無言第七術

回車無言者、謂出兵車之戰最為難也、貴在知機以獲全功、奏凱而回、上下悅情、皆無言怨之義也、武王問太公曰、戰車柰何、太公曰、步貴知變動、車貴知地形、騎貴知別徑奇道、三軍同名而異用也、凡車之死地有十、其勝地有八、武王曰、十死之地柰何、往而無以還者、車之死地也、越絕險阻、乘敵遠行者、車之竭地也、前易後險者、車之困地也、陷之險阻而難出者、車之絕地也、地下陷澤、溼土黏埴者、車之勞地也、左險右易、上陵仰阪者、車之逆地也、殷草橫畝、犯歷深澤者、車之拂地也、車少地易、與步不敵者、車之敗地也、後有溝瀆、左有深水、右有險陡者、車之壞地也、日夜淋

兩旬日不止、道路潰陷、前不能進、後不能解者、車之陷地也。此十者、為車之死地也。故拙将之所以見擒、明将之所以能避也。武王曰、八勝之法柰何。太公曰、敵之前後行陳未定、即陷之、旌旗擾乱、人馬数動、即陷之、士卒人馬或前或後、或左或右、即陷之、陣不堅固、士卒前後相顧、即陷之、前往而疑、後恐而怯、即陷之、三軍卒驚、皆薄而起、即陷之、戦陣於易地、暮不能解、即陷之、遠行而暮舍、三軍恐懼、即陷之。此八者、車之勝地也。将明於十害八勝、敵雖周圍千勝萬騎、前驅旁馳、萬戦必勝。武王曰、善哉。張良謂兵車出戦為難、防慎其伏、是以款明知其所避也。故用田車無言之

術焉、

法曰、以吕申加敵軍初来時日太乙之宮、視大神所臨之下、若彼軍在旺相、其下有伏兵、必戦宜防慎備之、若彼軍臨囚死休墓、其敵自破、無能為之、立可克也。如大神所臨之下、若我軍在旺相、亦自宜埋伏藏兵以敵客也。

假令上元第一紀甲子元第二十八局辛卯日、太乙在二宮、文昌在吕申、主筭得十四、主大将在四宮、主参将在二宮、計神在亥、始撃在大炅、客筭得單九、客大将在九宮、客参将在七宮、便以吕申加敵軍初来日、太乙在二宮之位、則大神臨於大簇兊宮、属金、其客大将在九宮巽位、属水、

則太神所臨之下、金克于木也。經曰、我克者為死、此名客大将乘死炁、主彼軍無伏兵、必自敗、無能為也。凡明諸将旺相者、當以同類為旺、生我為相、克我為死、我克為囚、我生為休也。

假令高叢属水、則以吕申為同類、為旺、以大義地主為相、武德大簇陰德為死、和德太陽天道大武陰主陽德為囚、大威大神為休也。

明十六宮間之神変化所主術

經曰、太乙宮間十六之神、乃五行造化之変、在十二支四維之地、以八卦為正宮、属陽、以八支為間神、属陰、各有所

主、以通変化吉凶之事。

子為地主、位居北坎、水性潤下、物受滋姙、建子之月、陽氣始生、萬物在下、故名地主、主動揺語言之事。

丑為陽德、陽氣漸生、龍見于田、建丑之月、二陽在中、德施普慄、故名陽德、主施恩育物之事。

艮為和德、各盡春初寒往和生、陰陽氣交、時當温舒、故名和德、生和集成就之事。

寅為吕申、三陽之首、屈而復伸、建寅之月、天氣大温、萬物化生、故名吕申、主運謀主宰之事。

卯為高叢、陽氣分騰、木神正旺、建卯之月、雷電乃震萬物

叢生、故名高叢、主震動發輝之事、
辰為太陽、龍見于天、五陽得位、建辰之月、雷行大風、斗罡所擊、故名大陽、主厄會兵戈之事、
巽為大炅、春夏將交、光明發揮、六陽盛極、萬物結齊、故名大炅、主申明號令迅速之事、
巳為大神、乾陽俱備、大神震威、建巳之月、火德變化、萬物茂盛、故名大神、主毀折破廢之事、
午為大威、陰寓陽神、威德乃行、建午之月、火炎任事、政令明新、故名大威、主光明烈炎盛大之事、
未為天道、三陰得位、陰氣漸長、建未之月、天道不逆、地道

施行、故名天道、主陰私之事、
坤為大武、夏秋氣交、炎火退避、金神司權、宮居坤位、故名大武、主兆壯之事、
申為武德、肅殺當秋、金神用事、建申之月、萬物歛死、齊變斂生、故名武德、主傳送遷徙之事、
酉為大簇、陰氣分騰、金神正旺、建酉之月、萬物成熟、大有品類、故名大簇、主更易肅殺之事
戌為陰主、黃裳元吉、五陰得位、建戌之月、萬物凋落、斗罡所擊、故名陰主、主厄期兵喪之事、
乾為陰德、秋冬氣交、陰氣退避、陽德復生、承乾為始、故名

陰德、主大將命令之事、
亥為大義、坤順央貞、載承物類、建亥之月、萬物該始、故名大義、主計謀毀折廢敗之事、

明州國災發月數之期術

經曰、欲明州國君長運數厄會災發月數之期者、以水歲合神便加月建天目、文昌掩格太乙之月、以占災發之期也、
假令上元第一紀甲子元第一局、甲子歲太乙在一宮、天目文昌在武德、命甲子歲合神陽德遍加月建、正月二月天目文昌紀太乙宮為掩、七月八月對太乙宮為格、而為

災發之期也、太乙中始擊有掩格之義、文昌無掩格之理、唯此一法取用之以表其曰

明城名以占厄會術

經曰、欲知城名郡國厄會、常以呂申加城名、視太陽所臨之下、則此辰之年、其城有兵搖為厄、陰主所臨之下、此辰之年、其城有疾疫為患也
假令荊州城名乃丁未也、以呂申加未、則太陽臨酉、則酉年其州有兵搖之厄、陰主臨卯、則卯年其州有疾疫為患也、
李淳風術以呂申加其城名干支併而推之、如荊州丁未

先以吕申加丁則太陽臨辛，陰主臨乙，次以吕申加未則太陽臨酉，陰主臨卯，當以辛卯年辛酉年，其州有兵禍之厄，乙卯乙酉年，其州有疾疫之患也。凡用兵攻其城名，若與飛行四殺併者，其城必克，若敵兵來攻我之城邑者，可預知而嚴固也，為將相之術，其在於爾嚴固之道，以人而固，以和為貴，以權為重，無疎其親，無怠其衆，無借人柄，柄者將之所執而下之所從，借於人則失其權，害其事，孟子謂天時不如地利，地利不如人和，三里之城，七里之郭，環而攻之而不勝，夫環而攻之，必有得天時者矣，然而不勝者，是天時不如地利也，城非不高也，池非不深也，兵革非不堅利也，米粟非不多也，委而去之，是地利不如人和也，故曰域民不以封疆之界，固國不以山谿之險，威天下不以兵革之利，得道者多助，失道者寡助，寡助之至，親戚畔之，多助之至，天下順之，以天下之所順，攻親戚之所畔，故君子有不戰，戰必勝矣。

明飛行四殺之術

古法曰：凡攻其城名，城名與飛行四殺併者，必有屠城之象，常以陰主加城名，視地主所臨之下為災殺，又以城名合神加城名，視災殺所臨之下為鬼殺，月殺下為天賊殺，月殺者，孟月在酉，仲月在巳，季月在丑是也，殺陰下為大

吏殺，殺陰者，正月命寅為首，逆行六陽神是也。又法曰：欲求災殺，常以陰主加歲月日時，視地主所臨之下為災殺，又以歲月日時合神加歲月日時，視災殺所臨之下為鬼殺，月殺下為天賊殺，殺陰下為天災殺，其將師年命亦同此占。

明城名歲災發所在術

古法曰：陽年以陽德加太歲，子寅辰午申戌是也，陰年以天道加太歲，丑卯巳未酉亥是也，視太陽、陰主所臨城名之下，則其城當有厄會，以所臨城名刑殺而明災發之期也。

假令太陽或陰主所加之地，其城當有厄會，加其下，城名下得癸酉，即酉之劫殺在寅，災殺在卯，天殺在辰，地殺在巳，自刑在酉，則其城災發之期，在正月二月三月四月八月是也，餘皆準此。

凡此二術，其城有值刑殺者，災發尤深，天將軍及守城之主，當主王命併者，不可用兵也。

刑殺例

得申子辰城名者

劫殺在巳、災殺在子、天殺在未、地殺在申、

刑在東方、申刑寅、子刑卯、辰自刑、

得亥卯未城名者
劫殺在申、災殺在酉、天殺在戌、地殺在亥、
刑在北方、卯刑子、未刑酉、亥自刑、
得寅午戌城名者、
劫殺在亥、災殺在子、天殺在丑、地殺在寅、
刑在南方、寅刑巳、戌刑未、午自刑、
得巳酉丑城名者
劫殺在寅、災殺在卯、天殺在辰、地殺在巳、
刑在西方、巳刑申、丑刑戌、酉自刑、
九宮城名所主

一宮冀州丁丑、二宮荊州丁未、三宮青州癸丑、
四宮徐州甲辰、六宮兗州乙未、九宮揚州癸酉、
五宮豫州乙巳、絳宮兗州壬申、明堂益州、
玉堂幽州癸卯、
十干城名所主
甲在寅、乙在卯、丙戊在巳、丁己在午、庚在申、
辛在酉、壬在亥、癸在子、
十干所屬分野
甲齊、乙東夷、丙楚、丁南蠻、戊魏、己韓、庚秦、
辛西戎、壬燕、癸北狄、

十二支所屬分野
子周、丑狄、寅楚、卯鄭、辰晉、巳吳、午秦、
未宋、申齊、酉魯、戌趙、亥燕、
凡太乙細分天下城名、已載于第八卷中、茲不再述、
宗琨曰、以城名干支之數、順行至太陽陰主之下、筭得幾
何、滿九九八十一數除之、不滿以十去之、用余零者為年、
三因為月、即知其災害之年月也
甲己子午九、乙庚丑未八、丙辛寅申七、
丁壬卯酉六、戊癸辰戌五、巳亥單得四、

太乙統宗寶鑑卷之十二

明太乙統運八卦紀年術

太乙統行之運一十有二。其始命天地否泰。其竭尽物極无終一十二運。統六十四卦。歷一萬一千五百二十年為一周。終而復始。考自上古甲子積年幽遠。故不敢為載。自周敬王四十三年甲子至所求積年內減一加邦盈差三百。以周天策一萬一千五百二十去之。不尽命起乾坤否泰之運。策外即得所入之卦。不滿為入卦以來年數。命其卦初爻分老陰老陽之策數。策外即得數入之爻。不滿為入爻以來年數。

明太乙入運災厄首尾術

自乾卦累筭至所求之年於上其位。視其卦極爻。陽有四五之災。陰有二六之厄。以減上位。餘以紀法六十去之為首年之數。復加災厄減一加之為首年之數。各命起甲子。筭外即得其卦首尾之年。其陽爻之位。分而為四。分之一。陰爻之位。分而為十二分之六。是當爻運首尾之際災厄之年也。

明太乙統運紀元立成術

太乙統運一十有二。始於天地否泰。尽於物極无終。歷一萬一千五百二十年為數。盈是書廣大含弘方悉備。言乎

天道有日月星辰風雷兩露。言乎地道有山澤分野水火兵機。言乎人道。有君臣父子公卿庶民。昭然有以見治亂之兆。成敗之端。天人之際。其應如響。今列卦運紀元出入之年。分錄于后。庶幾傳斯道者得其門而易入焉。

一天地否泰之運 共七百二十

乾	一甲子	一戊子	一壬子	一丙子	一庚子	一甲子	二百一十六	商武乙二十年甲子太乙入乾卦初爻
坤	一庚子	一丙子	一壬子	一戊子	一甲子	一庚子	一百四十四	
否	一戊子	一壬子	一丙子	一壬子	一戊子	一甲子	一百八十	周厲王十三年甲子太乙入否卦初爻
泰	一庚子	一丙子	一壬子	一丙子	一庚子	一甲子	一百八十	

二男女交親之運 共二千一百六十

震	一戊子	一甲子	一戊子	一甲子	一庚子	一甲子	一百六十八
巽	一戊子	一壬子	一戊子	一壬子	一丙子	一壬子	一百九十二
恒	一庚子	一丙子	一庚子	一甲子	一戊子	一甲子	一百八十
益	一戊子	一壬子	一戊子	一甲子	一庚子	一甲子	一百八十
坎	一戊子	一壬子	一戊子	一甲子	一戊子	一甲子	一百六十八
離	一戊子	一甲子	一戊子	一壬子	一戊子	一壬子	一百九十二
既濟	一庚子	一甲子	一庚子	一甲子	一庚子	一甲子	一百八十
未濟	一戊子	一甲子	一戊子	一甲子	一戊子	一甲子	一百八十
艮	一丙子	一壬子	一戊子	一甲子	一戊子	一甲子	一百六十八
兌	一庚子	一甲子	一庚子	一甲子	一戊子	一壬子	一百九十二

損 一戊子 一甲子 一庚子 一丙子 一庚子 一甲子 一百八十
咸 一庚子 一甲子 一戊子 一壬子 一戊子 一甲子 一百八十

三陽晶守政之運 自大壯至遯 共一千一百五十二年

大壯 一壬子 一戊子 一壬子 一丙子 一庚子 一甲子 一百九十二
无妄 一壬子 一丙子 一戊子 一丙子 一壬子 一丙子 一百九十二
需 一丙子 一庚子 一丙子 一庚子 一甲子 一戊子 一百九十二
訟 一丙子 一庚子 一丙子 一庚子 一甲子 一戊子 一百九十二
大畜 一戊子 一甲子 一庚子 一甲子 一戊子 一壬子 一百九十二
遯 一庚子 一甲子 一戊子 一壬子 一戊子 一甲子 一百九十二

四陰蠱權衡之運 自觀至臨 共一千零八年

觀 一戊子 一壬子 一戊子 一甲子 一庚子 一丙子 一百六十八
升 一戊子 一甲子 一庚子 一甲子 一戊子 一甲子 一百六十八
晉 一甲子 一庚子 一甲子 一庚子 一丙子 一壬子 一百六十八
蹇 一甲子 一庚子 一戊子 一庚子 一丙子 一庚子 一百六十八
萃 一壬子 一丙子 一庚子 一丙子 一壬子 一戊子 一百六十八
臨 一庚子 一丙子 一壬子 一戊子 一壬子 一丙子 一百六十八

五賁育還本之運 自豫至謙 共九百三十六

豫 一丙子 一壬子 一庚子 一壬子 一戊子 一甲子 一百五十六
復 一壬子 一戊子 一甲子 一庚子 一丙子 一庚子 一百五十六
比 一戊子 一壬子 一戊子 一甲子 一庚子 一丙子 一百五十六

師 一甲子 一庚子 一丙子 一壬子 一丙子 一壬子 一百五十六
剝 一戊子 一甲子 一庚子 一丙子 一壬子 一戊子 一百五十六
謙 一丙子 一壬子 一戊子 一壬子 一戊子 一甲子 一百五十六

六造化扶天之運 自小畜至履 共一千二百二十四年

小畜 一戊子 一壬子 一戊子 一壬子 一丙子 一庚子 二百單四
姤 一壬子 一丙子 一庚子 一甲子 一戊子 一甲子 二百單四
同人 一丙子 一庚子 一甲子 一戊子 一甲子 一戊子 二百單四
大有 一庚子 一丙子 一庚子 一甲子 一戊子 一壬子 二百單四
夬 一丙子 一庚子 一甲子 一戊子 一戊子 一壬子 二百單四
履 一戊子 一壬子 一丙子 一壬子 一丙子 一戊子 二百單四

七剛中建至之運 自解至頤 共六百七十二年

解 一戊子 一甲子 一戊子 一甲子 一戊子 一甲子 一百六十八
屯 一丙子 一庚子 一丙子 一壬子 一戊子 一壬子 一百六十八
小過 一甲子 一庚子 一甲子 一戊子 一甲子 一庚子 一百六十八
頤 一庚子 一丙子 一壬子 一戊子 一甲子 一戊子 一百六十八

八群愚位賢之運 自家人至大過 共七百六十八年

家人 一壬子 一丙子 一壬子 一丙子 一壬子 一丙子 一百九十二
咢 一甲子 一庚子 一甲子 一戊子 一壬子 一戊子 一百九十二
中孚 一丙子 一庚子 一丙子 一壬子 一丙子 一庚子 一百九十二
大過 一庚子 一甲子 一戊子 一壬子 一丙子 一壬子 一百九十二

九德義順命之運 自豐至困 共一千零八十年

豐 一庚子 一丙子 一庚子 一甲子 一庚子 一甲子 一百八十

嗑 一庚子 一甲子 一戊子 一甲子 一庚子 一甲子 一百八十

歸妹 一庚子 一丙子 一庚子 一丙子 一庚子 一甲子 一百八十

隨 一庚子 一甲子 一戊子 一甲子 一庚子 一甲子 一百八十

節 一庚子 一日子 一庚子 一丙子 一庚子 一甲子 一百八十

困 一庚子 一甲子 一戊子 一甲子 一戊子 一甲子 一百八十

十感姤留天之運 自渙至賁 共一千零八十年

渙 一戊子 一壬子 一戊子 一甲子 一戊子 一甲子 一百八十

井 一庚子 一甲子 一庚子 一甲子 一戊子 一甲子 一百八十

漸 一戊子 一壬子 一戊子 子壬 子戊 一甲子 一百八十

蠱 一戊子 一甲子 一庚子 子甲 一戊子 一甲子 一百八十

旅 一戊子 一甲子 一戊子 一壬子 一戊子 一甲子 一百八十

賁 一戊子 一甲子 一庚子 一甲子 一庚子 一甲子 一百八十

十一陰陽相搏之運 自蹇至蒙 共三百三十六年

蹇 一戊子 一壬子 一戊子 一壬子 一戊子 一甲子 一百六十八

蒙 一甲子 一庚子 一丙子 一壬子 一丙子 一壬子 一百六十八

十二物極元終之運 自睽至革 共三百八十四年

睽 一丙子 一壬子 一丙子 一壬子 一丙子 一丙子 一百九十二

革 一庚子 一甲子 一戊子 一壬子 一戊子 一壬子 一百九十二

以

明太乙行運八卦紀年術

上元甲子開闢以来，歷代幽遠，積數太繁，難究其實，故不取焉。今截自周敬王四十三年甲子歲，太乙入第二男女交親之運，震卦初九爻為始，推筭録例于後，庶易見焉。

周敬王四十三年甲子太乙入震卦初九爻

周赧王六年壬子太乙入巽卦初六爻

漢武帝元朔元年甲子太乙入恒卦初六爻

漢明帝永平七年甲子太乙入益卦初九爻

魏召陵公正始五年甲子太乙入坎卦初六爻

晋安帝義熙八年壬子太乙入離卦初九爻

隋文帝仁壽四年甲子太乙入既濟卦初九爻

唐德宗興元元年甲子太乙入未濟卦初六爻

宋太宗乾德二年甲子太乙入艮卦初六爻

金太宗天會十年壬子太乙入兑卦初九爻

元太定甲子太乙入損卦初九爻

元太定甲子至正丁未共四十四年損之二爻已過八年

洪武戊申在損之二爻中又歷二十四年

洪武二十九年丙子太乙入損卦六三爻

弘治十七年甲子入咸之初爻

嘉靖四十三年甲子入咸三爻十三年

明太乙入運行爻災變禎祥術

經曰帝王興衰年紀否泰皆陰陽相推、更迭相代、自然之理也、凡太乙在一卦之中而行初爻為建功立德之限。三爻為內極。災變之限。四爻為凶乱之後。待治之限。上爻為外極。災变之限。唯二爻五爻太乙行于中道。安平之限。二為時之正旺。五為時之已過。其六爻之中、察其得失。陰陽得位。則政治。陰陽失位。則政乱。陽爻有應之時。君得臣之助。無應之時。君失臣之輔。君臣合則政道亨。君臣乖則政道廢。太乙理二爻之時。陽雖失位。天下亦得安靜和寧。唯臨出運之際。國有災殃。太乙行至五爻、陰若失位。君弱臣強。后妃外戚臣下專政。天下衰亡。以其近於外極之限也。初爻雖為建功立德之限。太乙所理之時。而有功者革命而相繼焉。行內極之限。災变尚輕。行外極之限。災变重矣。輕者兵火盜賊飢饉之厄。重者失地亡國之兆。以太乙月卦為小運。察其厄塞衰亡之期。遇太乙掩迫關格之年應之也。

論太乙入運行爻变卦術

經曰夫一卦之中各有所变、一爻之內、各有所主、若爻变得乾、有應則剛德之君理於國、無應則僭乱之主權於世、

若爻变得坤卦有應、后妃專政、貴戚臣下之謀、無應則兵火暴乱、賊盜相残、若乾坤二象变在內卦、事主於內、起自宮掖、應於貴戚倖臣、若乾坤二象变在外卦、事生于外、起自藩臣、以太乙月卦行運及歲計太乙掩迫關格等、詳其所發之年、欲知創業之君、僭乱之臣所起方位分野、先以初起卦而定之、次以納甲而推之、則知其所起方位分野也、乾為西北、坎為正北、艮為東北、震為正東、巽為東南、離為正南、坤為西南、兌為正西、子為齊分青州、丑為吳越揚州、寅為燕分幽州、卯為宋分豫州、辰為鄭分兗州、巳為楚分荊州、午為周分三河、未為秦分雍州、申為晉分益州、酉為趙分冀州、戌為魯分徐州、亥為衛分并州、以变卦內外互体相類而推之、以配其姓氏名字也、皆以太乙所在其爻之变化而論之也

統運八卦觀象之期

帝王歷數、應天順人、大而一元、中而一運、小而一年、天地闔闢、陰陽消長、邦國否泰、人物盛衰、靡不符契、先賢經旨、皆以太陽陰之下為曆數遷革之期、若以此為時何不終期乱、昔吳帝風后天聖英靈、互有明德、演太乙、通天地萬物之情、運主客、叙君臣士民之訓、復有統卦定爻、分轄周星、否泰相繼、存亡相緒、周而復始、始而復終、古者遺經雖

存、秋而不露、漢子房孔明統運觀象消息盈虛推以卦爻
析分否泰、唐淳風流入易軌、演以卦爻、取以納甲、推為象
圖、考始終之期、存亡之次、可得而知也、天地雖大、雖緘否
泰之機、陰陽至虛、無藏動靜之數、自然之理也

八卦觀象例

乾、西方之氣也、在五行屬金、為天、為圜、為健、為義、為寒、為冰、為
大赤、為銀漢、為清明氣、為空闊、為坑塹、為戟、其于人也為君、
為父、為首、為顙、為運動、為幹萬物、其為物也為玉、為金、為
品類、為蕃殖、為癸、為蹤、其於馬也為良馬、為駁馬、
坤、西南方之氣也、在五行屬土、為地、為方、為大輿、為布、為坦

夷、為均、為城邑、為泉、為書契、為衆、其于人也為母、為后妃、
為長者、為腹、其為物也為裳、為　為柄、為子母牛、為吝嗇、
為桑柘、
震、東方之氣也、在五行屬木、為雷、為龍、為玄黃、為帝出、為
奮起、為大塗、為林蔴、為　為蕃、為鮮、為動、走為健、為晦、為
物生、其為人也為長子、為主器、為胖、為足、為好施、其為物
也為鱗、趾為俎豆、為鍵鑰、為蒼莨竹、萑葦、為及生、為稼兒、
為鉅林、為棺槨、其於馬也為善鳴、為馬足、為作足、為的顙、
巽、東南方之氣也、在五行屬木、為風、為撓物、為虹、蜺、霓、為
霰、為木果、馬高、為入、為伏、為案齋、為繩直、為　害、為臭、為

関市、為躁卦、為工、其于人也為長女、為寡、髮、為廣顙、
為眉、為多白眼、為膽、為股、為伸縮、為進退、為近利市三倍、
其于物也為耒耨、為木、為卉、為鶴、為曲直、
坎、北方之氣也、在五行屬水、為水、為月、為雲、為雨、為露、為
霧、為江河、為清瀆、為堰波、為平、為歸、為潤、為險陷、為隱伏、
為矯揉、為盜、為血、為赤、其于人也為中男、為智、為加憂、為心病、
為勞、為耳、又為耳痛、其于物也為弓輪、為豕、其子馬也為
美脊、為亟心、為下首、為薄蹄、為曳、其於輿也為多眚、為
通、其於木也為堅多心
離、南方之氣也、在五行屬火、為火、為日、為麗明、為繼明、為

電、為旱暵、為燥、為甲冑、為戈兵、其于人也為中女、為目、為
心、為大腹、為文彩、為礼、其于物也為雉、鱉、為蟹、為蠃、為蚌、為
龜、為蚕、為罟網、為陶冶、為烹飪、其為木也為科上
槁、
艮、東北方之氣也、在五行屬土、為山、為止、為石、為坡坂、為
徑路、為門闕、為閽寺、為苑囿、為終始、為山陵、其于人也為
少男、為鼻、為手、為指、為脾、為信、為高大、其于物也為弓矢、
為虎兕、為狗、為鼠、為蛛蟻穴、為鼉、為菓、為果蓏、為黔喙之
屬、其于木也為堅多節、
兌、西方之氣也、在五行屬金、為澤、為星、為霜雪、為剛鹵、為

斤斧為撓搶、為毀折、為附決、其為人也、為少女、為美音容、為巫、為義、為説、為妾、為肺、為口舌、其於物也、為井、為臼、為粒食、為菓蓏、為羊、為角足之屬、

置即位太乙八卦行爻之年、陽爻三十六、陰爻二十四、遇閉囚掩迫格擊提挾之年、乃有革変興亡之事、陽九百六太陽陰主會於出入首尾之年、横暴篡弑之禍、必為人君祗畏天戒、修德施仁、延釋者有之、書云皇天無私、惟德是輔、欲知撥業之主、僭亂之人、以内外卦定之、以變象互體觀之、以納甲支干推之、大抵理不獨立、其勢必聚、然後變化、出為乾坤純陽純陰之體、亦曰三畫而成、始生六子、况

餘者乎、夫聚之時、將以作事、本為吉而凶悔吝相繼隨之、有興必有廢、理無獨立也、蓋天地之氣、不能不聚、不能不散、而復聚、而復散、変化無窮、聚則為物、散則復本、凡天地間形不形、見不見、於氣可以言有無、若執謂之無、從何而生、有雖復散、聚其本常存、如山之氣聚而興雲、雲還乎山、氣蒸則復興、水氣聚而為水、水泮乎水、其氣則復結、是故先王除害必絶其根、興利必養其源、非深達氣數聚散之理、何以能及此乎、古之興廢相須、治乱相維、存亡相代、有數存焉、自然之理也、興廢所起、觀於卦象、取之互爻、推以納甲、納甲者、甲爻東兵、在齊之分、乙爻東夷、丙

爻正南、吴楚係焉、丁為蠻夷及於海島、庚爻正西、秦分之野、辛爻梁益及於西戎、壬爻正北、燕冀之分、癸爻北狄、戊己中原豫州三河之地、取之姓名、卦象互觀、參以納甲、五音而决之、辰戌丑未戊己為中宮、申酉庚辛為商、寅卯甲乙為角、巳午丙丁為徵、亥子壬癸為羽、凡有変必有應、変於内者應乎外、変於外者應乎内、変於下者應乎上、変於上者應乎下、應変之道、陰陽之氣、以類相從、自然之理也

納甲法

乾納甲壬起子順行、　兌納丁起巳逆行、
離納己起卯逆行、　震納庚起子順行、
巽納辛起丑逆行、　坎納戊起寅順行、
艮納丙起辰順行、　坤納乙癸起未逆行、

右乾為首而終坤、天地奠位也、兌二在上附乾、艮七在下附坤、山澤通氣也、離炎上而不降、坎潤下而不升、水火不相射也、震四巽五両卦切近、雷風相傳也、十干始於甲乙、終於壬癸、乾納甲壬、坤納乙癸、包六子於其中、兌二當納丙、然兌陰而丙陽、艮者兌之配、小見也、故艮納丙、兌納丁、离三當納戊、然离陰而戊陽、坎者离之配、中男也、故坎納戊而離納己、震四以長男納庚、故巽五以長女納辛、今用此不廢其説、固有成理也、自八卦小成、又衍之為八為十

六為三十二則始於一終於八八六十四卦六爻備矣

明太乙行運次序術

經曰易有太極而生兩儀乾天之體也而運乎上坤地之質也而止乎下天地既判其氣未交而為否天地之氣既交而為泰此四卦為天地否泰之運也天地交泰之後而男女生焉乾一索而得男曰震震為長男坤一索而得女曰巽巽為長女長男長女而夫婦成為恒夫婦既交為益乾再索而得男曰坎坎為中男坤再索而得女曰離離為中女中男中女而夫婦成為既濟夫婦既交為未濟乾三索而得男曰艮艮為少男坤三索而得女曰兌兌為少女

少男少女而夫婦成為損夫婦既交為咸此十二卦為男女交親之運也天地判而男女生夫婦交而萬物成故男治世於先女理事於後男之治也從父之道為陽晶守政之運大壯至遁六卦係焉女之理也從母之道為陰毳權衡之運自觀至臨六卦攻取為坤陰也得陽首而生男乾陽也得陰化而成女男歸於母為資育還本之運自豫至謙六卦行焉女應其父為造化符天之運自小畜至履六卦用焉乾坤父母之道既息必有繼代代父者長男　從長男者中男少男也內外以陽剛為治故為剛中健至之運自解至順四卦統焉代母者長女也從長女者中女少女

也內外以陰柔而治故為群愚位賢之運自家人至大過四卦隨焉陰隨於陽君道順而夫道諧也故為德義順命之運自豐至困六卦通焉陰隨於陽君道逆而夫道惑也故為惑妬晉天之運自渙至賁六卦迁焉長男既息為男之窮也長女既息為女之終也中男少男以相博故為寡陽相搏之運自蹇至蒙二卦立焉寡陽相搏已終中女少女相會故為物極无終之運自睽至萃二卦命焉始於天地終於物極一十二運歷一萬一千五百二十年為數盈當是時也有非常之變權柄任於女主禍亂不可勝載得度者其唯聖人乎夫民之所負者數也不可須史去之是

以君臣相與議於朝師友相與議於野然後体數盈虛國可治也天地設位而易行乎其中乾坤毀則無以見易易不可見則乾坤或幾乎息矣是書千世之外代代奉而遵之聖人垂象可以國家之戒可禁而不可滅也所謂禁者防小人不可滅者未君子也作亂者小人也必得人君以治之又不可治者必求通敏忠賢而用之用治皆不能者盡其天之數也三才之道缺一不可循古以知今去小人而來君子數雖天定其利害奚知之及知數而知事者可為全術貫之為一然後可論治國治民之道故通天地人而曰儒如知此而不知彼知一而不知二焉足為學哉八卦統乾

健坤順震動巽入坎陷離麗艮止兌說此八卦之理也乾健坤順何也乾畫純奇為陽坤畫純偶為陰陽體圓而性動故剛陰体方而性靜故柔剛動而不息健也柔靜而有常順也震動巽入何也一陽在下二陰乘之非安於陰之下也夫子曰震起也起則動矣一陰在下二陽乘之非能起而與陽抗也夫子曰巽伏也伏則入矣坎陷離麗何也二陰位也一陽失位擠於二陰而不能出是以陷也一陰得位附於二陽而不能去是以麗也艮止兌說何也一陽在上二陰乘之其位正所以止也一陰在上二陽乘之其情得所以說也

明太乙在四維知其動靜術

經曰盜賊兵革以殘民害落臣僭乱以迫其國故數有吉凶法有禬禳必立帝王遊幸遷國以避其難也若其年太乙或天目在四維之鄉所迁必然若太乙天目不在四維之鄉所迁不然或太乙運行至於極爻遇掩迫挾提關格之歲亦必遷矣欲知所幸之方以卦象而定之変得乾為天河坎為險阻艮為山陵震為閑梁巽為林埜离為湖澤坤為大川兌為沮澤以内卦為所幸之地外卦為所往之方以納甲支干推其分野若太乙筭長和為順其遷則順不和筭逆所遷之地則逆也

明太乙行運入卦歷數之期術

經曰陽爻之數九陰爻之數六皆以四營而成一爻之數○若陰陽得位當倍數於所立之限若陰陽失位當以正數於所立之限仍視帝王即位之年入限之數以定遠近之期如太乙行五二爻為時之正旺歷数綿遠三六之爻為內極外極之限曆數短促初爻四爻五爻得位有應數長失位無應數短又以運命推之以知年限古法曰常以即位年支干加大義大陽陰主下為厄歲之期亦詳求行運極爻出入首尾之年及迫擊掩格關囚之歲的然應之陽九百六所到之限厄會灾変尤深又瞻候即位日傍雲氣

與日辰支干數計之以知其的年也嗚呼聖人輔相天地準繩陰陽刑治乱於未然筭成敗於未兆固有不易之數一定之期庸主守之賊臣犯之終不能促於已成之期亡於未衰之運或有已旺而更衰或得筭而不及者何哉夫聖人之治天下也如烹小鮮而不擾馭悪馬而不敢慢雖值數盈卦極陽九百六因迫之年禍乱之興不能促其數者有之或謂數可逃乎經曰天人有交勝之理治乱有可易之道堯舜不能使命之不单而能使洲之不乱爾夫太乙運乎天地之間行乎中平之限則為福盈極之限則為禍人君所以壽天下者知此而為寧世也後世聖人

淂以輔相之宜，非深達乎太乙之旨者，何以與此哉

明太乙数流年太歲直卦術

經曰：欲明太乙数流年太歲直卦者，置演上元甲子所求積年，以卦周六十四除之，不盡命乾為首，一数而行一卦，筭外即淂流年太歲所直之卦。欲知直事動爻，即視所求之年，陽辰命数陽爻自下而上，陰辰命数陰爻自上而下，即淂所求直事之爻也。卦者歲之事也，爻者歲之時也。欲明月内之事，以所淂之卦為前六月，所变之卦為後六月，則各上下半年之期也。命自動爻，即此為正月之期。陽爻之策三十有六，陰爻之策二十有四，將有餘而補不及，則一爻各筭三十而為一月之數也。九取動爻，自下而上請（謂之）也，升自上而下謂之降。升昔生也，降者消也。故陽生於下，陰降於上。天地為一氣，主一陽而言之，則自下而上謂之升，故升者生也；自上而下謂之降，故降者消也。以天地為二氣，分陰陽而言之，則自下而升者為陽主，故陽生於下；自上而降者為陰生，故陰生於上。陰陽相生，循環無端，此天地之所以無窮也。

子寅辰午申戌属陽年，命数陽爻自下而升，周而復始，不取陰爻，數至歲支而上，即為直事動爻也。丑卯巳未酉亥属陰年，命数陰爻自上而降，周而復始，数至歲支而止，即為直事動爻也，不取陽爻。如明十二月内之事，即自直事動爻通而用之，以周十二月之数也。仍陽生陰降，以明月内動爻所主。假令丙午年，置所求積年以卦周六十四除之外，不盡三十一数，即淂咸卦，為流年之卦也。

咸

一
一
一
一
一
一

欲知直事動爻，視流年丙午歲属於陽也，陽爻自下而升，當從九三爻為始，奇起子，子升至九五，即見寅，復從九三爻為始，又至九五，即見巳，又復自九三爻數午，即係丙午流年所淂之卦爻也。乃淂咸之年，以卦言其事，爻言其時。欲明月内之事，使自九三之爻為正月之子，九四之爻為二月之丑，九五之爻為三月之寅，上六之爻為四月之夘，初六之爻為五月之辰，九二之爻為六月之巳，至此則滿咸卦之周矣。次月变卦萃之六三之爻為七月之午，九四之爻為八月之未，九五之爻為九月之申，上六之爻為十月之酉，初六之爻為十一月之戌，九二之爻為十二月之亥，以終变卦之周，而為一年之事也。餘皆准此。唯二五淂中為上吉，初四爻次之，㞐内極外極之爻，以明卦象而言歲月休咎所主之事。

六十四卦次序

乾一 坤二 屯三 蒙四 需五 訟六 師七 比八 小畜九 履十 泰十一

否十二 同人十三 大有十四 謙十五 豫十六 隨十七 蠱十八 臨十九 觀二十 噬嗑二十一 賁二十二
剝二十三 復二十四 无妄二十五 大畜二十六 頤二十七 大過二十八 坎二十九 離三十 咸三十一 恒三十二 遁三十三
大壯三十四 晉三十五 明夷三十六 家人三十七 睽三十八 蹇三十九 解四十 損四十一 益四十二 夬四十三 姤四十四
萃四十五 升四十六 困四十七 井四十八 革四十九 鼎五十 震五十一 艮五十二 漸五十三 歸妹五十四 豐五十五
旅五十六 巽五十七 兌五十八 渙五十九 節六十 中孚六十一 遁六十二 既濟六十三 未濟六十四

明太乙歲本論建子為正術

太乙天道之運，常自子始，年月日時四計之數皆然，得十一月節氣，當作歲首，冬十月終氣，則為歲終，或有曆日十一月十二月，尚為今年何也？曰：曆日者，時王之正也。昔夏正建寅，商正建丑，周正建子，其來尚矣。今行夏時，故以寅為歲首，逐歲子丑月為今年。若行商時，則以丑為歲首；行周時，則以子為歲首。至秦以十月為歲首，漢興因之，則又自亥起一也。自漢武帝太初元年，初用夏正，一復其舊，傳襲至今，皆以建寅之月為歲首，此時王之正，人也，非天道也。若論天道，當自子為始終，故太乙自開闢上元甲子以來，歲始於子，終於亥，此天道自然之大運，古今不易之大理也。演紀推元，積之而大，易之而小，數無巨細，皆以子始，不自寅也。然又事或建丑，或建寅，或建亥，而天道輒為少變耶？當其建子，亦豈以人事而遂以子為始耶？蓋今夜子時遂為明日，今年子月遂為明年，故太乙歲月日時四計之

數立元，必自子始，事理明實，無可疑者也。
一天地否泰之運　乾　坤　否　泰
二男女交親之運　震巽恒益坎離既濟未濟艮兌損咸
三陽晶守政之運　大壯　无妄　需　訟　大畜　遁
四陰毳橫衡之運　觀　升　晉　明夷　萃　臨
五資育還本之運　豫　復　比　師　剝　謙
六造化符天之運　小畜　姤　同人　大有　夬　履
七剛中建制之運　解　屯　小過　頤
八群愚位賢之運　家人　鼎　中孚　大過
九德義順命之運　豐　噬嗑　歸妹　隨　節　困
十惑姤畱天之運　渙　升　漸　蠱　旅　賁
十一寡陽相搏之運　蹇　蒙
十二物極元終之運　睽　革

太乙統宗寶鑑卷第十二終

太乙統宗寶鑑卷之十三

明太乙統十二運卦象之術上

其一曰：天地否泰之運。夫易有太極，而生兩儀。乾，天之體也，而運乎上；坤，地之質也，而止乎下。天地既判，其氣未交，而為否；天地之氣既交，而為泰。故為天地否泰之運。始於乾，終於泰，四卦統七百二十年。卦體天地否泰之象焉。每卦之內，上九下六，有四五二六之災。當此之時，天下為為。至交運首尾之年月，行其運，寇兵盜相干，水旱相錯。日時行其運，遇乾卦偏陽，坤卦偏陰，否卦極交多旱，泰卦陰陽和，風雨時也。

乾　⚊ ⚊ ⚊ ⚊ ⚊ ⚊

經二百一十六年。象曰：天行健，君子以自強不息。太乙統乾之卦，人君此時寡欲勤政，以立天下久長之策。天以日運不息，其行也健，故日月星辰晝夜迭見，亘古今而為天者，常不息也。人君體天行道者，宜其自強也。不溺於聲色之娛，不驕於玉食之奉，毋惑乎左右便辟之習，毋厭乎經術骨鯁之親，所以為人君者當不息也。天德剛，故行健；君德剛，故自強。堯曰行其道，舜日慕其孝，禹思日孜孜，湯日新又日新，文王日昃不暇食，武王夙夜罔或不勤。太乙理之，其有用於天運之數也。臨照乾之六爻，皆備聖人之道。

太乙理之，蓋時有不同焉。初上非用事之位，初卑尚潛，上極為亢。太乙值此為無用，為變更。歲會掩迫關囚，陽九百六之年，災異如占。初卑之變為災害之尚輕，上極之變為災害之重。二五之交，居中得正，故為大人。太乙經之，嘉祥豐盛，而為天下治。二之在田，非其德不足於五，時見而見者也。五之在天，非其德有餘於二，時飛而飛者也。此時君臣因政太治。三內極多凶，四近多懼。太乙于理，為多難之時，數貴在和為安。遇掩迫關囚，格於占有變。

坤　⚋ ⚋ ⚋ ⚋ ⚋ ⚋

經一百四十四年。象曰：地勢坤，君子以厚德載物。太乙統

坤之卦，人君此時好善忘勢，有容天下之量也。地無不順，勢無有不下。人君仰則觀象於天，俯則觀法於地，居萬乘之尊，納匹夫之賤，恢恢乎無所不容，其勢坤也。豈有專指坤為人臣之象，無關於人君乎？人君之一身，動則為乾，靜則為坤，一身之間，乾坤備具。極天下萬物皆備於我，可不含德之厚，兼萬物而載之乎？大舜所以為大者，善與人同也。故曰於天之無不覆，於地之無不載。其或偏心褊量，忠言無以入，正諫不能容，變生肘腋而不知，禍起蕭牆而不悟，良由德薄而物非者有也。當此之時，可不畏哉，可不戒。坤之六爻，初居下卦之始，其陰由微，故有履霜之象。因

陰之始萌，太乙理之而滅其早辯也。是陽九百六閏格之年，如其占。四居上卦之初，其陰已盛，故有天地閉塞之象。因陰之盛，太乙理之而戒其謹守也。數貴於和，至於上六龍戰，太乙理之，其禍已不及矣。值閏因掩迫之年，故有傷。四之盛不在四而在初，上之戰不在上而在四，得坤之正者惟六二爻，故其德直方大。太乙所理，在其中道，無所用而不周，无所施而不利，以泰否之世也。太乙理六、三、六、五之爻，陰居陽位，為含章，為黃裳。數貴於和，而有瑞慶。理三之時，宜守政而晦其德；理五之時，行於中道，宜守中而居下。嗚呼，數之興廢，天道之常，惟是閏因掩迫為凶，又何較

元吉哉。

否 ䷋

經一百八十年。象曰：天地不交，否。君子以儉德避難，不可榮以祿。太乙統否之數，人君於此時，畏天脩德，不敢自安。天下之奉也，天下之奉即天之所以與君祿也。詩曰：宜民宜人，受祿于天。傳云：善治則福祿自來。今天雖然在上而不下濟，地隤然在下而不上承，二時閉塞之時，人君豈得不惧，以克健惟難之避，其可傲然自尊，安居於天下之奉，不以為過歟？成湯用此以罪己，宣王用此以側身，孔所謂減膳撤樂，皆不可榮以祿之意也。君子專指公卿大夫之祿言

之失，大象之旨矣。

否之六爻，內陰而外陽，此否之時，內柔而外剛，此閉之勢。內小人而外君子，此否之禍。太乙理之，美和無迫挾閏格，皆無有凶，以見國政無不可為之時也。人君處否，脩德貞守，納忠求祿，則不否矣。太乙理上三爻，否道將變，九五又為否之主，四之有命，否於是乎將忠矣。所以理上三爻之時，為易理；下三爻之時為初，則未得其位，小人拔茅而進。是閏因掩迫，陽九百六出入之年，如占，宜修德理政。六三之爻，群下用權之際，人君處否而能亨者，在乎包承。太乙理六三之爻，在下卦之上，以陰居陽，否道將變，歲會因迫

掩格，凶，變如占。

泰 ䷊

經一百八十年。象曰：天地交，泰。后以財成天地之道，輔相天地之宜，以佐右民。太乙統泰之卦，人君此時，保泰之治，以去天下之泰甚也。天氣下降，地氣上騰，二氣交而萬物通，謂之泰，即和樂之極也。天下未有不樂極而生悲者，於泰之道，能去其泰甚，則財成輔相，有不可已，所以保泰之治，以左右吾民也。天地之道由中而立，天地之宜由和而生，如此，居泰之時，所以保泰之治，无泰世之患矣。左不偏於左，右不偏於右，納天下之民，皆歸吾中和之極也。舜在

璇璣玉衡以齊七政命禹平水土稷播百穀臣作股肱左右有民則財成輔相之義也故舜受天下不以為泰設戒之喻泰之六爻內陽而外陰此泰之時內健而外順此泰之德內君子而外小人此泰之治太乙理之天地交通陰陽適平而為富貴泰和豐稔之時太乙理之初爻在乾言拔茅彙征則進賢於朝以明泰之由太乙理上爻言復隍命亂則王降為國以明泰之將變遇陽九百六掩迫為亡如占太乙理二五之爻行治中道內外相應此為君臣道泰之時國有禎祥二言其事以明處泰之道故言包荒光大得当尚於中行也五言其福以明保泰之主故言帰妹元吉中以行願也然盈極必衰天道之常理聖人于泰獨于三四爻言往復之义者豈待其既衰之後而圖之哉太乙理斯施德行政慎而謹之謂能守常安而不危者備之于未危能守常治而不亂者備之于未亂至于盈極城復于隍則無極矣

其二曰男女交親之運繼之以天地交泰之後天地交泰而男女生焉乾一索而得男曰震〻為長男坤一索而得女曰巽〻為長女長男長女而夫婦成為恒夫婦既交為益乾再索而得男曰坎〻為中男坤再索而得女曰離〻為中女中男中女而夫婦成為既濟夫婦既交而未濟乾三索而得男曰艮〻為少男坤三索而得女曰兌〻為少女少男少女而夫婦成為損夫婦既交為咸男女各帰其親故受之以男女交親之運始自震終于咸統一十二卦歷二千一百六十年卦体男女交親之象焉震巽為長男長女之成恒益為長男長女之合坎離為中男中女之成既濟未濟為中男中女之合艮兌為少男少女之成損咸為少男少女之合太乙行之雖忌凶害唯運度上九上六之際為甚焉歲月行其運遇內外極爻無應失位焉皆時遇之陰陽和而露均

震 ⚋ ⚋ ⚊ ⚋ ⚋ ⚊

經一百六十八年象曰洊雷震君子以恐懼修省太乙統震之卦人君此時畏天之威修人事保天下之時者也以震之威相繼而作驚遠懼邇洊雷震之象也豈不可畏哉人君生于深宮之中長于女子之手自不睹稼穡之艱難耳不聞閭里之愁嘆其心易以交其欲易以縱不知何為而恐懼何為而修省唯天之一字加乎人君之上庶乎天威為可畏人事為可勉也堯欽若昊天湯欽崇天道文王小心翼〻武王祇承上帝皆恐懼修省之意宣王雲漢之詩曰兢〻業〻如霆如雷然則畏天之威于時保之用震之象焉

震之六爻、太乙理之時、有驚懼之義、唯初爻獨得為吉者、在主震之位、又其剛也。二以陰居陰、太乙雖行中道、震而有喪、筭和無掩迫、守正懷懼、毋興徭役、為安、遇迫挾危失之咎。五以陰居陰、太乙行于中道、故其無喪、筭和為宜、修德守中應機、為得道、迫狹失德、有年危。太乙理六三之爻、陰居陽位、不中不正、其能居安、能遷善去惡、筭無迫挾、則無過矣。太乙理上六之爻、以陰居陰、当憂变之時、歲遇囚迫、妄動為凶、筭和時用為貴、索索乃消、索之時矍矍、乃不安之象。太乙理九四之爻、以陽居陰、又陷于四陰之中、遇迫狹關格、失德為凶、变為妖孽。

巽 ䷸

經一百九十二年、象曰隨風巽、君子以申命行事、太乙統巽之卦、人君此時、嚴號令之發、示天下之必行也。巽為風、上下皆巽、上之風行、下之靡、有隨風巽之象、人君于發號施令之際、必三令五申、如上下之風相繼而起、使天下亦如草偃、國有不隨、則令出惟行、弗惟反矣、天下之事、不為則已、為則必行、無朝令夕改之聚、無甲可乙否之疑、如先甲三日後甲三日、創命令于其前、非不明也、先庚三日後庚三日、申命令于其後、非不嚴也、賞一人則千萬人勸、罰一人則千萬人懼、信賞必罰、無不行之事也。皋陶矢厥謨于初、禹成厥功于中、帝舜又申之于終、然後又命敷于四海、賢者任之而毋貳、邪者去之而勿疑、疑謀勿成、百志惟熙、至于四方風動、隨風之象彰矣。

巽之六爻、太乙理之、惟二五行其中道、為豐和之世、皆得貞吉、其理初之于四也、初則過于卑弱而有疑、四則陷于剛強而有悔、是時也、治亂相間、筭和無因迫為順、否則為迷。於当太乙理三之与上也、処二侍之極、位值關囚掩迫格對之年、而有凶咎、於凶其三也、剛不能弱、其上也尊不能卑、皆有凶、陽九百六出入首尾之年、凶咎愈深、上爻為重。

恒 ䷟

經一百八十年、象曰雷風恒、君子以立不易方、太乙統恒之卦、人君此時、守恒不变、立天下之大經也、動萬物者莫疾乎雷、撓萬物者莫疾乎風、風雷二物、貴乎有恒、雷不恒則雷之威輂矣、風不恒則風之力窮矣、迅雷烈風必变、為非恒也、人君一動一靜、四方之所觀聽、於風雷之於萬物、雷可恒動而震之乎、風可恒撓而散之乎、雷風次時而有恒、人君体道而守恒、立為天下之經者、於東西南北之不可易也、故曰立不易方、古者謂天不变道亦不变、禹繼舜、舜繼堯、三聖相授而守一道、于恒之象見之矣。

恒之六爻太乙理之唯二五行于中道雖失位而悔亡得言者以其在中也太乙得位而不中不若中而失位者也唯利箕和其理初爻之時陰微柔晴有凶恒之為卦曰利貞者待守也曰利往者変通也有一定而不易者安能常久哉值囚迫之年兵饑凶喪於呂太乙理二三之爻雖得位而反有不恒其德之羞者以其居下体之上臨將変之時過中長得羞吝生焉值掩迫為殃於呂太乙理於四之爻箕和安居立世而無損益理上六之時位極躁動安與徭役囚迫之年期應凶変陽九百六出入首尾之年尤凶

益

一
一
--
--
--
一

经一百八十年象曰風雷益君子以見善則迁有過則改

太乙统益之卦人君当此之時至季日益思以益天下之民也風之威得雷而益彰雷之聲得風而益遠有益之象風之入物也為甚速有見善速迁之象雷之收声也能自反有改過反己之象人君學以自益者無他迁善改過思以益天下也舜聞一善言見一善行若决江河沛然莫之能禦舜非無善也其迁善之速如此舜季求益也以成湯之聖得仲虺之美以美臣輔圣君不稱其無過而稱其改過成湯非有過也其改過自反如此湯季求益也雖然求學日進為道日損唯能懲忿窒欲自損于前然後迁善改過致益于後損益二卦相為用也聖矣哉益之六爻太乙理之惟二五行于中道得其中正皆吉五乃施益之時二乃受益之時得中得正箕無囚迫慶莫大焉太乙理初爻之時為益之主自外来而益内之時也雖其位在下遇箕和故為大作而元吉其理四也為依迁國之時邑民不安其居則迁順而不動為利所依者益之時也於呂太乙理三上九之爻臨二体之上以盛滿為戒益之不已為桶遇迫挟関囚則盈滿至焉三在下体之上而猶果又居多凶之地時臨患难非常之節故用凶事無咎者極時难急求民

凶患不自肆驕溢之思患亡矣至于上極之時求益不知止滿而不知足得而不知厭時于悪盈之戒立心勿恒有不凶之世者鮮矣箕遇迫挟陽九百六而為損期至矣哉

坎

--
一
--
--
一
--

经一百六十八年象曰水洊至習坎君子以常德行習教事

太乙统坎之卦人君此時不以平居忘險无事廢武所以教天下士有常也坎為水上下相継洊至習熟之象坎在於八卦中獨加習之一字何也唯水可以習熟習則知險之世為戒雖遇險而不変臨險而能應矣人君常德行不以平居患險也習教事不以無事廢武也平居不忘險

此以遇險而不變、無事不廢武、此以臨險而能應矣、宣王有常德以立武事、故能內修政事、外攘夷狄、復文王之境土、修車馬、備器械、復會諸侯于東都、因畋獵而選車徒焉、習坎之君、宣王以之、

坎之六爻、太乙理之、為吉道存有三、為凶道有三、理初之爻也、處不當位、入于坎陷、理三也、進退皆險、來之坎坎、理上也、居險之極、三歲不得、一爻凶于一爻、是進而入險之時也、遇困迫有凶變於占、上爻尤甚、太乙理九二之爻也、行于中道、小有得、理四也、得其位、終无咎、理五也、行中道、祇既平、无咎、一爻吉于一爻、是進而出險之時也、箕和為安、

離 ⚊⚋⚊⚊⚋⚊

经一百九十二年、象曰明两作、離、大人以继明照于四方、太乙统離之卦、人君此時、明德相继不息、此以照知天下無壅蔽也、上下皆離、以火继火、明两作也、作有兵起之象、也、聖人作而萬物覩、真人作而天下同、明两作、乃是绝句、若曰作離非也、如天地交則為泰、不交則為否、若曰交泰非也、自乾至未濟、大象义皆類此、其為卦或一字或二字自成一句、人君体離继照、如舜之重華、則明于庶物、察于人倫、武王之重光、則奄有天下、斤斤其明、当是時、未闻壅蔽之為患也、明四目者、舜無不見之物、明作哲者、武王无不知之人、其照四方也遠矣、故曰視遠惟明、

離之六爻、在時則初爻為吉、二爻處中、三爻在昃、其理四也為吉、五亦中、以是以見太乙理重明之义、其理初爻、時歳会、箕和、治若敬慎、法無安施為安居无咎之世、理六二之爻、太乙行于中道、当文明中正之世、元吉大治豊盛時也、九三之爻、日昃将傾、值陽九百六為凶變於占、理九四之爻、暴虐逆德之世、遇擊掩迫為凶、理六五之爻、太乙在中道、守文明之世也、惟在下有四之焚凌、在上有六之征伐、能憂戚慎惧為吉者、得中而箕和也、太乙理上九之爻、当剛明除悪之時、箕和将發、以伐不義、威加海内、得嘉

泰之治、陽九百六掩迫之年、有凶、修德寬宥以應天变、

既濟 ⚋⚊⚋⚊⚋⚊

经一百八十年、象曰水在火上、既濟、君子以思患而預防之、太乙统既濟之卦、人君此時、安不忘危、存不忘亡、治不忘乱、此以与天下同患而為倫也、離為火於下、坎為水于上、二者相濟為用、有既濟之象、然水之性必下、火之性必上、火上而水下則為未濟、于既濟而知未濟、則于安之中為危之倫、于存之中為亡之倫、于治之中為乱之倫、此思患預防之明、貴乎有先見之識也、孔子曰、人无遠慮、必有近憂、堯舜不以得天下為樂而以得天下為憂、非思患而

預防之乎、若乃患至而後懼、寇至而後備、噬臍而無及矣、
詩曰迨天之未陰雨、徹彼桑土、綢繆牖戶、可與言既濟之
象、既濟六爻、太乙理之、雖皆得位而為不吉者、蓋欲以明
盛極將衰之意、太乙理既濟之初、時雖陰而未忘陰、輪尚
曳而未前、尾尚濡而未進、斯時也、慎而戒謹、嚴其輕慢、肆
其思之態、美和為安、乃得无咎、其理六二之爻、雖喪其所
盛、而復得之者、太乙守中道也、太乙理於三之爻、治將變
而為亂、安將變而為危、雖將殊、太極之攻伐、憊亦甚矣、門
具於交閏、因有凶、太乙理四之時、衰證已成、故繻有衣袽
之象、初吉終亂、待治之限、過掩迫凶、太乙理於五之爻、時

盛而已衰、雖居中道、至于極矣、会陽九百六首尾之年、然
後善咎道亦如之、体易言時者也、其理上六之爻、迫狹位
極、危亡將至、其能久哉、

未濟 一 -- 一 -- 一 --

經一百八十年、象曰火在水上、未濟、君子以辨物居方、太
乙統未濟之卦、人君此時、別天下之邪正、使不失其位、庶
幾治平指于未濟終于濟也、当既濟則有未濟預防之患、今未
濟為卦、反為既濟、坎水在下、離火在上、二者不相為用、以
六爻觀之、三陽皆居陰位、九二九四上九是也、三陰皆居
陽位、初六六三六五是也、陰陽各失其位、則天下之邪正

雜矣、所以為未濟、欲其既濟而為用、必謹於辨物、各居其
方、使陽物得居其陽位、陰物得居其陰位、則坎水升于上、
離火降于下、二者相為用、則未濟終於濟也、未之一字有
得而然、八元八凱、舜則帝之、使居於內、辨陽物以居其方、
舜有大功二十、舉十六相、去四凶也、地之未平而終于平、
天之未成而終于成、六府之事之未治而終于治、故未濟
而終于濟也、二卦相為倚伏、有生生不窮之理、夫是之謂
易、八君体之、
未濟六爻、太乙理初爻之時、居陰而在險下、関因之歲、專
之多憂、如占理九二之爻、太乙行於中道、時當未濟、當又陷

二陰、陽道不升、有曳輪之象、其得吉者、太乙在中故也、太
乙理六三之爻、不得位而居坎險內極之上、其歲迫使之
歲、水患凶殃、如占太乙理九四之爻、未濟過中出于險外、
得治之限、早衰治亂、震伐有功、理六五之爻、太乙行于中
道、未濟大通、文明光盛、三才美和、德輝日新、太乙理上九
之爻、為外極處、非其位、不可用有為、美和固守、需然為安、忌
掩迫之歲、惡首尾之年、旱災飛蝗、兵戈變異、皆如其占、

艮 一 -- -- 一 -- --

經一百六十八年、象曰兼山艮、君子以思不出其位、太乙
統艮之卦、人君此時、專守論相之職、不兼臣下之事、使天

下各得其正也。上下皆艮，有兼山之象。艮，止也，各止其所，有不可兼之義也。故為君必止於仁，為臣必止於忠，為父必止於慈，為子必止於孝，各止其所之義也。書曰：安汝止。詩曰：夙夜敬止。人君能知所止，則志無不寧，學無不專，道無不進，天下之事莫不以身兼之，而天下之事畢矣。观舜之命禹，不以命稷；命夔，不以命龍；命皋陶，不以命伯夷。舜亦不以衆職自兼，恭己無為，正南面而已。若人主不安所止，自以聰明過於臣下，兼行將相之事，失為君之体，情不相通，上下不應，當此之際，禍豈小哉。艮之六爻，太乙理初爻之时，建功立德，若居柔在下，美和之年，治政守常，國得寧謐之利。因迫等凶变如占。理六二之爻，太乙行于中道，继居得中，守正無援，失依靈虛，進退美和。如安掩迫為感，如占。理九三之爻，以剛居躬，臨六体之上，動静治亂不能以时，因格文年，卑庶女與太乙理六四之爻，民居得位而安。理六五之爻，太乙行于中道，當偏摩中正之世，國邦安裕。太乙理上九之爻，位極篤實，守終無易，得仁厚之風，安和泰治之时。惟忌陽九百大掩迫之年，災變如占。

兌 ䷹

經一百九十二年，象曰：麗澤，兌。君子以朋友講習。太乙统

兌之卦，人君此時樂從經術之士，講明天下有用之學。兌為澤，說也。上下皆兌，潤說萬物而有盛麗之象。上說以撫下，下說以告上，君臣之間以分則嚴，以道則親，謂之德友。言講習道義相為樂也。說於聲色，極必有害；說於道義，久而彌益。以堯舜禹湯之聖，皆說於習。堯學於君疇，舜學於務成昭，禹學於西王國，湯學於成子伯，至傳說告於高宗，曰：王人求多聞，惟時建事，學於古訓，乃有獲，事不師古，以克永世，匪說攸聞。是知君臣有朋友之習，不亦說乎。兌之六爻，太乙理之，取說淺深為朋。其理初爻也，得和為吉，說得其宜之時者也。說而得正，寧有不吉之世哉。太乙理九二之爻，行於中道，說而有孚之時，故安吉。為太乙理六三之爻，失位无應，說非以道之時，說而不已，有凶隨之，在迫挾之年。理九四之爻，處非其位，者憂患過傷之時，得喪未擊，善商度守正之君，福慶隨之，美長和吉，美短掩迫為凶。太乙理九五之爻，行于中道，君尊得位，說善之時也，其言孚於剝者，說道將消，故說有厲之戒，樂極則憂生，喜盡則悲至，乃有厲也。太乙理上六之爻，位極無應，曰引兌，以其居上而為說之倡也。說非所以為倡也，利隨者，故未光。太乙理說之始終，則知說非治之正，而固貴正矣。忌關囚掩迫出入首尾之年，而凶变如占。

損 ⚊ ⚋ ⚋ ⚋ ⚊ ⚊

經一百八十年、象曰、山下有澤、損、君子以懲忿窒欲、太乙統損之卦、人君当此時、为道自損、深慎乎損天下之民也、艮为山、兌为澤、山下有澤、山之土日已削矣、有損下之象、人君观此象、以自損、不以損民、艮止也、兌說也、將以懲忿、必有以說之、將以窒欲、必有以止之、人君以禮說心、忿自懲矣、以禮制心、欲自窒矣、於一人为損、於天下为益、何哉、懲忿則無爭、天下無征戰之苦、窒欲則无貪、天下无侵漁之患、豈不为天下益哉、其若不能懲忿窒欲、疲兵劳民、殆无寧歲、損天下以供忿欲之私也、惡知苗民逆命、舜乃誕敷文德以來之、唯恐忿之不懲、成湯不邇聲色、不殖貨利、惟恐欲之不窒、舜湯自損而天下不受其損、太乙理此之時、不能自損而天下皆受其損也、損之一字、雇所用何如哉、人君可不慮欤、

損之六爻、損有餘、補不足、太乙理之、隨時有所宜爾、太乙理初爻、居陽位、有應、美和、損而无咎、安寧之世、理九二之爻、太乙行于中道、陰陽相應、治利於止、而得勿損益之時、美和乃有嘉祥、理六三之爻、內極、天地易位、絪縕生物、其時損有餘而補不足、美和为安、不和則有悖乱灾害如右、理六四之爻、損時有應、美和喜利邦國、太乙理六五之爻、

行于中道、君臣贊輔、福佑元吉、豐和之豐、限其理上也、損極及極当反、施恩惠澤、利有攸往、三才算和為吉、迫掩之年、脩德释損極之禍、陽九百六厄之年、有凶如右、

咸 ⚋ ⚊ ⚊ ⚊ ⚋ ⚋

经一百八十年、象曰、山上有澤、咸、君子以虛受人、太乙统咸之卦、人君当此、降高升卑、虛怀无我、使天下之人皆得而受也、艮為山、居下、兑為澤、居上、山高而降、澤卑而升、山澤通氣、有咸感之象、人君所以感天下之心者、何容心哉、亦降高而升卑、示其无我也、天下感人君之无我、莫不相率而帰之、其帰之不穷、而受之亦不穷、如山澤之通氣、感應以相与、可得而穷乎、山何容心于受澤、人君亦何容心于受人、舜受天下不以為泰、非容心也、唯其无心、故能舍己從人、樂取于人以為善也、谷以虛能應、鑑以虛能明、人君以虛能受、皆不期然而然、咸之山澤通氣、謂之感應相與、不期然而然也、咸之六爻、天氣下降、地氣上升、感應而相与正也、太乙理天之时為得道、天下不患其不亨、惟患乎不正、咸亨利貞之世、君之所册必淑后、君之所任必忠臣、君之所進必善士、固无不治、民无不豐、太乙理初爻之时、居陰、氣微正靜之際、省方修治、算和為得道、不和為失道、遇掩迫格对之年、灾傷愈深、太乙理六二之爻、以陰居陰、

雖行中道在艮止之時，惟正箕和守治為安，箕值迫挾，有喪失之禍。太乙理九三之爻，臨内極之世，箕遇掩迫格對之年為凶，陽箕和治平，以消危止。太乙理九四之爻，箕和為泰，守正毋偏，可以致吉。太乙理九五之爻，行乎中道，數思得之时，爾為安和之限。太乙理上六之爻，為極為亂口舌極言之世，遇迫挾掩擊，陽九百六相會之年，為喪亂致凶矣。

其三曰陽晶守政之運，继之以男女交親之後，天地判而男女生，夫婦交而萬物咸，男治世于先，女理事于後，男之治世，從父之道，故為陽晶守政之運。自大壯至遁，統六卦，

歷一千一百五十二年，卦体陽晶守政之象，為此運。大壯女妄，長男從父，需訟中男從父，大畜與遁少男從父也。以卦太乙行其運，在年月則天多亢極，少雨津之降，五穀焦枯，熒惑晝見，旱風。飛口舌，繁亂火灾，為叔日時行其運，多陽少陰，虽太乙行至陰陽相應，也有妄動之咎。理三九之年，内極亦陽居陽，故為觸藩而羸其角，格對掩迫之年而有凶変。太乙理上六之爻，則為壯極而有觸藩之象，遇關囚掩迫格對之年而有凶変，名如其占，更遇陽九百六，禍乱尤深，箕和則灾患浅矣，仍宜修德。太乙理九二之爻，行乎中道，以陽居陰而得中也。太乙理九四之爻，陽居陰

位，能以難而應吉，貞吉悔亡。太乙理六五之爻，居尊得中而無悔，以陰居陽者也。由此觀之，人君值斯，其所悔者也哉。其或用壯，則有凶咎之禍矣。

大壯 ⚋ ⚋ ⚊ ⚊ ⚊ ⚊

經一百九十二年。象曰：雷在天上，大壯，君子以非禮弗履。太乙统大壯之卦，人君當此之時，知剛壯之為戒，率民以中，使天下無非禮之犯。陽為大，陰為小，四陽剛盛而動，故有大壯之象。壯者動於禮則吉，動於非禮則凶。人君其尊如天，其威如雷，其势剛以壯，一或妄動，非禮也。况天下至愚而不知禮，特其剛壯，則强暴侵凌之風，孰得而制之。當

緣情制禮，湯以禮制心，文王化行，無思犯禮，武王動以禮逕，成王周公以禮五禮防萬民之偽。古者人君未有不謹於禮，所以制其剛壯而率民以中也，可不慎歟。

大壯六爻，太為陽，小為陰，陽盛故也，以其陽盛，故六爻皆以盛為忌。太乙理初爻之時，以陽故有壯於趾而征凶，更箕数不和而遇遁挾，人君動以人欲，則妄矣。人君以天之尊，行雷之威，一或妄動，物皆被害，以茂對時者，茂猶盛也，對猶答也，不先時而妄動也。東作南訛而成朔易，析因夷隩，各順其所宜，鳥獸草木，各遂其所養。孟春則禁止伐木，毋覆巢，毋殺孩蟲。仲春則無作大事，以妨農事，毋竭川澤，

毋漉陂池毋焚山林季春則周視原野修利隄防毋有障
塞政獵罝罘羅畢翳餧獸之藥毋出九門以夏至秋冬亦
各有禁深戒乎先時之妄動也聖人所以成天下之大順
輔萬物自然者以此之時也

無妄 ⚊⚊⚊⚋⚋⚊

經一百九十二年象曰天下雷行物與无妄先王以茂
對時育萬物太乙統无妄之卦人君此時不敢先將妄動
循天下萬物自然之理也乾為天居上震為雷在下雷動
以天也雷以天行物不厭其行雷動則物與之俱動與其
不妄動也雷非妄動物非妄物皆天理之自然也動以大

則無妄亦多旱少雨澤也无妄六爻元亨利貞太乙理二
六九五之時也行於中道得正康泰之時其匪正有眚者
太乙理內外之卦上下極爻皆值災而不能免數極之時
不幸而生災也關囚掩迫格對之年各如其占值陽九百
六出入首尾其年凶太乙理初九九四之爻國政靜處不
以妄動為殃更遇筭和寧謐守清不和關囚掩迫之年四
民失業無飢喪亂凡太乙理無妄之時君國皆以妄動為
戒

需 ⚋⚊⚋⚊⚊⚊

經一百九十二年象曰雲上於天需君子以飲食宴樂太
乙統需之卦人君此時優游以養天下之氣非謂以飲食
宴樂其一身也雲方上於天則雨可得而至也故有需之
象人君設考校以養天下之士勸耕桑以養天下之民修
軍儲以養天下之兵豐廩祿以養天下之吏使之優游自
得宴樂其心志可以養天下之氣非一朝一夕之所能至
也觀鹿鳴之燕嘉賓棠棣之燕兄弟伐木之燕朋友故舊
湛露之燕有功諸侯皆以飲食相與宴樂非獨樂其身也
不然有酒如池有餚如山極九州之美味為一人之私享
未見其為樂也茲樂也祇所以為國之凶禍也歟
需之六爻太乙理九五之爻行于中道得中正豊稔盛泰

之世太乙理初九九二九三之爻當憂患之時以涉難遠
近為言唯利筭和凶值關囚掩對格之年而生災異太
乙理六四之爻陰陽災眈之時筭和為宜得和而為順矣
大忌關囚格對掩迫之年各隨所占太乙理上六之爻位
極多凶忌陽九百六關囚迫挾格對之歲隨占而生變異
也

訟 ⚊⚊⚊⚋⚊⚋

經一百九十二年象曰天與水違行訟君子以作事謀始
太乙統訟之卦人君此時先事而慮哉天下之無訟也天
行西水行東二者相違有訟之象人君知天下之訟皆起

於相違故其教為父子必親、為兄必友、為弟必恭、各使知其教之所自立、有不可違者存焉、至于臨財不敢茍得、臨難不敢茍免、恨无求勝、忿毋求多、此皆謀之未萌也、聖人又慮其教之或違、不得已也而惧之以刑、刑期于无刑、非樂於用刑也、故王者之法、如江河之易避、各使知其刑之所自設、亦有不可違者存焉、於相違之象而有不可違者之戒、豈拂天下之心哉、天與水相違、勢也、天順行於西、水順行於東、理也、人君作為教刑、不以勢而以理、使下知理之所在、依訟之有哉、无不安居也、訟之六爻、天陽上升、水性下流、二体相違、訟之相也、上剛下險、外健內險而遇襲、訟之所由成也、太乙理此六爻之時、為紛紜爭競之世、夫能訟必剛強也、唯二五之爻、太乙行於中道、則獲吉而無眚、以无禍為福之世、餘爻皆以禍亂、惟宜笑和、值閏因掩迫格對之年、如占有此上九之爻尤甚、人君覩初之吉、而中以歸逋僅免訟、其可終哉、故終而得服、猶不為得、聖人之戒嚴矣、

大畜

一
--
--
一
一
--

經一百九十二年、象曰天在山中、大畜、君子以多識前言往行以畜其德、太乙統大畜之卦、人君此時好古博學、將以畜天下盛德之事也、艮為山居上、乾為天居下、以所畜者天也、豈不大哉、或謂山中安得有天、特虛象耳、聖人設卦、觀象必有是象、然後有是卦、山中惡得為无天、天之蒼蒼、豈正色也耶、凡空洞无物者、強明名之為天也、一身之中謂之性天、指其空洞无物者言之、然則山中之空洞而无窮者、不謂之天可乎、人君体艮之篤實、乾之剛健、空洞其中、无所不納、凡前言往行、可以為盛德事者、兼收而並敵、蓄者大矣、故曰剛健篤實輝光日新其德、古之王人求多聞、惟建事考古之訓、乃有獲、傳說以告高宗得之矣、大畜六爻、以艮畜乾、在時取其止養之義、太乙理初九之爻、有厲而利已、理九二之爻、雖在中道、說輻而无尤、初與四應、二與五應、上爻上宗也、畜也、唯利笑和為宜、不和皆如其占矣、太乙理六四之爻、童牛而有喜、理六五之爻、行于中道、猶豕而有慶、此二者下而畜二剛之進也、笑和為太治之時、太乙理上九與九五之極爻、艮馬上逐升于天衢、畜道於此散矣、虽閏因掩迫對格陽九百六之年、突變如占、然天下之德、莫健於乾、豈艮所能畜哉、覩艮以二陰畜乾三陽、初不見其為難、果何道而然歟、數之然、時之也、此其所以為大畜、蓋天下之道、以勇服勇者、必以鬪敗、以剛制強者、必以爭竭、方且竭於爭而敗於鬪、豨畜乎何有、

哉此畜剛之故以必貴於柔也太乙理斯人君体此而治
以利天下萬善也

遯 一 一 一 一 -- --

经一百九十二年象曰天下有山遯君子以遠小人不惡而嚴太乙统遯之卦人君此時知二陰之浸長故以遠天下之小人不可得而犯也艮為山乾為天山勢雖高天尊在上可得而凌乎二陰雖長四陽在上陰可得而剥乎此小人有可遠之理君子有不惡之嚴施其威於不暴用其術於罔窺正其在我待其在我彼使小人望其尊嚴終不可犯亦将自遯去如山之不可凌天天亦不惡其為山也小人不可以犯君子君子亦無惡乎小人也然人君与天同尊其嚴自存尭仁於天其知如神雖有四凶留以待舜尭亦垂衣拱手恭己正南面而已四罪而天下咸服不失為仁君之嚴夫何惡之有人君臨此之時体而用之焉遯之六爻陰長陽消之時当遯之時皆貴乎遠故外卦皆吉太乙理初爻之時初之尾而未能先数貴于和因迫閼格各以其占太乙理六二之爻行于中道而有應乾之用黄牛之革而處有遯之世黄中色也牛順物也革則厚且堅也中則不己順則不嗷其厚且堅不輕不躁固有是德安大固焉至日閉関商旅不行后不省方太乙理九三之爻三之係而未能禍遠可避而不能避時也忌閼因掩迫陽九百六之年而有凶变各随其占太乙理九四之爻居有應之世数貴在和安泰太乙理九五之爻行于中道上下相應君臣道合嘉美豐盛之世太乙理上九之爻雖居極位肥遯之世而無凶唯数貴乎和耳忌閼因迫掩撃格之年有凶

其四曰陰羲權衡之運継之以陽晶守政之後女子之治也滛毋之道故曰為陰羲權衡之運自观至臨统六卦歷一千单八年卦体陰羲權衡之象焉此運观与升長女滛毋晉与明夷中女滛毋萃与臨少女滛毋六卦太乙行其運年月至此則人主失国忌水火太陰晝見烏雞夜啼陰毒見怪倚輔灵祠日時行其運多陰而少陽雖行至陰陽相應処亦多風雨而少晴明也

观 一 一 -- -- -- --

经一百六十八年象曰風行地上观先王以省方观民設教太乙统观之卦人君此時察天下之休戚而施於民之時也巽居上為風坤居下為地風行地上而萬物鼓舞人皆得而見之故有观之象二陽居尊四陰在下又有衆仰之象巽風號令在上坤衆仰观於下人君其可邀然高拱九重而不問知萬里之情哉君諭一相〻〻諭緫使〻〻諭緫

宗之論統令，所以省察郡国之幽隱，觀覽風俗之厚薄，民憂亦憂，民喜亦喜，强者和之，弱者扶之，善者劝之，不善者懲之。此觀物設教之時也。古者五載一巡狩，邸后四朝，敷奏以言，明試以功，傳之萬世，為可觀也。名乃望之不似人君，就之而不見所畏焉，民何觀之？故人君審此而用之，則国政无不嘉美矣。

觀之六爻，陰長陽消之卦，然圣人不言消長而取中正以觀天下之順於此，足見其抑陰之意矣。太乙理初爻之時，吉凶相混，數貴以和，不和格对閛迫，各随其占。太乙理六二之爻，雖行中道，算和為安，不和反為醜，各随其所占而值災变。太乙理六三六四之爻，乃為安和之限，其理九五之爻，太乙行於中道，居正得位，四海化服，太乙理上九之爻，雖居極位而有慮，數貴在和為治安，唯忌陽九百六出入首尾之年而有凶变。

升

——

— —

— —

——

——

— —

经一百六十八年，象曰：地中生木，升。君子順德，積小以高大。太乙統升之卦，人君此時，積善不已，所以有天下，富貴猶未盡其高且大也。木方生於地中，始於毫末，終於合抱，積而升也。終日助苗之長，升可得乎？旦旦而伐之，牛羊又從而牧之，升可得乎？人君巽順其德，積而不已，自然善積而名顯，德彰而身尊，富有四海，富而不驕，貴為天子，貴而不舒，位升三王之上，名升五帝之前，升以德也。其若自以為德，功高五帝，其言愈高，其德愈下，非順以積也。湯以七十里，文王以百里，前為少康，亦以一旅之衆，皆謂之積德而後興。人君值此之時，豈得不積善以行順德哉？

升之六爻，亦以象而得名也。木生地中，自下而上，故謂之升。太乙理初爻之時，為升之主，為允升之世，㝢和有嘉祥之兆。太乙理九二之爻，行於中道，以剛居中，豐和道泰之世。太乙理九三之爻，六四得位之限，邦国安和。理六五之爻，太乙行於中道，以柔居尊，吴目輔政，慶瑞嘉祥之世。太乙

理上六之爻，升而位極，而有凶变，遇陽九百六掩迫之年，各随其占，修德政，行思宥以釋之。

晋

——

— —

——

— —

— —

— —

经一百六十八年，象曰：明出地上，晋。君子以自昭明德。太乙統晋之卦，人君興時，示天下皆知圣德之清明，不可欺也。離為火，為日，為電，皆明物也。今出乎地，二明不可掩。人君内以照臨百官，外以鑒觀四方，如日月之顯，示萬物。人君好用明之道，充照以百官，昭以示百官，使百官戒惧，而无龻弛之職；昭以示四方，使四方觀瞻，而無壅蔽之暗。皆自上以示下，有不可欺之意。否則，百官欺于内，四方欺於

外一人疑於上、百姓惑於下、豈不為可慎哉、文王光於四方、顯於西土、使大邦畏其力、小邦懷其德、庶邦享作兄弟、方未就用明德、非以其昭昭使人昭昭者乎、

晉之六爻、明出地上、為平旦升地之象、晉者、進也、太乙理初爻之時、位卑柔弱之世、筭和為安、忌囚迫水占、太乙理六二之爻、雖行中道、失應悲愁之世、遇陽九百六關格之年而有凶喪、太乙理六三之爻、雖極陰陽相應、衆允安和之限、太乙理九四之爻、在多懼之世、數貴在和、忌關囚掩迫之年、各水其占、太乙理六五之爻、行於中道、得君子位之正、国殷太治、民優豐泰之限、太乙理上九之爻、位極之限、遇關囚陽九百六出入首尾之年、凶變如占、

明夷 -- -- -- — -- —

經一百六十八年、象曰、明入地中、明夷、君子以莅衆用晦而明、太乙統明夷之卦、人君此時、明德於內、柔晦於外、戒夫好察天下之失也、晉所以自昭明德者、非用明之過也、明夷所以晦而明者、戒用明之失也、其明則一、其為用不同、用於晉則文王之明顯、用於明夷則文王之明晦、譬之晝夜日月星辰、並隱迭見、其义深矣、書曰、昔在帝堯聰明文思、又曰、堯聞之聰明、將使嗣位、又曰、昔在文武聰明齊聖、至于作聰明、亂旧章、未嘗不深切以戒人主之用明也、

用之字、徽矣哉、

明夷六爻、明有所傷之象、曰入地中、晦明之時、太乙理初九六二之爻、為受傷之時、陽九百六關囚掩迫之年、有變如占、太乙理九三之爻、雖囚極居得其位、得治而南狩、筭和而有嘉喜、太乙理六四之爻、筭和為得道之世、安和無凶、太乙理六五之爻、明臣為暗君所傷、忌陽九百六關格掩迫之年而有深變、太乙理上六之爻、唯利筭和、忌格對掩擊災變如占、

萃 -- — — -- -- --

經一百六十八年、象曰、澤上於地、萃、君子以除戎器、戒不

虞、太乙統萃之卦、人君此時、防天下群聚之為非也、兌說也、兌為澤、又為口舌、坤順也、坤為地、又為衆、澤上於地、其潤澤萬物、蕃衍盛多、順說之時也、有萃之象、時方順說、物方蕃庶、國家狃於般樂怠傲、不知弓矢鞍馬之習、一旦倉卒、乘間投隙、聚而為非者、皆起於順、非而說、成於口舌嘯呼之間、其何以禦示之、人君觀此之象、除戎器、戒不虞於治也、戒、備也、如費誓一書、善敹乃甲冑、敿乃干、无敢不弔、備乃弓矢、鍛乃戈矛、礪乃鋒刃、無敢不善、孔子序之、以其治戎征討之備也、宣王浚會諸侯於東都、可謂萃聚之時、然而不廢車馬之修、器械之備、其防天下聚而為非者至

矣故白禁民為非義是斯时也萃之六爻澤上於地上説下順為萃聚之世太乙理初爻之時有應和平之限太乙理六二之爻行於中道得位有應清平盛泰理六三之爻內極笑和安居理九四之爻陰陽和四序應太乙理九五之爻得於中道居尊得位君臣同心四海殷萃寧謐之時太乙理上六之爻位極無應忌陽九百六閏囚出入首尾之年嶮[illegible]涕洟災变如占

臨

經一百六十八年象曰澤上有地臨君子以教思無窮容保民無疆太乙統臨之卦人君此时臨民使天下皆歸者

盛度之中不見其耕岸也坤順居之上兑説居之下夫君臣在上臨民如地之生萬物而不知其生成萬物而不識其成載華岳而不為之重振河海而不為洩其為至度也宏矣故其設教而化之則思使民宜之不倦由之而不知如舜之不窮其民是也容之則無一民非其臣也保之則無一民非其與也豈有胡越夷夏彼疆此界之分哉此人君處順於上如地之无不在百姓感説於下如澤之无不被地之臨澤君之臨民其象如此不然一切以暴察之威臨之則朝令夕改其变也可立而待未見其寧亦有不快已意而犁庭掃穴指長城以為之限保全以為之固未見

其無疆易之臨民也久矣哉大矣哉

臨之六爻二陽方長君子之道方盛之世故大正也太乙理此之時六爻皆吉惟六三之爻內極君非其位值陽九百六擁迫之年凶变如占古之聖人處臨之時凜凜如馭朽如履薄不安其安是以無危不樂其樂是以無憂上三爻君位臨民之道邦国大殷笑和之年有禎祥符瑞之慶臨則二陽長而四陰消觀則四陰長而四陽消聖人於陽之長而已慮其消值此之時深乎遠哉

其五曰資育还本之運繼之以陰氣權衡之後坤陰也得陽育而生男乾陽也得陰化而生女男歸子為母故有資育

还本之運自豫至謙六卦歷九百三十六年卦体資育还本之象為此運豫與復長男歸母比與師中男归母剥與謙少男归母六卦太乙行至其運寧月值此豊稔在前與師在後四夷朝服淂化清平日時行其運為豊和泰稔之限至剥讓之卦天氣多昏日月失色也

豫

經一百五十二年象曰雷出地奮豫先王以作樂崇德殷薦之上帝以配祖考太乙統豫之卦人君此時感召和氣事天説神所以享天下之樂也震在上坤在下有雷出地奮之象所以為豫者勢變斯起屈斯信晦斯光窒斯通矣

利防嗜欲之萌也、十有一月朔巡狩、先王省方、正其時也、今後不省方、時盈守成、繼其後也、省方有時而動、戒乎妄動之動也、雷動乃乘、未免勞衆、復非勞衆之時、君乃巽舟車、稅閭、架設官市、無時而不可、何閉關之為禁、巡天下、臨瀕海、幸四方、亦無時而不可、何省方之為戒、為人君臨此時、上順天道、下息民心、得數之大義深有旨哉、

復之六爻、陰極而陽復、以元之氣運轉流通、生生不息、此天地之心也、太乙理初爻、不遠之復、其為元吉、美和有慶、太乙理六二之爻、行於中限、為休復、時豐民康、其理六三之爻、居內極之上、美和遇囚迫掩格之年、有變、如占太乙

理六四之爻、有應、理六五之爻、行於中道、時安道泰之世、太乙理上六之爻、外極無應、喪失之限、值關囚迫挾之輩、有亂、如值陽九百六出入首尾之年、災變愈深、

比 ䷇

經一百五十六年、象曰、地上有水、比、先王以建萬國、親諸侯、太乙統比之卦、人君此時、合天下之心、使無間也、水在地上、水與地為一矣、今覆一杯之水、試之水不離乎地也、天下之心、豈有離人君者哉、先王所以廣建萬國、親比諸侯、如心膂之相連、手足之相應、吾親即汝之親、吾子即汝之子、天下一家、萬物一體、此地上有水、比、輔而無間也、周

封同姓、而以本枝強蕃屏、封建而以孤立亡、紂有億兆夷人、離心離德、天下古今之明驗也、豈特異事而然歟、古者封同姓、使不失比輔相親之義、雖離世可為之則也、

比之六爻、皆以無應為吉、有蓋此之時、貴乎私通、若取應而所比則狹矣、太乙理初爻之時、數貴於和、理六二之爻、太乙行於中限、君臣親比、八方寧謐、理六三之爻不和、囚迫之年、有變、如占太乙理六四之爻、美和為貴、而有禎祥、理九五之爻、太乙行於中道、居於尊位、君聖臣賢、八表受化、安泰之限、太乙理上六之爻、位極天下、非所相比附之時、值關囚迫掩、陽九百六首尾之年、災變如占、

師 ䷆

經一百五十六年、象曰、地中有水、師、君子以容民畜衆、太乙統師之卦、人君此時、當以禦寇、所以存天下民也、非殘民於鋒鏑之地、自為寇也、保之藏之、藏之如地中有水焉、水不可衝決、為患爾、故人君設兵、以為之防禦、其衝決之為患也、苟無衝決之患、則水由地中、行其自然、容之可也、畜之可也、豈有無病疾而加砭劑、樂於好戰殘民者哉、師之為卦、坤在上、坎在下、以坤上制坎水、豈不易為力乎、故曰智若禹之行水、行乎地中也、行其所無事、則智亦大矣、中國下與夷狄和親、所以含忍不輕於一戰、行其無事、務

在養民也若承富庶之餘窮兵黷武労兵動衆殘無寧歲末年海內虛耗戶口減半至下哀痛之詔晚矣哉

師之六爻坤為衆坎為剛中以五柔而順一剛有師衆之象五柔偶立五人為位五旅為師也太乙理初爻謹律以始善則為吉不善有凶唯利箕和之年為善迫挾關格動如其占太乙理无二之爻行於剛之中限為師之主師以有功為吉國得无咎八方歸化也太乙理六三之爻居下體之上不得其位而無應關囚掩迫之年凶變如占太乙理六四之爻在多恨之限忌擊迫囚對太乙理六五之爻行于中道上下皆應君臣同德萬治之限理上六之爻位

極無應值陽九百六關格囚迫凶變如占

剝 ䷖

經一百五十六年象曰山附於地剝上以厚下安宅太乙統剝之卦人君此時戒剝之殘民思固天下之本也艮為山居上有為人君之象坤為地居下有為民衆之象為以五陰而剝一陽則陰盛而陽微矣人君當此之時可不為戒哉凡居下者不可不知坤之厚載也蓋高以下為基貴以賤為本山附於地而後高君附於民而後貴是知民為邦本本固邦寧譬如安宅必先厚下以為基也剝之又剝則岌岌乎其亡矣聖人作易特於剝之大象以上言之言其上安由下厚也詩之君子所以立太平之基者厚下以安宅也瓊其壁瑤其室自以為安矣其如厚下何堯土增三尺茅茨不翦而黃屋非其本心務厚下也當是之時雖有九年之水而民不告病不害其為堯下厚而安宅之時矣

剝之六爻陰盛陽剝之時太乙所理為不安之世剝牀不已而及其膚及膚不已而及其廬下無牀失其所安上無廬失其所庇剝之凶蓋至此哉數遇陽九百六首尾出入之年大凶囚變值關囚掩格迫狹之年各如其占惟太乙理六三上九之爻雖居極位而有應雖臨亂離能守正筭和無凶吝不傾不危之世也

謙 ䷎

經一百三十六年象曰地中有山謙君子以裒多益寡稱物平施太乙統謙之卦人君此時平其心而行天下之至公之時也地本卑山本高今高者處其下卑者處其上此地中之有山也蓋高者下之故有謙之象人君此時富有四海不以富自驕貴為天子不以貴自矜於是裒集其有余而增益其不足稱物之輕重如權衡之平施使人人慰滿其心豈有不公不平之患哉惟其以富自驕而忌天下之貧以貴自矜而輕天下之賤使人人怀不平之怨則勢

并攘奪之風日昌貧寠盜賊之患日起奮臂而爭取有皆
峥嵘乎岱宗之上欲其為地中之山不可得也設卦觀象
數至於此其憂天下後世也深矣
謙之六爻山在地下是山之謙也然於山為謙而已不得
為謙之卦地道卑順數亦得其和不故內三爻言其吉外
三爻言其利相則同不如其吉矣太乙明理之精為豐和
泰安之世惟二五爻行於中道慶盛敦大之限且利征伐
者坤為衆坎在中有師之象以伐不義上六謙之極位恩
陽九百六闕因擊迫之年有變如占筭和而為利矣

太乙統宗寶鑑卷之十四

明太乙統十二運卦象之術下

其六曰造化符天之運、繼之於資育返本之後、坤陰也、得陽育而生男、乾陽也、得陰化而生女、女應其父、故為造化符天之運、自小畜至履六卦、歷一千二百二十四年、卦體造化符天之象、爲此運、小畜與姤、長女應父、同人、大有、中女應父、夬與履、少女應父、六卦太乙年月行其運、先治後亂、天子至於臣庶、蹤跡未正、多寵少女而傾國事、駕幸西方、涉于險阻、日時行其運、多狂風蓬勃而傷草木禾稼也、

小畜 ⚊⚊⚋⚊⚊⚊

經二百單四年、象曰、風行天上、小畜、君子以懿文德、太乙統小畜之卦、人君此時行柔道以理天下之時也、風之為物、鼓舞動蕩、形於萬物者甚大、今行於天上、則風之力也微矣、故小畜之象、人君值此之時、所以懿柔其文德、如微風之在天上、所畜者小也、乾剛在內不行於外、巽柔在外不伏於內、外見其柔而不形其剛、所畜雖小、其為文德也懿矣、舜修文德、舞干羽於兩階、而七旬有苗來格、雖無赫赫之飛云、大風之威、而實有舞獸儀鳳之應、豈不懿哉、小畜六爻、巽柔順而畜乾剛、以小畜大之時、太乙理初爻、

為建功立德之限、美貴於和、乃得為吉、理九二之爻、太乙行于中道、得時之正、為安平豐和之限、理九三之爻、太乙在內極之位、值閑因掩迫之年、災變如占、理六四之爻、數貴在和而為慶世、理九五之爻、太乙行於中道、為安平之限、太乙理上九爻、臨亢極之極位、數至陽九百六閑因掩迫之年、災變如占、

姤 ⚊⚊⚊⚊⚊⚋

經二百單四年、象曰、天下有風、姤、后以施命誥四方、太乙統姤之卦、人君此時有命令於天下、則如風行萬物、無不遇也、乾為天、巽為風、天下有風、風之於物、無所不入、有相

遇之象、人君深居九重、門遠萬里、四方仰之如天、尊之如神、不可得而遇也、然施之命令、咨爾有衆、明聽於一人、誥如父子之誥、於於之聽命、莫不懽然相遇於一家、咸曰大哉王言、又曰一哉王心、因王言而見王心、其相遇也深矣、古之聖人值此誥下四方萬里之外、信乎鼓舞萬物、無所不入者、莫過乎風、鼓舞四方、無所不入者、莫過乎命令、詩曰、邂逅相遇、適我願兮、天下之願得矣、不謂之遇可乎、蓋姤者遇之時也

姤之六爻、一柔五剛、陰之方長、太乙理初爻、數貴於和、值囚迫掩擊、有災隨占、太乙理九二之爻、行於中道、得民之

時治正為安理九三之爻內極災變笑和為吉理九四之爻君有應之位數貴在和安貞而為康世迫扶関格之年興征後笑干戈有凶如占太乙理九五之爻行於中道中正自守而聽天命之時笑和為安不和因迫掩擊之年而致傾隕乃天子之命也非邦國修德不專有以致之太乙理上九之爻居外極無應之世笑和時植陽九百六関格之年乃有災變生焉

同人 一 一 一 一 -- 一

經二百单四年象曰天与火同人君子以類族辨物太乙統同人之卦人君此時行親愛之人不失天下之大義也

天居上而高明火炎上而光明天与火其類同也故有同人之象其類雖同其物自辨天自天火自火不害其為同也人之同類者莫類乎宗族親愛之心人皆有之仁也仁而不失其大義者有物辨存焉君尊而臣卑父尊而子卑如天地之有定位萬物之有大小各辨其物此天之大義也一槩此同言之必溺於私恩過於寵祿而驕奢淫泆所自邪也人君出与人同如天之高明不可得而踰如火之光明不可得而掩之其同類察其物辨大舜所以明庶物察人倫不害其為善与人同者此其義也

同人六爻与比相類地上有小曰比地在下而水潤下也

天與火同人天在上而火炎上也比則五陰比一陽同人則五陽同一陰聖人理此與同人之世貴公而不貴私貴廣而不貴狹太乙理初爻之時笑和治安之世理六二之爻雖有應而所同私狹不廣笑和為安不和関因掩迫有咎如占太乙理九三九四之爻為拒抗爭持紛紜之世惟利笑和不和水旱兵荒自下僭背如占太乙理九五之爻乘行中道時多憂戚先慎後克之時理上九之爻雖有應而所同私狹不廣笑和為安関因掩迫有咎如占

大有 一 -- 一 一 一 一

經二百单四年象曰火在天上大有君子以遏惡揚善順

天休命太乙統大有之卦人君此時彰威行惠以及天下所奉上天之美意也火既明矣又出乎天上則明無不燭所有大吉故名大有人君奄有天下之大明見萬里之外善惡無所不知於是先遏絕其惡人以彰吾之威信然後善人自揚以行君之惠於天下肅殺萬物之際乃所以見發生萬物之心此天之休命也人君順而行之故有所愈大而所見愈明矣書云遏絕苗民乃命重黎絕地天通與此義同宜以行之時也

大有六爻一陰而有五陽在陰為所有者大故為大有之世蓋天下之理自貴者不能貴於人自尊者不能尊於人

有天下者必不有天下者也此柔得尊位其所以為大有乎太乙理初九之爻得和為安戒驕盈去華麗理九二之爻、太乙得於中限為大有豐盛之世理九三九四之爻太有盈盛美和而有禎祥唯競畏盛壯驕滿為然太乙理六五之爻行於中限君臣道合国有嘉美威加海外四夷順服太乙理上九之爻信順向賢之時其德殷大為天祐之世也惟忌陽九百六出入首尾之年

夬 ⚋⚊⚊⚊⚊⚊

経二百单四年象曰澤上於天夬君子以施禄及下居德則忌太乙統夬之卦人君此時施禄以公天下不敢執私

恩以自居之時也兑為澤於上乾為天于下澤升於天必下及於物人君禄養群下以及萬民也惟此天澤無不及也豈以德避自居為己私恩致人之忌也耶夬決也決有果意果於施禄則沛然若決江河莫之能禦也果於居德則執為私恩形於德色人之所同悪也古今以富貴不可驕人国君驕人而失其国大夫驕人而失其家此居德則忌之義尭以天下與舜而不居舜以天下與禹而不居况爵禄乎爵禄乃天下之公推以及下何德之居為公則悦私則忌必然之理也夬揚於王庭決於至公之理々天下也何忌之有乎

夬之六爻五陽決一陰君子去小人之時也然易含萬象豈止一事也哉人君用此施禄以公不敢以私凡君国内外以公決者皆為夬矣太乙理初爻之時美和為安值閲擊迫挾専尚威武禍咎如占理九二之爻太乙雖行中道以陽居陰而又失應為惕惧之世利在美和修静為安不和因迫之年傷敗凶咎如占太乙理九三之爻居於内極而有應以陰濟陽先凶後吉之世理九四之爻美和為安限理九五之爻太乙行於中道政令年無雷暴時當寧謐理上六之爻居於外極閲因迫挾陽九百六出入首尾之年凶変如占

履 ⚊⚊⚊⚋⚊⚊

経二百单四年象曰上天下澤履君子以辯上下定民志太乙統履之卦人君此時謹名分之際使天下各安其守也澤之范々文天相濟孰為上孰為下此上下難分之時危疑之世故有履之象焉以天之尊澤之卑豈無定分人君於此謹名器不得而假嚴堂陛不得而干自然上天下澤區分在尊卑之間縱人心疑於其初有履危之懼而信於其後不可動揺有泰山之安矣此民忠所以定尊卑昭以分易之旨微矣哉

履上六爻与小畜相反小畜以陰居乾之時逆而上之故

為畜履以一陰居乾之後隨而躡之故履為太乙理初爻之時筭和為得道安和之限理九二之爻太乙行於中限陰陽相濟治政和豊理九三之爻居內極之限失位不中值因格迫狹陽九百六首尾之年有變如占太乙理九四之爻剛柔相濟政令適平安和之限理九五之爻太乙行於中道筭和去讒倖之世太乙履上九之爻履道成終元吉之世君国得嘉祥豊瑞泰盛之美惟忌運度交換陽九百六出入首尾之年宜修德政以釋之其七曰剛中建至之運繼之於造化符天之後乾坤父母之道既息必有相代者焉代父者長男也從長男者中男少男也內外以剛

陽治政故為剛中建至之運自解至頤四卦歷六百七十二年卦体剛中建至之象焉此運解屯中男從長男小過与頤少男從長男四卦太乙行其運年月值此大道頓興君聖臣賢民性純和惟忌運度交換出入首尾之年日時行其運至解屯則霖雨大作至小過与頤則光怪時見蝗灾為虐害之時也

解 ䷧

經一百六十八年象曰雷雨作解君子以赦過宥罪太乙統解之卦人君此時施曠蕩之澤以開天下自新之路也方雷屯之時坎在上震在下斯雷雨未作之時也今雷作於上雨作於下百谷草木皆甲拆之時又有难解之象人君喜天下之难解過者赦之罪者宥之過輕罪重赦其輕宥其重以為非常之恩猶有不可赦者焉如周制八議有可赦之人無可赦之時後世肆赦率以為常天下之凶民知其肆赦冥悍而不為凶民也哉人君值此赦過宥罪慎而用焉切勿使誘民於幸免爾解之六爻此時坎險在內是內难而與渙同也渙則險而巽為难散已定之時解險而動為难散方定之時太乙理初爻也有應患难方解安寧之世理九二之爻太乙行於中道上下相應君臣道合理六三之爻內極無應力小任重之時寇至而奪之值陽

九百六閉囚播迫之年而生變異太乙理九四之爻患散福生數貴乎和也理六五之爻惟釋光亨君臣相得四民富庶太乙理上之爻筭和以時而動国獲大功八方咸伏惟忌出入首尾陽九百六之年修德禳之以應灾变

屯 ䷂

經一百六十八年象曰雲雷屯君子以經綸太乙統屯之卦人君此時共用經綸之才平天下之难也雲方興於天雷方動於地湮鬱未通膏澤未沛之時也然而雲雷始变其終為雨君臣始交其終乎难皆經綸之象如治絲棼順之則治逆之則乱其亦循其理而已矣討以圣人畏無難

不畏多难用經綸之才也文王當商之末絕膏澤未施於民詢於八虞而咨於二虢度於閎夭而謀於南宮諏於蔡源而訪於辛尹非興亡經綸乎至於勉勉我王綱紀四方歌於棫樸經始勿亟庶民子來詠於靈臺非經綸之効乎屯之六爻剛柔始交多難未泰之時太乙理初爻天造草昧林〻之象時也君臣之分未定国利建侯之時理六二之爻太乙雖行於中道限在屯阻之時納忠求援之世理六三内極之爻君邦利在固守筭和而為安限迫挾格对之年征役凶变如占理六四之爻君臣同德濟屯光顯道泰之世理九五之爻西北出賢人濟屯之世理上九之爻外極無應唯忌陽九百六出入首尾囚擊掩挾之年災變如占

小過 ䷽

經一百六十八年象曰山上有雷小過君子以行過乎恭喪過乎哀用過乎儉太乙統小過之卦人君此時過而厚德教天下人不失為長者事也艮為山震為雷雷〻行於天所過者大雷行於山所過者小有小過之象震動也艮止也動乎外者必止乎内唯恐動或不儉則猖狂妄行箕踞傲慢之行無所不為非恭也動或不節則驕奢淫泆侈靡浮誇之用無所不至非儉也於是以恭止之雖過恭不失

為謙卑之善行也以儉止之雖過儉不失為節納之足用也中孚之後小過繼之中孚以議獄緩死見其忠厚之心過為順儉必有忠厚而加之也古者天子有為天下之行位非不高也海内富庶用非不足也非過為恭儉務在養民能如是乎故曰觀過斯知仁矣

小過六爻陰掩於陽乃陰過之時也有過善之時有過惡之時過於善則為恭為哀為儉不害其為道也過於惡陰盛抗陽為僭為乱臣柔君婦凌夫之時也太乙理初爻之時筭和親下為安不和因迫之年孤凶乃蟄凶災有变理六二之爻太乙行於中限三才筭和而為安限不和迫挾君弱臣強后宮專政理九三之爻為内極之限囚迫掩擊之年兵亂喪亡如占理九四之爻小過有應之世為平和之限太乙理六五之爻雖行中道小過無應多屯之世陽九百六關格之年災变如占理上六之爻外極災变之限忌出入首尾之年有兵喪失地之咎

頤 ䷚

經一百六十八年象曰山下有雷頤君子以慎言語節飲食太乙統頤之卦人君此时自養其身惟以養天下之时也艮為山於上震為雷於下雷動而草木生於山有養之象艮止也震動也上下二陽中含四陰止而不動外實而

中虛有頤之象焉言語自頤中出飲食由頤中入言語不謹則內患出矣飲食不節則外患入矣人君慎言語非徒謹於身也凢為命令布之天下者尤致謹焉防其患之自內出也節飲食非徒節於身也凢為資財取之天下者尤用節焉防其患之自外入也言語失於輕發然而榮辱之主可不謹乎飲食傷於貪欲然人皆賤之可不節乎君子無易由言謹之也食無求飽節之也推而及於天下則王言如絲其出如綸雖羸老扶杖為之往聽武夫悍卒為之感泣本乎言語之謹有養天下之義存焉樽酒簋簋用缶納約不以三牲為親之養不以海內為己之奉所貴乎財之不傷民之不害本乎飲食之節有養天下之利存焉始於一身終於天下故曰頤之時大矣哉

頤之六爻上正不動內虛外寔頤之象也頤養也人君有養天下之時世不同爾出於正則吉不正凶係焉太乙理初上二爻居建功極限二陽不得其正故上為顛下為拂顛之世勢不順拂之時養不順湯九百六掩迫出入首尾之年災變如占理六二之爻太乙行于中限守道筭和渴安平寧謐不和迫挾兵干戈動徭役災辱生焉太乙理六三之爻為刀極之限奉四海養一人無德於民不和之年災變大作太乙理六四之爻有應養民先施憂安之限理

六五之爻太乙行于中限任用忠良頤養天下安何加之世也

其八曰群愚位賢之運繼之于剛中健至之後陽剛之極陰必行之代母者長女也從長女者中女少女也內外以陰柔為治為群愚位賢之運始自家人終於大過統四卦歷七百九十二年卦象群愚位賢之象焉此運家人與睽中女從長女中孚與大過少女從長女四卦太乙行其運年月值此愚者當賢尊卑失節小人在位君子在野筭和居正則吉不和為乱則凶日時行其運天地陰沉日月無光妖邪之氣行也

家人 ䷤

經一百九十二年彖曰風自火出家人君子以言有物而行有恒太乙統家人之卦人君此時知天下之事皆始於一家不可不致言行之謹也巽為風於外离為火於內風自火出家人或疑之今觀諸火其光焰動搖若有聲者非風而何風為號令由中而出巽為長女離為中女齊外明內有家人之象人君於此必致言行之謹者恐溺於私愛一信一行出於戶庭之間應於千里之外可不謹乎言貴乎有物言可考也行貴乎有恒行可守也言可考行可守無出於家人無害於天下如二女之嬪於虞太姒之嗣徽

晋、后妃之不姤忌戴於書、詠於詩、皆可考可守之事也、言不可考行不可守、或出於家人、轉發於天下、如紂之有妲己、幽王之有褒姒、晋獻之有驪姬、其害何如焉、文王刑於寡妻、至於兄弟、以御於家邦、用此之象、

家人六爻皆得其位、太乙理之、為国治安和之限、理初爻之時、為建功立德之限、理六二之爻、太乙行於中道、君臣慶和、國政大治之限、理九三之爻、内極、得位失應、美和為安、不和因迫、君逐忠良、臣下背義、太乙理六四之爻、得位有應、國富邦寧、理九五之爻、太乙行於中限、君聖臣忠、國政殷盛、理上九之爻、美和時安、惟忌陽九百六出入首尾之年、有变如占、乃外極之限故也、

鼎
一
- -
一
一
一
- -

經一百九十二年、象曰、木上有火鼎、君子以正位凝命、太乙統鼎之卦、人君此時、守天下神器之重、勿可遷之時也、巽為木、離為火、以木巽火、離為烹飪、有鼎之象也、革之成後、器成而不可復变、置諸安處則安、置諸危處則危、人君此時、忌守其器措天下如鼎之安、無嵲卼動揺之態、則正南而治、體離之向明、一定而不可易也、嚴命令之出、体巽之申命、一成而不可移也、位既正、則卑高陳、貴賤分矣、命既凝、則令惟行、弗惟反矣、鼎之大小輕重、可得而問也、是

以成王定鼎於郟鄏、卜世三十、卜年八百、天所命也、楚子之問、何其僭哉、王孫蒲之對、何其壯哉、當鼎之時、人君正位凝命、儆此而行焉、

鼎之六爻、君臣相應、吉多凶少之世、太乙理初爻之時、美和、君得賢臣、建功立德、理九二之爻、太乙行於中限、黜咎納忠、守正慶安之世、理九三之爻、内極、數於和氣、忌迫挾有災、如占、理九四之爻、值陽九百六出入之年而有更变、凶咎、理六五之爻、太乙行於中道、文明用賢之世、天下大安、理上九之爻、九有豊寧、八方道泰、惟忌陽九百六出入之年、宜修德禳之、以行外極災变之限也、

中孚
一
一
- -
- -
一
一

經一百九十二年、象曰、澤上有風中孚、君子以議獄緩死、太乙統中孚之卦、人君此時、孚信感人、欲使天下無冤抑之民也、兌為澤、巽為風、澤說万物之時、非坎水之為險也、澤上有風、決無坎險覆溺之患、其相感也深、其相信也至、有中孚之象、議獄緩死、亦如澤上之風、信其無覆溺之殺人也、以卦體觀之、上下四陽、中含二陰、有外明内幽之象、如獄之情、其中幽隱、未易察也、可無議乎、孚之一字、又如瓜子、瓜之衛子、保其必生、可無緩乎、議之不厭其詳、緩之不貴乎速、以其一成而不可变也、皋陶曰殺之三、堯曰宥

之三皐陶執之雖堅、而堯寬之不以為煩、於此見忠厚之至、此即中孚之議也、

中孚六爻、以一卦明之、二爻居中、為中虛之象、以二体明之、二剛得中、為中實之象、虛者孚之体、主乎靜、實者孚之用、主乎動、靜為誠、動為信、太乙理中孚之世、君臣相得、民物豐登、其理初爻之限、有應、慶吉之世、理九二之爻、太乙行於中道、千載風雲、明良際遇、太平豐樂之限、理六三之爻、內極凶限、掩迫之年、禍變如占、理六四之爻、得位有應、君臣和平、德業隆盛、理九五之爻、太乙行於中限、天地相交、君臣慶會、豐稔之世、理上九之爻、外極危難之限、閔因摯迫、陽九百六出入之年、有更易災變如占、

大過 ⚋⚊⚊⚊⚊⚋

經一百九十二年、象曰澤滅木、大過、君子以獨立不懼、遁世無悶、太乙統大過之卦、人君此時剛中而過、巽說而行、所以大過乎天下之人也、兑居上澤也、巽居下木也、下澤潤木而至滅沒、大過之象也、古之聖人、立非常之大事、興不世之大功、成絕倍之大德、皆大過之事也、孟子所謂古之聖人、所以大過人者無他焉、善推其所為而已矣、人君以剛德過人、独立乎四海英雄之上、剪除禍亂、平其奸暴、而作歡樂、皆於遁世笑談處之、可謂大過人君之時也、

大過六爻、陽過於陰、本末俱弱之時也、故棟橈焉、過而得中者、二三四五也、二為下之中、五為上之中、三四在一卦之中、得位而凶、失位而吉者、謂大過之時也、太乙理初爻、建功立德之限、冀和謹畏為安、理九二之爻、太乙行於中道、君臣相濟、安吉之限、理九三之爻、行內極之限、以陽君陽、剛強自任、有棟橈之凶、值閔因掩迫之年、傾危如占、理九四之爻、陰陽相濟、君臣相得、棟隆吉、時安豐泰、理九五之爻、太乙雖行中道、剛過生患、冀和為安、不和因迫、災變生焉、理上六之爻、居極失位之限、遇陽九百六出入首尾之年、兵喪禍亂、飢荒大作矣、

其九曰德義順命之運、繼之於群愚位賢之後、陰隨於陽、則順、臣隨於君則忠、子隨於父則孝、故為德義順命之運、自豐至困、統六卦、歷一千八十年、卦歸德義順命之象焉、此運豐與噬嗑、中女而隨長男、歸妹與隨、少女而隨長男、節與困、少、而隨中男、六卦、太乙行其運、年月至此、君臣及身修德、進退往來以禮、則為順道、若君臣左右事乖、奸邪更亂為政、則為逆道、德政以隨、則相通、以節則相止、知於持滿、則百歲而位固、不知行止、則困且殆矣、日時行其運、節困二卦、極陰之爻、風災則陰陽和、雨露均時、豐稔、

豐 ⚋⚋⚊⚊⚋⚊

經一百八十年、象曰雷電皆至豐、君子以折獄致刑。太乙統豐之卦、人君此時明動以照天下、使知法之可畏、而不犯也。噬嗑雷方明於上、至豐則光輝下燭、目無不睹。噬嗑雷方動於下、至豐則威怒上行、耳無不聞。雷電兩極、其至有豐大之象。人君明以體離、察見幽隱、用以折獄者大也、天下之所同折也。動以體震、威加遐逸、用以致刑者大也、天下之所同致也。古者刑人於市、與衆棄之、謂之皆至。其理極、其辭窮、其情盡、天下之人皆不容也、人君何容心哉。孟子謂左右皆曰可殺勿聽、諸大夫皆曰可殺勿聽、國人皆曰可殺、然後察之、見可殺焉、然後殺之、故曰國人殺之也。此雷電皆至之時、人君體象而用焉。豐之六爻、明動相資、天下豐富盛大之世。太乙理初爻、報功立業、未至於豐、和平之限。理六二之爻、太乙行於中限、時豐歲稔。理九三之爻、為由極之限、忌閼因掩迫格對之年、有災清(書)如占。理九四之爻、筭和、良臣輔國、不和因迫、為昏猾之世、臣下陰謀。理六五之爻、太乙行於中道、君聖臣良、豐稔泰安之限。理上六之爻、太乙行至豐極之限、世不可常得。遇陽九百六、閼因掩迫、喪敗亡家、禍不旋踵。日月之虧蝕、天地之消息、以明豐滿不可常也。

噬嗑

一

一一

一

一一

一一

一

經一百八十年、象曰雷電噬嗑、先王以明罰勑法。太乙統噬嗑之卦、人君此時定行勑法、以除天下之為間者也。觀頤之象、中含四陰、虛而無物、則知噬嗑有一陽之間也。離上為電、必至下照、震下為雷、必至上奮、故有噬嗑之象。雷、動也、電、明也。人君動而能明、除天下之間、定一王之法、毫釐必究、輕重不差、使有目者觀之、如電之光、不可掩也、有耳者聞之、如雷之威、不可犯也、人敢為之間哉。其或桀橫出而為間者、譬之頤中有物、必噬嗑而後已。罰既明於前、在罰則不可逃、法既勑於前、在法則不可宥。凡稱先王者、皆立制於前、有典有則、貽厥子孫者也、傳之百代而不易、行之一家而不私。謂之明罰、非蔽人於法也、唯恐其不知罰也。謂之勑罰、非罔民於法也、唯恐其陷於法也。明勑皆有早正預防之意。電之始明、未至於下、雷之始動、未至於上、方當噬嗑去間之時、此明罰勑法、或輕或重、猶可戒也。若雷至於上、無物不驚、電至於下、無物不燭、此折獄致刑之時、戒無及矣。先王明以戒天下於此、仁矣哉。噬嗑六爻、太乙理之、為多凶之限、不安之時、明罰勑法、用獄之時。卦以三陰三陽、分一陽於初、為震之動、分一陰於五、為離之明、此剛柔分、動而明、利於用獄時也。太乙理初爻之時、修德遷善、防災未兆之限。理六二之爻、中道無援、謹固保安理六三之爻內極多凶之限、忌閔因掩迫之年、災變生焉理九四之爻多惧不寧之限不利有爲理六五之爻、太乙行於中道進忠良、黜邪佞、怀惧慎獲之時、理上九之爻、位極多凶危亡之限、忌陽九百六出入首尾掩迫之年、災變如占、

归妹 ⚋⚋⚊⚋⚊⚊

經一百八十年、象曰澤上有雷归妹、君子以終永知敝、太乙統归妹之卦、人君此時、廣嗣續之道、爲天下久遠之計、可也、兑爲澤爲少女、震爲雷爲長男、雷動而澤隨之、澤上有雷也、以少女從長男、归妹之象也、天下之事、久則敝、敝則新、其爲廣嗣、不失永終之义、恒之爲卦、以長女配長男、恒久也、久而不已則敝、非廣嗣之道、又泆而归妹、以少女從長男、敝而又新也、爲天下永久終、嗣續無窮之計時矣、觀江有汜之詩、江大而汜小、許其並流而俱行、則知二女之嬪虞、帝乙之归妹、其来久矣、六五言其君袂之不如其娣之袂良、知君袂之敝、從娣袂之新、可以見后妃之不妬忌爲子孫衆多之福也、太姒嗣徽音、則百斯男、久于此同矣、

归妹六爻、天地之大义人道之終始、太乙理斯之時、陰説泆陽、婚姤相配非爲得位得正之位、其理初爻之限、筭和

立業安平理九二之爻太乙行於中道、守成幽樂之世、理六三之爻爲內極、無應失位之限、陰貴專政国失所依、閔因掩迫之年、災變如占、理九四之爻、君臣相待、賢明道合之世、理六五之爻、太乙行於中道、君柔順德帝女之貴、謙和之世、理上六之爻、位極無應、值出入首尾因迫之年而有凶變、修德祀天以配祖考、

隨 ⚋⚊⚊⚋⚋⚊

經一百八十年、象曰澤中有雷隨、君子以嚮晦入宴息、太乙統隨之卦、人君此時安身以應天下事物之来也、兑爲澤、説也、震爲雷、動也、雷動而澤隨、故有隨之象也、今雷居澤中而未輕動、澤居雷上而未輕動、澤居雷上而未輕説、二者於可隨之中而有不輕隨者焉、人君動則有雷霆之威、説則有恩澤之沛、可以隨時數而施之方、且向晦入宴息、居無與於人者、知雷之不可以輕動也、所以在下而未上、奮澤之不可輕説也、所以在下而未上施、謂之嚮晦、非終晦也、所以養其明、謂之宴息、非終息也、所以養其神、神明內養、則當動而動、當説而説、動而説隨、罔有不隨之世者矣、故曰隨之時義大矣哉

隨之六爻、男説女從、君臣相得、麗正大亨之世、太乙理初爻之时建功立業、去舊取新之世、理六二之爻、太乙雖在

中道以陰處陰、由私害公、係小失大之世、理六三之爻、君臣居正、亨通之世、理九四之爻、君從臣下、政出群察、理九五之爻、太乙行於中道、君臣孚誠、有為天下嘉泰豐隨之世、理上六之爻位極無應、忌關閉之年、災變如占、時宜修德、祀享天地

節 ䷻

經一百八十年、象曰、澤上有水、節、君子以制數度、議德行、太乙統節之卦、人君此時謹名器、辨人才、所以節止天下徼倖之心也、兌為澤、坎為水、澤上有水、盈則溢矣、有節之象、夫名器必有數度、有數度必有多寡之制、人才必有德行、有德行必有小大之議、禮有以多為賤、以少為貴、數度不可無制也、才大者智亦大、才小者智亦小、德行不可無議也、不然、賢者至以千金、不肖者至亦以千金、如斯則賢者退而不肖者進矣、周三歲大比、必考其道藝次第而進之於朝、官量能而授位、錄德而定、有是德、居是位、非其德則虛位以待、有是行、居是官、無其行、則官不必備可也、維鵜在梁、不稱其服、詩嘗刺之、或錫鞶帶、終朝三褫之、易嘗戒之、辭邑而請繁纓、孔子之所不與、為政而正名、孔子之所必先、況大於是者乎、

節之六爻、上下皆水、水盈流而不節、則為害物之世、人君

此時制數度、議德行、節之得中、施之海內、使無盈溢泛濫之患、天下安矣、太乙理初爻、建功之限、箕和為安之世、理九二之爻、太乙在行中限、失位不正、君臣壅塞、政令不行、數會困迫之年、有幽、理六三之爻、內極無應之限、吁嗟不安之世、理六四之爻、太乙臨安、節和平守常之世、國富民豐、理九五之爻、太乙行於中限、君臣節義、舉善進賢、成功保治安泰之世、理上六之爻、位極無應、事窮反變、亂亡之世、忌出入掩迫之年、兵喪大作、

困 ䷮

經一百八十年、象曰、澤無水、困、君子以致命遂志、太乙統困之卦、人君此時、處天時之適然、安天理之當然、可變天下之禍而為福矣、兌在上、坎在下、澤之上無水、其澤枯矣、有困之象、澤豈終於無水者耶、水豈終於不為澤者耶、人君窮古今之理、盡己物之性、致其在天之命、遂其在我之志、豈終於困者耶、湯之旱七年、宣王之旱太甚、澤無水困之象也、然湯不以旱廢六事之責、傳稱其罪己而有勃焉之興、宣王不以旱廢撥亂之志、詩美其銷變而有化行之喜、於困之中有不可困之說、如漢王之困滎陽、又困平城、豈終於困者哉、人君值此之時、致命遂志、變禍而為福矣、

困之六爻、太乙所理之時、有暫而不失之世、久而亡失之

世貞利困於困而久者之世矣、太乙理初爻之時、建功立
德、數和為安、迫狹有凶、理九二之爻、太乙行於中道、釋困
方興之世、利用行師、征伐不義、理六三之爻、行於內極之
變、限因迫之年、災異革命、理九四之爻、美和為得、地不和
閨格為災地、理九五之爻、太乙行於中道、君臣同德、上下
相資、受福之世、理上六、為外極無應凶限、值陽九百六、掩
迫之年、凶變如占、兵喪大作也、
其十曰惑妬留天之運、繼之於德義順命之後、陽隨陰之
時也、群陰致政、禮乖義悖、而為不順、故為惑妬留天之運、
自渙至賁六卦、歷一千八十年、卦體惑妬留天之象焉、此
運渙與井、中男隨中女、漸與蠱、少男隨長女、旅與賁、少男
隨中女、六卦、太乙行其運、年月值此、主君昏臣庸、陰人貴、
賤秉政、上下諧妬、漸成蠱毒、石中火出為怪為災、金土焦
赤、婦黔毀谷帛、山溶海竭、禾稼不生、火旱災傷、人民熱損、人
皆喪夭、流死道途、高厚之地災重、下濕之地災輕、日時行
其運、陰陽不和、時多亢旱、蠱毒為害、蠱卦尤深、天時行也

渙　⚊ ⚊ ⚋ ⚋ ⚊ ⚋

經一百八十年、象曰、風行水上、渙、先王以享於帝立廟、太
乙統渙之卦、人君此時觀渙散成文之象、作祭典禮文之
事、教天下知有尊知有先也、坎為水、巽為風、水方凝冰、渴

春風而為之泮渙、其紆餘變態、自然而成文、天下之至文
也、人君於離散治平之日、致美乎黻冕、致孝乎鬼神、祭典
禮文之事、粲然而興、以是享帝、教天下之民知有尊也、以
是立廟、教天下之民知有先也、有尊則知事君、所以教天
下之忠、有先則知敬親、所以厚天下之俗、天下之至文、生
焉、風行水上之象、書曰、舜受命終於文祖、肆類於上帝、至
於歸格於藝祖、法度彰矣、典禮著矣、非天下之至文乎、至
用之禮樂興、庶事備、孔子取其郁郁乎文哉、文之不可已
也、如是夫、人君值此渙象之時、深宜用焉、
渙之六爻、雖散渙享王假有廟之世、太乙理初爻、建功立
業之事、勢順政行、方興之世、理九二之爻、太乙行於中道、
安平之世、理六三之爻、外安內險、有應無凶、惟忌困迫掩
擊之年、國災民困、理六四之爻、豐裕慶瑞之世、理九五之
爻、太乙行於中道、君明臣良、熙和豐稔之世、理上九之爻、
外極有應、利美和得安、忌閨困出入首尾之年、有渙亡災
變之兆、

井　⚋ ⚊ ⚋ ⚊ ⚊ ⚋

經一百八十年、象曰、木上有水、井、君子以勞民勸相、太乙
統井之卦、人君此時、使民有功、天下雖勞而無怨也、井以
上出為功、往來井井、不厭其勞、如初之井泥、二之井谷、三

之井深皆在下卦而未上出、與井同也。四居下卦之上、井甃無咎、五居上卦之中、井列寒泉、上居上卦之上、井收勿幕、是知井欲上出、四不厭其修、五不厭其食、上不厭其取、井之功用成矣。观木之生養、水皆自下而上、其水必潤、井養不窮、皆自下而上也、人君生養萬民、必使之勤劳、如井之出、不使之怠惰、如井之際、既劳之、人勸勉之、相助之、如井之出不窮、則民之功用見矣。黄帝尧舜通其變、使民不倦、舜巧於使民、不窮其民、得井之義矣哉。

井之六爻、人君此时、以安居而不变為体、博施而不窮為用、太乙理初爻、建成功不成時、舍棄絕之世、陽九百六之年、革命有凶、理九二之爻、陽失中位無應、君臣相疑、困辱憂危之世、忌因迫有凶、理九三之爻、内極有援、美和為平寧、忌因迫、有兵飢、理六四之爻、国安天命、進德修業之时、理九五之爻、太乙行於中限、君居清德、天降休祥、豊盛民登之世、理上六之爻、功高得位、有應之限、傳施有恒、君臣誠信、大通之世、忌出入因迫之年、修德禳之、可釋災咎、為在外極之限故也、

漸 ䷴

經一百八十年、象曰山上有木、漸、君子以居賢德善俗、太乙统漸之卦、人君此时、擇賢有德者居之、則天下風俗可

漸化而為善也、艮為山、巽為木、山上有木、人見其高、非忽焉而高也、其山高、其木漸、以其居之高而長之有漸也、人君擇其賢而有德者居於高位、以巽順而不暴、可以移天下之薄俗、艮止而不動、可以鎮天下之浮俗、使不賢者思以就賢、無德者勸而為德、然則善天下之風俗、豈無漸而然欤、尧舜不赏而民勸、不罰而民畏、垂於畫衣冠而民不犯、俗因善矣、然其善之者蓋有漸也、咨四岳、命九官、济济相遜、和於朝者、非一朝一夕、皆其賢而有能之人居之、故四方風動、万物和舒、亦非一朝一夕所能至也、孔子曰、如有用我者、朞月而已可也、三年有成、善人為邦百年、亦可以勝残去殺矣、观其漸之義明矣、人君值此之时、体象而用焉、

漸之六爻、止而巽、以進為漸、以高為象、臣事君、女事夫、翔而後集、擇而後進、君臣有道、政平法正、天順漸興、隆盛之世、太乙理初爻、建功創業、君臣同德、方興之限、理六二之爻、太乙行於中道、德位有應、清平和洽之限、理九三之爻、内極無應、君臣躁漸、礼法失常、兵盗侵凌、内外背叛、值迫挟之年、大凶、理六四之爻、得位無應、寧謐和靜之世、理九五之爻、太乙行於中道、君臣同德、父子泰通之世、理上九之爻、雖位極而獲福者、太乙居巽、不亢故也、為隆盛豊稔

之世惟忌因迫陽九百六出入之年人君修德禳之外極故也

蠱

經一百八十年象曰山下有風蠱君子以振民育德太乙統蠱之卦人君此時振作怠惰以養天下勁氣之時也艮為山巽為風又為木風搖於艮山之下其為蠹木也脫矣故有蠱之象人君知天下之蠱如木之有蟲其弊也非一朝一夕振之以風脫其蠹者而知其勁者則蠹者去而勁者養矣為人子者能養其勁氣則知幹父之蠱為人臣者能養其勁氣則知幹君之蠱非振其怠惰而鼓舞民不能自振待號令以振之巽在下為風有振之象德不能自育存勁氣以育之艮在上為山有育德之象振其怠惰德養其勁氣則天下之蠱去矣如疾風之草勁撥蕩識臣忠皆得幹蠱之義人君值此之時體象而行焉

蠱之六爻為天下盛衰終始之時盛必有衰衰必有盛大治之後而當大亂之初太乙理此之時行治蠱之事也其理初爻子幹父蠱弊生於內損益革易建功立德之限理九二之爻太乙行於中道有應順承之世理九三之爻太乙行於內極之限久弊難革邊隅失地盜賊紛紜六四之爻陰柔失應后宮掌國賢人退伏理六五之爻太乙行於

中限君臣相應中興復業繼承豐盛之世理上九之爻太乙行外極無應之限陽九百六因迫之年兵喪革命易遷之世矣

旅

經一百八十年象曰山上有火旅君子以明慎用刑而不留獄太乙統旅之卦人君此時一身如寄天下之上唯恐罔民而自安也艮為山离為火火在山上逐草而行勢無久留有旅之象離明也艮止也明而能止明不敢恃也明然後能用刑舜命皋陶曰汝作士明於五刑穆王命呂侯謂明之非常然不可恃舜又曰刑期於無刑穆王又曰典獄非訖於威又曰何敬非刑此明乃貴乎謹於用刑也獄之不可留如旅之不可久山上之火不久留之象也其可罔民於獄寘民於叢棘械民於桎梏偃然自安於衽席不以為憂乎一人向隅滿堂為之不樂況於獄乎豐折獄致刑於前旅明謹用刑不留獄於後何哉豐旅皆有离明之象聖人慮其用明於獄故淺而深戒之欲天下無一人之獄也聖人之心仁矣哉人君值此之時體象而用焉

旅之六爻艮止而不遷猶旅之舍火動而不處猶旅之人太乙所理為親寡不安多難之時故初爻在下為窮上則居極為亢值陽九百六閔因掩迫之年災變易位如占太

乙理三四之爻皆陽、三居不中、臣民失喪、四剧不正、兵器皆亡、為兵喪民困多難之世、忌閑囚掩迫之年、太乙理六二六五之爻、皆行中限、二之世得臣輔国、五之世君圣臣忠、為道太安和之限矣、

賁 ⚊ ⚋ ⚋ ⚊ ⚋ ⚊

經一百八十年、象曰山下有火賁、君子以明庶政、無敢折獄、太乙統賁之卦、人君此時、不可恃一时之見、傷天下之生也、艮為山、有草木賁於上、离為火、有光彩賁於下、艮止也、离明也、离明於下、艮止於上、明不貳之過、不人君知賁之有文、而又明焉、不患乎文、患乎文之後蔑生也、不患乎明、患乎明之淵漠察也、雖明乎庶政、貽德塞遠、以臨照百官、固不可欺、然於折獄則云無敢、恐一己之見或差也、斷者不可復續、死者不可復生、吾何敢用明以折獄乎、或謂片言可以折獄、夫子何取於由、不知夫子訊由之好勇、故曰其由也歟、惟由之過於好勇、則可以片言折獄、雖夫子亦不敢、觀賁之象曰無敢、旅之象曰明謹、中孚之象曰議獄緩死、夫子訊由之意深矣、後世三覆奏至五覆奏、不害為明君、是知由也敢於折獄、何敢望夫子、人君值此賁象之时、宜明庶政、無敢折獄用刑焉、

賁之六爻、陰陽相交、文明光賁之世、太乙理初爻、建功立德之限、去偽存誠、安和之世、理六二之爻、太乙行於中道、文明清平之世、理九三之爻、盛明殷治、国泰民安之世、理六四之爻、文質居安之世、理六五之爻、太乙行於中道、天降嘉祥、豐盛亨通之限、理上九之爻、文質曰賁、優吉慶和之限、唯忌陽九百六、出入首尾之年、外極限也、

其十一曰寡陽相摶之運、繼之於惑、始留天之後、長男既息、為男之窮也、長女既息、為女之窮也、中男與少男相摶、故為寡陽相摶之運、自蹇至蒙二卦、歷三百三十六年、卦體寡陽相摶之象焉、此運中男少男、治政理世、太乙行其運、年月至此、天下失常、日月不經、氣候不依月令、風雲亂發、四時萬物不生、人民相食、兵戈競起、盜賊紛紜、日时行其運、風雷霜雹、不以时行、物不成實之时也、

蹇 ⚋ ⚊ ⚋ ⚊ ⚋ ⚋

經一百六十八年、象曰山上有水蹇、君子以反身修德、太乙統蹇之卦、人君此時、消去災變、如宣王雲漢之詩、天下喜王化之復行也、水在山下、則為流泉、今在山上、則為積水、有蹇之象、人君將治蹇而為通、莫若反身修德、以德潤身、如水之潤山、終反於山下、治蹇而為通矣、觀雲漢之詩曰、兢兢業業、人云憂心如熏、又曰敬恭明神、宜無悔怒、序其詩者、言宣王遇災而懼、側身修行、欲銷去之、雲漢乃治

蹇之詩也，得於易也深矣。人君值此之時，觀象反身修德之謂也。

蹇之六爻之時，當天下蹇難之世，往得中，往有功，以往為利者。君求賢良，行德政，以定天下蹇難之時也。止為處蹇之時，往為濟蹇之時，蹇無終蹇之理。太乙理初爻，建功立業，濟蹇之限，笑和需守為安，迫挾蹼蹇，妄興兵甲而為凶。世理六二之爻，太乙行於中道，將相忠良，濟蹇安平之世。理九三之爻，太乙行於內極之限，忌囚迫之年。理六四之爻，太乙行無援之地，值陽九百六出入之年，憂患多凶。理九五之爻，君聖臣良，拯蹇濟民，成功之世。理上六之爻，太乙理蹇極有應之限，蹇無終，蹇國出賢良，濟助功業，為出蹇安平之世，唯忌出入囚迫之年，修德保安，以消外極之禍也。

蒙 ䷃

經一百六十八年。象曰：山下出泉，蒙。君子以果行有德。太乙統蒙之卦，人君此時力行聖學，以還天下之淳時也。人性本淳，初無善惡之間，如泉之始達，初無東西之分，其泉出於山下，茫昧而不知所向，此所以為蒙也。及其源源不舍，晝夜終歸於海而後已，此蒙所以亨也。人患不知學耳，人君以一身行天下，使知力學，如泉之必至於海，豈有倒行逆施之患哉。果行由力學而得，力學而能養正，斯謂之育德。成王以幼沖嗣位，聞流言而不惑，信周公而不疑，得蒙之果行也。至於既醉太平，使人人醉酒飽德，皆有士君子之行，菁莪之詩，謂其能長育人材，天下亦皆喜樂之，得蒙之育德也。人君當蒙之世，宜力行聖學，以成王道之時也。

蒙之六爻，山下出泉，險而不違，蒙昧不明之世，陰水於陽，君求於臣之時。太乙理初爻，建功蒙昧之限，笑和固守正法為安，不和妄動之年有凶。隨之理九二之爻，太乙行於中限，君得忠良，將相國治，八方清平。理六三之爻，太乙行內極之限，國無賢臣，暗昧貪欺，昏昧之世，囚迫關格之年，兵喪大作。理六四之爻，太乙行無應之限，國困民昧，兵喪之地。理六五之爻，太乙行於中限，君將忠良，輔助天下，安平順興。理上九之爻，位極無應，兵益慢埈，失地喪亡之限，忌掩迫關囚之年，大凶。

其十二曰物極元終之運。離之於蹇，陽相搏之後，陽之搏也，陰必隨之，中女火女以相会，故為物極元終之運。此天地之幾息，陰陽之偏勝也。自睽至革二卦，歷三百八十四年。卦体物極元終之象，為此運中女與少女治政理世。太乙行其運，年月值此，天地乖戾，日月失昏，星長錯乱，山崩海竭地震天裂火見泥飜大水時作兵戈四起萬国侵伐飛蝗遍野妖異紛紜得度者其唯圣人乎尽革之上六之時大同已畢天道復初天生大圣大賢出為革故從新掃除積穢乖戾其光海宇清徹天下復治矣日時行其運天地不和雷雹不常水火刀兵災振寰宇也

睽 ䷥

經一百九十二年象曰上火下澤睽君子以同而異太乙統睽之卦人君此時明物乎外說理乎內知天下不可以茍同也明乎內者家齊故為家人內卦也明乎外者物睽故為睽外也說於外為隨兌在外也說乎內者為睽兌在內也明外而不由內則異於家人說內而不由外則異於隨此上火下澤二物不相侔者有睽之象焉人君外有照知四方之明不獨明於閨壼內有理及禮義羡心之說不徒說於紛華人之所同者有異存焉是以旌別淑慝剖判公非外與物遠有相及之異然同於礼義之說不害其為同也君子於歆雖異而道同小人於歆雖同而道異大舜善與人同同為善也異不善者如其鯀之流可得而同乎以是知弧矢之利以威天下蓋取諸睽物極无終至睽去禍之肘体象而用焉

睽之六爻火上澤下陰陽失位万物睽離之肘也太乙理

初爻之限矣和而建功安和之世理九二之爻太乙行於中道在乎安不寧之限矣和守正進賢為安平之世迫挾之年凶理六三之爻內極無位八方交攻天降災異矣和世終因迫災變水火兵盜天地喪亡理九四之爻邦孤勢寡憂惶多惧唯利六和之年理六五之爻太乙行於中限君臣同德先离後合吉慶熙寧之世理上九之爻位極有應睽敬吉合唯忌陽九百六出入首尾之年有变修德禳災謂外極之限也

革 ䷰

經一百九十二年象曰澤中有火革君子以治曆明時太乙統革之卦人君此時明天道授民時使天下信之而無疑也兌為澤於上离為火於下推其变化而明之則知雷電晦冥之際龍神起於澤中而火中光焰從焉澤中有火之象也革之变物即日未孚已日乃孚兌為金离為火金曰從革火曰炎上金從火而革也以至之剛变而為柔〻復变而為剛為甲胄為兵戈為農器凡日用飲食皆從金火革之人君此時道变化之道存乎歷數治之而不差行乎四時明之而不惑用革之象也黃帝始作甲将命容成造曆命隸作筭數堯命羲和欽若昊天曆象日月星辰敬授人時然後析因夷隩天下信之而無疑故曰革已日乃

孚、人君當此物極元終、革故鼎新之時、體乘而行焉、革之六爻、變革之時也、澤上火下、火燃則水息、水决則火息、是為革也、文明以說、革之道也、元亨利貞、革之事也、革之為卦、內明外說、非明不足以察天下之理、非說不足以盡天下之情、明說之時、其所革之世、安有不大亨而正哉、太乙理內三爻、為凶变紛紜、未革之前、太乙理外三爻、為平乱、已革之後、故外三爻皆革而善、內三爻皆致其譴、其理初爻之時、变乱方生、理六二之爻、易位革命、理九三之爻、太乙行內極之限、是未革已孚之時、利美和不利因迫、理九四之爻、是已革人孚之時、革命從新、待治之始、理九五之爻、太乙行於終限、文明变豹、圣人復生之世、理上六之爻、大周將畢、天運復初、圣人出為革、非圣人得已之時、數不革、乱不極、則無革、革乃天地变更、紛紜凶橫、萬物受殃之時也、

太乙統宗宝鑑巻之十五

太乙統運入卦行爻編平

太乙蹉行九宮不入中五三年一徙宮七十二年一換局大平一改紀行運則運（周）遊六十四卦歷一萬一千百五二十年分一十二運其始曰天地否泰之運其次曰男女交親之運自周文王在乾卦之首至周敬王四十三年甲子太乙始入男女交親之運是謂夫婦之和雖有凶害唯交績之際上九三六為之甚為至隋煬帝大業元年甲子太乙運行既濟卦中男女中女為治世也既濟定也事之已成水火相交六爻居正小者尚再況其大者乎事之方濟也

初吉濟極則反是以終乱易曰既濟小利貞初吉終乱

既濟

大業元年甲子太乙行既濟卦初九爻无攸利為建功立業之限三十六年既濟初九非義先動者不利守義後動者亨也易曰曳其輪濡其尾无咎象曰曳其輪義无咎也

之外坎内艮 互上離下坎

太乙理初九之爻

既濟之蹇蹇難之时必有聖賢者出能濟天下之難者堅守正道則吉易曰蹇利西南不利東北利見大人所以貞吉也夫既濟之蹇内卦艮艮為木果内互坎坎為水犯坎卦者可以濟蹇也

隋煬帝以悖逆詐謀志驕氣盈窮奢極欲兵運（連）四夷役煩賦重盜賊蜂起是以李密王世充劉武周劉黑闥蕭銑之徒皆以借乱為事雖各有所謀如曳輪濡尾終不能行也非建德立功之君何以有國乎李淵舉兵晉陽建義旗救民於塗炭实仗義有為之主所以能享國也武德元年戊寅歲太乙在第一甲子元十五局太乙在六宮主祭將与客大將相關內迫太乙始擊將臨之又擊太乙之宮名曰四郭固主有篡篡固執之禍也其年五月戊午隋煬帝遜位唐公其日甲子唐公即皇帝位公諱淵字叔德姓李氏

隴西成紀人應木果為李之象以淵為名應坎水之象是謂高祖子世民知隋必亡遂起義兵晉陽應天順人掃除乱掠海内且伏正為濟蹇乃聖賢之君作也唐公成紀人起晉陽後享于秦地是蹇利西南不利東北大人貞吉之驗也

武德九年甲子元二十三局丙戌太乙在九宮太歲与太乙格當有彗孛出於西北方主有兵衆之事其年二月壬午日有星孛於胃昴之間是彗孛出西方助太歲也六月庚申日秦王世民殺皇太子建成及齊王元吉癸亥日立秦王世民為太子聽政八月甲子日授位于皇太子尊帝

為太上皇太歲與太乙格孛星助太歲相合若符契者

唐貞觀十四年唐子太乙運行既濟卦六二爻為中道安平之限二十四年事既濟矣無復進而有為婦喪其茀則不可行也可守正道能靜而俟者不久而自定立陽剛中正之君然亦有小隔於其間如婦喪其茀不可行之象戒以勿逐於外以動而自得於限之中必有所失而後定也能守正道則無失矣易曰六二婦喪其茀勿逐七日得以中道也

之外坎内乾
互上離下兑

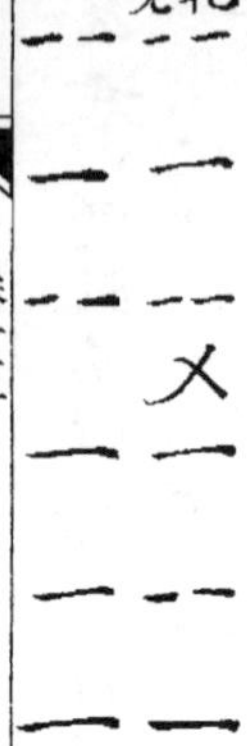

既濟之需為君者能以誠信充實于中則有光明之亨通也能守其正可以濟難既濟之需内卦變為純乾无慝有僭乱者生焉在内卦多生於内必起自宮掖

唐太宗貞觀十七年癸卯甲子元四十局太乙在七宮主大將與客參將併因大乙為四郭杜歲計遇之大凶其年三月魏王泰陽結朝臣謀代皇太子承乾懼與侯君集謀以東宮兵攻大内事覺四月乙酉日廢皇太子為庶人徙黔州親王泰幽于北苑誅李安儼趙節侯君集等丙戌立晋王治為皇太子大赦天下太乙四郭杜之驗也至貞觀二十三年己酉五月太宗崩皇太子即位號高宗次年改

元至永徽五年廢皇后王氏為庶人立宸妃武氏為皇后正為僭乱者出於宮掖之間有婦喪其茀失止之象

唐高宗麟德元年甲子太乙運行既濟卦九三之爻三十六年為内極災變之限既濟九三之世用剛武遠伐暴乱之時以救生灵為心乃用王者之事也然中國之民疲且困矣易曰高宗伐鬼方三年克之小人勿用象曰三年克之憊也

之外坎内震
互上艮下坤

既濟之屯陰陽始交而未暢為屯則天下之難未亨泰之

时也濟屯者豈獨力所能必賡資輔助建立侯王以主不寧易曰屯元亨利貞勿用有攸往利建侯内屯互交為坤象有慝則妨后妃臣下之謀主婦女掌權竊柄之象在内起自宮掖内卦離变震離為戈上互艮艮為止止戈為武武離為中女变震女子武氏之象也離為火艮為狗有大逢火以止内乱也内互坤坤為西南蠻戎之象也外互艮艮為東北夷狄之象也坎為北狄之象俱為遠方之伐是时李勣伐高麗薛仁貴伐吐蕃劉仁軌破新羅裴行儉伐突厥是用伐鬼方之象也至弘道元年十二月高宗崩立第七子顯即皇帝位次年三月太后廢帝為廬陵王立

豫王旦為帝皇太后臨朝稱制至庚寅年其年丙子元十五局太乙在六宮主參將與始擊客大將客參將共迫太乙宮名曰四郭固有篡廢之禍九月后篡帝位改國號周是女子武氏之驗也至聖曆元年戊戌正月后納狄仁傑言召廬陵王于房州還洛陽是大邉火狄能止亂之應也是屯之利建侯以至不寧之象也

唐武氏久視元年庚子太乙運行既濟卦六四爻廿四年為積亂之後待治之限也既濟六四及於坎之水體以防患慮變為急終日戒懼以慮患如平時當疑患之將至當畏慎可也

之外兌內離
五上乾下巽

乂 太乙

既濟之革革去故也初革其故人故未能遽信巳日乃從是天下弊壞之後而革所以致其通也故革之以正而可以利天下不可以致大亨革而不正則有悔也易曰巳日乃孚元亨利貞悔亡六四爻動変外互純乾有應象有應剛德之君能理於國也內卦離為中女外卦兌為少女二女陰柔不正之象外互乾內卦離乾為天有高隆之象離為火有大明之象理國者必以此為徵也

中宗神龍元年乙巳太乙在二宮客大將囚人君不利有為其年正月癸卯宰相張柬之崔元暐及羽林桓彥範等率兵以討誅張易之昌宗昌期等于院左太后聞変而起桓彥範進請傳位太后返臥不從甲辰日勅太子監國乙巳日太后傳位于太子丙午日中宗即位大赦天下丁未日從太后于上陽宮三月甲寅復國號唐既濟之革此其象也是歲以武三思等同中書門下三品桓彥範仲暉魏元忠為侍中張柬之袁恕巳韋安石並為中書令十一月上尊號應天皇帝后曰順天皇后壬午日皇帝享太廟大赦時韋皇后及帝女安樂公主上官昭容干豫政事武三思蒸于后武氏之權復振共譖柬之等五王罷政事譙王

重福黜為刺史壬寅太后崩謚曰大聖則天皇后年八十二歲神龍二年丙午歲武三思復譖張柬之等五王為崖竇白新州司馬七月又流于瓊瀼環古瀧州彥範仲暉恕巳三思皆矯制殺之戊申立衛王重俊為皇太子景龍元年丁未太乙在三宮始擊地主客參將在四宮太乙近始擊名為擊太乙在宮後擊在內為伐戮占在同姓近臣妃后之類客筭短不成自敗也武三思挾韋后勢將謀逆內忌太子而其子崇訓又尚崇（安）樂公主數請廢太子自立皇太女重俊恚怒七月至（辛）丑以羽林千騎兵探三思出殺之崇訓入索公主不克死之癸卯大赦此年太乙內擊之應

亦既濟四爻動，内離外兌，離兌二女，陰柔不正之驗。唐景隆元年庚戌，其年客㭊將因太乙易地。六月，皇后及安樂公主、散騎常侍馬秦客反，壬午日鴆殺帝，崩。中宗既革命復唐，居既濟六四爻之時，不能防患慮危，取袽衣塞舟之戒，任用小人，聽信婦言，是革而不正，則有悔，故禍及於身也。帝后矯詔立太子重茂即皇帝位，年十六，太后臨朝稱制，大赦天下，改元唐隆。睿宗旦，高宗第八子，帝后潛謀害帝。六月庚子夜，臨淄王隆基率劉幽求等兵入誅帝后、安樂公主等，奉安國相王即皇帝位。丁未，立平王隆基為皇太子。至太極元年壬子七月辛未，慧變，傳位皇太子隆基，即皇帝位，是為玄宗。此正為剛德之君，理於國。有𢷊高隆之名，文明之表也，是能遇乱扶危，革之以正，可亡其悔也。

唐玄宗開元十二年甲子，太乙運行既濟九五之爻，三十六年為中道安平之限。既上下二位東西二鄰之象也。易曰：東鄰殺牛，不如西隣之禴祭，實受其福。象曰：東鄰殺牛，不如西鄰之時也；實授其福，吉人來也。

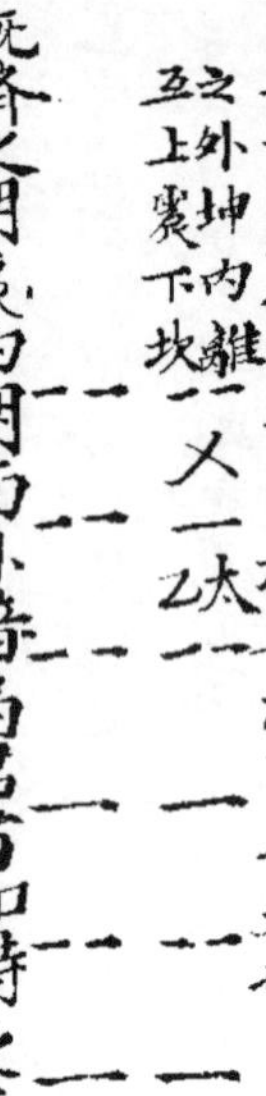

既濟之明夷，内明而外暗，為君者知時之夷，則利在艰难守正也。外卦坤象，無應有盜賊為袽，在外卦起自蓄，且外

互震，外卦坤，坤為牛，震為决躁，其物决躁而有鹿角之象。内互坎，坎為北狄之兆。外卦坤，坤為婦女，為群小，事起于婦女群邪之黨也。

唐玄宗開元二十八年，以壽王妃楊氏為道士，號為太真。是時天下無事，國家富強，行旅不賚粮，外户不閉。太乙行于中道安平之限也。至天寶三載甲申，以安禄山為范陽節度、河北採訪使。是時太真妃勢傾天下，禄山請為妃養兒，帝許之，命与楊釗及林甫約為兄弟，由是禄山有禄乱天下之意。至天寶九載，封禄山為東平郡王。時帝春秋高，嬖艷鉗固，紀綱蕩然，禄山反狀已露，帝猶不悟。楊国忠惡禄山，言其决反。帝使謁者輔璆琳受禄山金，固言不反。皇太子亦屡言禄山反狀，帝不信。國忠曰：誠召還朝，必不至。禄山揣知謀，乃馳詣帝，帝竟遣禄山還鎮，恐國忠留之，日行三百里。反狀明白，人告言者，必縛與之。天寶十四載十一月，禄山反，陷河北諸郡，封常清為范陽平盧節度使，以討禄山。及詔郭子儀、王承業、張介然，程十里等討之，仍以榮王琬為東討元帥，高仙芝副之。天寶十四年乙未十二月，常清、仙芝敗績，伏誅，榮王琬薨。其年太乙入八局，太乙在三宮，主筭短，客筭長，利客不利主，以致敗也。十二月，禄山將兵向潼關，太原伊楊光翔，命西平王哥舒翰統兵八

萬鎮潼關、天寶十三載正月、祿山僭稱雄武皇帝于東京、
國號燕、建元聖武、六月辛卯、哥舒翰叛降于賊、遂陷潼關、
京城大駭、甲午、親征、此玄宗不能守其真正之道、所以盜
起而乱也、亦明夷先明後暗之象、其年戊子元九局、太乙
在三宮、太歲丙申、太乙與太歲格、主有崩亡兵役之事、主
西南先敗、東北後敗、太乙又在三宮、天目在和德、是太乙
與天目俱在艮維之鄉、主天子巡狩行幸遷國、天目和德
主南遷、太乙在既濟九五之爻、明夷外卦坤象、坤為西南
梁州之分、是玄宗幸蜀之應、六月丁酉、次馬嵬、衛軍殺楊
國忠、賜貴妃自縊、巳亥、祿山陷京師、七月庚辰、車駕至蜀

郡、七月丁卯、皇太子生天下兵馬事、北至靈武、裴冕等甲
子奉皇太子即皇帝位、改元至德、二年正月、安慶緒殺父
安祿山而襲偽位、改元載初、閏八月、復京師、慶緒奔于陕
是既濟九五東鄰殺牛、不如西鄰祭祀之時也、亦太乙格
主西南先敗東北後敗之應也、又既濟之明夷、內明外暗
先明後暗之象也、唐玄宗開元之初、欲為治、能自克勵儉
德、至天寶之後、殫耳目之玩、窮聲妓之巧、自以為帝王之
富貴皆不我若、祿山見綱紀紊乱、禍孽日熾、用進奇禽異
物以蠱帝心、玄宗不悟、以至于不可支持、太乙行既濟之
明夷、先明後暗之應也、若玄宗能以艱難清儉守正道、克

終其業、則乱何由及矣、
唐肅宗上元庚子、太乙運行既濟卦上六爻二十四年、外
極災變之限、處既濟之極、遇進不已則過於难、又陰柔在
上、將殁不久、危莫先焉、明者惧其危亡、反身修德、小人處
之、其敗立至、易曰上六濡其首厲、象曰濡其首、何可久也、

之外巽內離
五上離下坎
乂
太乙
⚋⚊⚋⚊⚋⚊
⚊⚊⚋⚊⚋⚊

既濟之家人、家人之道、利在女真、弱主在上、柔佞處下、以
至謗邪競進、盜賊並起、天下紛乱、易曰家人利女貞、外卦
巽、內卦離、內互坎、外互離、二離相迭、中虛二口之兆、坎為

北狄之象、巽為寡髮之象、巽下離、離南方赤色也、木之赤
朱也、為乱者必為此象也、
寶應元年壬寅、其年太乙在戊子元十五局、太乙在六宮、
始擊客大將與主參將相關、共迫太乙宮、客參將外迫太
乙宮、值此則名四郭固、有篡弑之禍、人君不利有為、
四月甲寅、大聖上皇崩於神龍殿、丙寅日、肅宗崩于長生
殿、肅宗疾革、張皇后謀立越王係、將誅李輔國、中宮程元
振、李輔國知其謀、四月丁卯、率兵入殺係及兗王僩、幽張
后於別殿、此太乙四郭固執之驗也、巳巳、太子即皇帝位、輔
國、元振驕恣用事、丁卯夜、盜賊殺輔國、竊其首而去、吐蕃

冠秦城渭二州是歲台州賊袁晁秉乱據浙東僭號建元
昇國明年李光弼遣兵殺之為乱者犯日之明也廣德元
年癸卯戊子元十六局太乙在七宮文昌將天道丙辰迫
始擊將太簇外宮擊客大將與主參將共格太乙之宮太
乙在之七宮坤維之鄉主天子行幸經曰太乙行極交但
遇迫擊之歲亦必遷矣欲知所幸之方以变卦而定之外
卦变得巽巽為東南林壑之象内互得坎坎為險阻是東
南之地也其年党項羌冠同州郭子儀敗之子儀復長安
吐蕃陷隴右諸州十月車駕幸陝係在東南之坎險阻之
地也自此連年邊寇不息至建中四年癸未立朱泚為帝
國號秦為乱者犯朱犯水之名者也是有濡首之危是時
奸邪競進主弱臣強此其驗也
唐德宗興元元年甲子歲太乙運行未濟自唐受命以來
太乙運行既濟六爻俱得其位此未濟六爻俱失其位自
此以後唐之君漸弱基祚漸衰矣

未濟 一 -- 一 -- 一 --

太乙運行未濟之卦初爻二十四年為建功立德之限有
功有德者立無功無德者衰時當坎險若才力有餘者可
以濟時之險若才力不足者則不能濟不濟則悔吝生焉
易曰濡其尾亦不知其極也

太乙理初爻

一 -- 一 -- 一乂 一
一 -- 一 -- 一 一

之外離內兌
互上坎下離

未濟之暌暌乖離散之時事皆相違害之道也用小事則
吉舉大事則凶易暌小事吉外卦并内互二體皆離離為
中女内卦兌兌為少女執政者皆女子小人之徒外互坎
内卦坎兌坎為北狄之象兌為西戎之象内有小人之權
外有鄰國之乱此其應也
唐德宗貞元二年李泌言皇朝之盛無如貞觀開元遂改
元為貞元後帝曰朕當為億萬年貞元之後吐蕃年年入
寇天下州府相競相搏剋百姓以進奉固恩澤至十三年
以中宮掌宮内市強買人物京師苦之十六年二月以韓
全義為蔡州營招討使全義無將畧以賄納中宮故府用之
五月為吳少誠所敗于廣利城七月大敗于五楼軍潰全
義退保陳州十月吳少誠引兵歸蔡州上表待罪詔復爵
十七年辛巳春韓全義班師上不知其敗以為討降吳少
誠有功寵賜甚厚還鎮華州外有吐蕃藩鎮以擾其外中
宮小人以乱其内是有濡尾之吝暌乖之道至貞元二十
二年已酉歲太乙在五十八局太乙在四宮客大將与主
參將併而格之名四郭杜入君不利有為其年正月癸巳
帝崩于會寧殿號德宗崩丙申順宗即位至八月庚子立皇

太子即位自稱太上皇太乙入未濟之初為建德立功之限是以德宗憤積世之弊憫王室之弱南面之初赫然有撥乱之志然而識度闇淺咨情猜慢親信多非其人舉措不由其道若獸之揭尾其能濟時之难險乎于是困辱于奉天播遷于南山公卿拜于賊廷鋒鏑集于黄屋此正睽離乖散之時唯用小事則吉大事則凶之驗也

唐憲宗元和三年戊子太乙運行未濟卦九二爻三十六年為中道安平之限也未濟九二君多失道之時所賴者貞臣耳為君者守中行正盡君道之善為臣者能極其恭順戒其剛遇（過）所以為正而能保其終也易曰九二曳其輪貞吉象曰九二貞吉中以行正也

之外離內坤　一 -- 一 -- 乂 一 --
互上坎下艮　一 -- 一 -- -- --

未濟之晉晉為進盛之時大明在上而下體順附諸侯承王之象在上大明而能與下同德順以治安也易曰晉康侯用錫馬蕃庶晝日三接也变德內卦坤經曰乾坤之象变在內卦事生于內起自宮掖內互艮外互坎艮連坎為闇晤之人為肘腋之禍

自憲宗即位以來天下豐熟斗米二文太乙行中道安平之限用武元衡裴度為相是大明在上而下順附上下同

德用康侯之象也是以憲宗聰明果決得于天性選任忠良延納善謀卒能取灵夏清劍南誅浙西俘澤潞平淮右復齊魯于是百年之憂一旦廓然唐之復振皆基于此至元和十五年庚子太乙入第一局太乙在一宮客目格主大將客参將格太乙犯此則有盗侮其君之象人君不利有為其年帝餌金丹多躁怒正月庚子宦（官者）帝陳洪志弑帝皇太子即位由是宦官用事是為閽寺之應至大和九年乙卯歲帝以中官大盛元年逆黨尚在左右畏而惡之陰與李訓鄭注謀殺之九月殺陳洪志十月殺王守澄十一月壬戌李訓等言金吾仗舍有甘露請觀之伏兵謀誅中宮不克訓奔于鳳翔中尉仇士良率兵殺王涯賈餗舒元輿李孝本羅立言王璠郭行餘等十三族京師大駭中官益橫開成三年戊午正月甲子仇士良使盗殺宰臣李佑朝廷震恐常参官入閣者九人而已余皆潛竄浹旬方息謂是閹寺擅權之驗也開成五年太乙在二十一局犯迫格執提是為凶歲其年正月戊寅上不豫中尉等官與仇士良矯語以帝弟潁王為皇弟權官鎮軍事廢太子復為陳王辛巳帝崩于太和殿號文宗武宗即位是搆乱者起自宮掖閽寺之人官事為乱之應也是居上者失大明之迫為臣者無德以附于上失晉卦用康侯之禮所以及禍

也
唐武宗會昌四年甲子太乙運行未濟卦六三之爻内極
災变之限二十四年時未濟而征所以凶也若能涉險夷
除患难則吉无不利易曰六三未濟征凶利涉大川象曰
未濟征凶位不当也
之外離内巽 互上兌下乾 一 一一 一乂一 太乙一 一一
未濟之陽当革故取新之際易曰陽九吉亨内互乾有應
至剛德之君理国革弊從新有无吉之亨上互兌内互乾
下卦巽上卦離離在天上有文明而照四方之象理国者
以此象也

會昌六年丙寅太乙在二十七局客大小將挟名曰四郭
杜人君不利有為其年三月帝服方藥不豫甲子崩號武
宗皇帝大叔即位是謂宣宗英敏特達妄任能臣克上黨
如拾芥取太原如反掌享国日浅功業未就惜哉宣宗少
歷艰难長年残祚人之情偽靡不周知尽心民事励精正
道賞罰而必当罰戾而必正為剛德之君能理於国革前
朝之弊為陽新之治也至太中十三年己卯歲太乙在七
宮四郭杜其年人君不利八月癸巳上崩是為宣宗鄆王
温即位號穆宗其後淅東云南吐蕃年年冦邊藩臣跋扈
至咸通年後帝驕淫無度崇尚浮奢昵近嬖倖忠諌者誅

斥民怨不知神怒不恤故李氏之亡於茲決矣未濟之不
能除患除难不能革弊陽新故無所利何言之亨也
唐穆宗咸通九年戊子太乙運行未濟卦九四爻為習乱
之後待治之時其限三十六年未濟九四能勉而為正先
悔不正則不能濟於难險有悔也以義為動能伐遠方可
以成功而行大国之賞必如是乃有濟濟天下之道当貞
固所以有吉也易曰貞吉悔亡震用伐鬼方三年有賞於
大國象曰貞吉悔亡志行也
之外艮内坎 互上坤下震 一 一一 乂一一 太乙一一 一 一一
未濟之蒙蒙昧之世右弼主在上强臣在下当任剛中之臣

不失其中正之道則可也六四之爻小人並進上下相蒙
失正之凶也易曰象蒙亨匪我求童蒙童蒙求我初筮告再
三瀆瀆則不告利貞外互得坤有應防后妃臣下謀变在
外卦事生於外起自蕃臣外互坤坤為黄色上有艮艮為
黔喙之属有山顛之木巣居之象艮為山坤属土坤上有
一乃王字為王者之象乃互震震為木子為乱者以此為
兆也
咸通十四年癸巳庚子元五十四局太乙在二宮客参將
囚主大将格文昌將迫人君不利有為六月上不豫七月
帝崩晋王即位是為敬宗至乾符三年丙申六月漢州賊

王仙芝軍陷曹濮二州七月主仙芝寇掠河南十五州衆三十萬所向無不殘滅仙芝乃是山人之象也丁酉年三月有宛句賊黃巢陷鄆沂二州八月黃巢與王仙芝合兵陷隨州九月沙陀李國昌寇靈朔二州宛句賊黃巢聚衆萬人陷郢州至廣明元年庚子其年太乙在六宮客目將格太乙助客不利主人黃巢僭號自陳符命取廣明字分其大曰唐玄五口而著黃明當代唐其下乃黃之日月已也蓋天啟云是歲十二月巢陷潼關丙戌陷京師帝乃幸興元壬辰巢合含元殿僭皇帝位國號大齊建元金統大赦天下其後乃黃之象巢之名也至中和二年壬寅庚子

元十三局太乙在六宮主人不通始擊將格太乙客參將因太乙不利於主人壬申車駕幸四川海內盜起兆民不安京師白日殺人血流於闕中衆貴黃金至斗易米一斗賊自相食天下非復唐有其年李克用授太原節度使中和三年癸卯太乙在大宮四局太乙在七宮主大小將追提挾客正月鴈門節度使用為京城東北面行營都統三月克用與黃巢戰於零口大敗于渭橋丙午復長安巢轉掠鄧許汴洛徐兗等州倉原人以為粮時朱溫為宣武軍節度使賜名為全忠中和四年甲辰克用追躡黃巢日夜三百里巢衆敗走至泰山狼虎谷巢計歲自刎是震用伐兇

方三年有賞于大國之象亦是主挾客之應也光啓元年乙巳三月車駕至自成郡大赦改元田令孜与王重榮爭鹽池九月王重榮反十一月李克用叛附于重榮十二月乙丑李克用犯京師其年太乙在六十六局太乙在七宮始擊武德俱在坤維之鄉又主客迫挾太乙主天子巡幸丙子車駕幸鳳翔太乙在七宮坤維西南之方是以幸鳳翔太乙在七宮故也河中王重榮構太原兵詣闕焚蕩幾盡光啓二年十月丙午嗣襄王煴自立為皇帝改元永正尊皇帝為太上皇文德元年戊申二月車駕至自鳳翔帝不豫癸卯崩于武德殿年二十八號僖宗三月皇太弟知軍

國事已巳即皇帝位大順二年辛亥太乙在九宮太歲与太乙格其年有彗孛出於東南方助太歲主西北國前敗東南國以後敗其年四月庚辰有彗星入于太微掃大角天市長十余丈五月甲戌伏是以其年八月王建陷成都六月楊行密陷揚州李茂真陷鳳翔又陷興深二州乾寧三年丙辰六月李茂真犯京師王師敗績七月車駕次渭北韓建來朝攻劫上幸華州岐軍遂焚長安應之祚數一百八十二年此年為祚終之年也然後猶未終者唐朝十有八主其閒豈無累功積德之君得數之過也至天復三年癸亥三月戊申敕左右神策軍中尉韓全誨內樞密使

表易簡莽三十八首級告諭四鎮甲子上幸朱全忠軍已
巳還長安哭于大廟庚午全忠殺中官七百餘人以應太
乙格太歳彗星見東南方東南国前敗西北国後敗之驗
也
唐昭宗天祐元年甲子太乙行未濟卦六五爻中道安平
之限二十四年未濟六五以柔居尊位弱主在上為臣者
能輔之以君子於時可濟也可濟則濟有暉之光吉也若
以柔居尊而不能制下不能以忠信事上何有光暉之
吉及道敗德失之大矣易曰貞吉无咎君子之光有孚吉
象曰君子之光其孚吉也

太乙　之外乾内坎　五上巽下離　一乂一　一　⚋　一　⚋
未濟之訟訟之卦上下相違内乱相悖以為訟也以信實
居中正之道常以惕懼戒慎訟何由興不能守中正之道
終必有凶易曰訟有孚窒惕中吉終凶外卦乾象無應有
僣乱之徒流于世在外卦起自藩臣外卦乾内互離下卦
坎有名天者日者氷者有赤者有光者是其應也
其年八月壬寅朱全忠遣李振蔣玄暉弑帝蔣玄暉兵犯
宮闕是夕帝崩謚昭宗全忠矯詔立皇太子監國丙午即
位年十三天祐二年十二月戊申全忠弑太后何氏朱全
忠殺唐丞相三省官殆尽天祐四年丁卯四月甲子帝禪

位于朱全忠都于梁徙帝曹州謚哀帝上有弱君下有強
臣上下不相制失正而征所以見滅也朱温犯日之名至
此而唐亡矣以数推之則二百八十二年乃祚限之期今
在数外而終唐朝十八帝其間豈無積德累功之君所以
過其数也其年四月甲子朱全忠受唐禪即皇帝位改元
開平國號大梁更名晃升汴州為開封府建名東都梁之
歷数非正数止得十二年梁乾化二年壬申歳太乙在二
十一局太乙在八宮主大将格客叅将囚迫死門為直事
加太乙宮歳計遇人君之不利有為帝晚年淫虐尤甚次
子郢王友珪懼誅二月戊寅與韓勍馮廷諤弑帝年六十

一號太祖至次年癸酉友珪聞乱與妻張氏趨北垣樓下
令馮廷諤先刃其妻次及己諤亦自刎年二十八歳庶人
均王友貞即位去鳳歷止為乾化三年至乙亥改正月至
辛巳改龍德三年癸未六月李存勗同郭崇韜自鄆州直
趨大梁十月敗王彥章戊寅夕梁主召其将皇甫麟進刃
於建国楼下存勗四月即位於魏州改元佑二十年為同
光元年大赦天下復国號唐亦非正数主十二年之限也
至莊宗同光四年四月從馬直郭從謙作乱帝為流矢所
傷崩于絳霄殿之廊也年四十謚莊宗嗣元四月丁亥至
罌子谷聞内難哀慟久之至洛京即帝位改元天成大赦

天下至長興四年癸巳太乙在四十二局主大將客大將挾太乙宮主不利有為十一月帝不豫壬辰秦王謀反勒兵將入宮朱洪昭馮贇負孟漢瓊并擊殺之至戊戌帝崩于雍和殿年六十七號明宗莊宗氣小志近驕心易生矜宮自能便嬖是用婦言是聽不能稟中正之道故悔吝及身也明宗為正衆所附資性寬厚舉賢用能天下為之小康既浮貞正故能永終天祿有輝之吉也至今稱為賢主矣

後唐天成三年戊子太乙運行未濟卦上九為外極災變之限三十六年未濟之極居否終傾變之時也若能成志

安於義命而自樂則可无咎若不退守其安忽躁隕墜入于凶咎矣若沿樂而鯢肆至於濡其首信之矣若能安於命義不失其常則無咎矣易曰上九有孚于飲酒无咎濡其首有孚失是象曰飲酒濡首亦不知節也

之外震內坎 互上坎下離 太乙

未濟之解天下之亂既除則不復有為姑隨時維持而已若尚有當解之事則平為之乃吉解險以動將有出險之道然雖既濟解利西南也內卦坎外互坎內互離外卦震震東方之卦離南方之卦震卯木有金劉之姓也震木出於離火北木之象為有聲之物離為飛揚之氣能善鳴有

無勇之象坎水涔流而中有剛硬者石之象水流亦劉之象震為之而起走也離火日坎水月有胡趙之象起於北方南方者不能享國惟居九五起於東方者可以有國也有國則天下之難俱解矣

宋王從厚十二月自魏府即位改為應順石敬塘為大源節度使其年甲午歲太乙在四十二局八宮主大將因客參將迫太乙宮名提挾有篡弒廢戮之事二月移鳳翔節度使潞王從珂權北京留守不受詔遣討之進兵攻鳳翔二月丁卯從珂權至陝州戊辰帝出次衛州遇敬塘殺帝之從騎百餘而去四月壬申潞王入洛癸酉廢帝為鄂王

遣人鴆殺之后皇孔氏及四子皆遇害四月乙亥潞王即位改元清泰其年太乙提挾之念也清泰三年丙申五月河東節度使附馬都尉石敬塘為鄆州節度使封趙國公不受命七月誅石敬塘子石重英重裔及弟敬德范延光晉陽危蹙敬塘求援于契丹契丹主德光自將五萬騎救之九月帝親征次覃懷副招討使楊光遠殺張敬達以降契丹丁丑車駕還庚辰敬塘至河陽其年太歲丙申太乙在四十五局太乙在八宮止提挾宮是乱之驗也辛巳帝與皇后舉族自焚於玄武殿下年二十五歲號宋帝此正十二年之數也十一年丁卯契丹主敬塘立為大晉皇帝

於晉陽約為父子之國、改長興亡年為天福元年、大赦天
下、亦无正數、以九年為限、至天福七年壬寅、太乙在五十
一局、客小將格、太乙主人杜塞、人君不利有為、六月乙丑、
帝崩于寶昌殿、年五十一、號高祖、齊景延廣立齊皇重貴
即位、景延廣驕暴、以皇帝嗣位為已功、遂加平章事、遣使
告哀冊於契丹、去表致書、去臣稱孫、契丹大怒、主開運四
年丁未歲、五十六局、太乙在三宮、太歲與太乙格、有崩亡
之事、正月契丹入京師、帝須封禪寺、三月壬寅契丹主發
大梁、晉文武諸司經殺者數千人、盡載府庫之寶以行、自
白馬渡河、徙黃龍府安置、契丹主至樂城殺胡林而卒、是

謂崩亡之應也、此晉之數、太原北平王劉知遠、知慮國政、
乃畜義舉、辛未即皇帝位于太原、却稱天福十三年、四月
癸亥冊魏國夫人李氏為皇后、至戊申年、正月、大赦改元
乾佑、更名曰高、以為道為太師、封齊國公、至甲子日、帝不
豫、己丑、崩于萬歲殿、年五十四、號高祖、第三子承佑即帝
位、年十七歲、至三年、太歲庚戌、太乙在四宮、客挾主、客大
將迫太乙宮、主參將格、人君不利有為、其年郭允明弒帝、
年一十號隱帝、此正次之流石二象也、郭威自迎春門入、
辛亥歲正月即皇帝位、國號太周、改元廣順、都于汴洛、稱
郭崖兒、周亦無正數、以九年為限、至四年、帝崩于滋德殿、

年五十、號大祖、有飛鳥之象也、義子柴榮奉遺詔即位、改
元顯德、至六年己未壬子元六十八局、太乙在八宮、始擊
掩太乙宮、主參將迫、人君慎之、六月、帝崩于萬歲殿、壽三
十九、號世宗、此為離变震、有木出於火、互坎、柴之象也、子
宗訓即位、年七歲、庚申歲、正月河東劉鈞合勢入寇、詔趙
匡胤率師北討、至陳橋驛、軍情忽变、乙己、詔禪位于趙匡
胤、即皇帝位、奉少主為鄭王、國號大宋、是震是坎月之驗、
宋為歸德、起於東方者、可享國也、太乙行未濟外極灾变
之限、天下之難方鮮、終須濟矣、當興修正道、定紀綱法度
以代明王之治、是其復吉之驗也、

艮 ䷳

乾德二年甲子、太乙運行艮卦、初六爻、二十四年、為建功
立德之限、艮之為卦、一陽位正、止於二陰之上、陽自下升、
極上而止、為鎮靜之象、艮為門闕、震為木、是家中木宋興
之兆也、宋之數一百六十八年、為祚限之數也、初六爻動
之初、止初於事也、事止於初、未至失正、故无咎、戒以利在
恒永貞固、則不失正道也、初六曰、艮其趾、无咎、利永貞、象
曰、艮其趾、未失正也、

外艮之內離 互上震下坎 ䷕ 人 太乙行初六爻

艮之賁、人之合聚、則有威儀上下、物之合聚、則有次序行

列合則必有文猶物之有飾也有節而後能亨然賁卦之象亨於小者則利有攸往易曰賁亨小利有攸往內卦变而為離離日也火也有文明之象

自庚申年正月乙巳詔禪位于太祖奉帝為鄭王國號大宋受周禪周木德王當主色尚赤臘月戌建元建隆至乙丑乾德三年蜀主孟昶來京師開寶四年二月擒劉鋹廣南平乙亥十二月擒李煜江南平九年丙子歲冬十一月癸丑帝崩于萬歲殿壽五十號太祖弟炅立改元太平興國是賁之亨小以炅為名離象也至興國三年戊寅吳越錢俶來朝四年五月劉繼元降六月庚申北征次年七月帝至自北京大名乾德元年癸亥荊南高繼衝歸朝得州三縣十七乾德三年乙丑蜀主孟昶降赦蜀是為建功立德之限應驗矣

宋端拱元年戊子太乙運行艮卦六二爻二十四年中道安平之限也此爻居中得正在外者不能退聽拯救其弊而唯隨之使我心不快也易六二曰艮其腓不極其隨其心不快象曰不極不隨未退聽也

之外艮內巽　一　一一　一一　一　乂一　太一
互上震下兌　乙一

艮之蠱蠱者事也事之壞亂當有事之時也能幹濟其事則得亨也時之乱則當思慮其先後可也故善救者詳之

於始則弊可革善治者究之於終則利可興此古之聖王所以新天下而垂後世也易蠱元亨利涉大川先甲三日後甲三日內巽巽東南方之卦又巽為木其為人也為寡髮為廣顙內互兌西方戎狄之象外卦艮艮東北夷狄之象也故為有事之才也

淳化四年癸巳盜起于蜀賊推李順為君陷蜀邛州又陷永康軍五年春正月李順陷漢州又陷彭州次陷成都府壬寅王師克劍州五月克閬州又克巴州王繼恩進兵擒李順破賊十餘萬遂克成都李順之黨皆伏誅秋八月蜀平為逆者李順犯木之名也此為有事涉難能極其弊克濟其事獲元亨也至道三年丁酉三十四局太乙在四宮始擊將與客大將因太乙主大將又格又太歲與太乙格在易絕之地主有崩亡之事也其十二月帝崩年五十九號太宗弟三子恒即位改咸平元年二月己亥契丹寇澶冀威武軍王師破契丹于五合州是彼不能退聽與我不自拯其弊而隨之失也至咸平五年三月李繼遷趙保吉陷靈州守臣裴濟死之六年四月契丹入寇景德元年十月契丹寇瀛州又逼冀州其年第五局太乙在七宮文昌將陰德始擊將呂申太乙與天目俱在坤維七鄉主天子有動其年十一月庚午皇帝親征契丹犯澶州李繼隆伏

弩射死其將蕭撻覽契丹使韓把米請和戊戌皇帝至自
澶州為涉越險阻以濟时之艰难是斡蠱得元亨之象也
其年七十二處進嘉禾合穗封老子孔子之尊號天下大
治是太乙運行中道安平之限故也
宋祥符五年壬子太乙運行艮卦九三爻為内極灾变之
限三十六年艮之九三上下不相承也危惧薫灼心不得
其安行止宜時無可不可固執一陽而舉世莫與宜者豈
有安格之理危惧常薫於心也易九三曰艮其限列其夤
厲薫心象曰艮其限危薫心也

之外艮内坤
五上坤下坤 一 -- -- 乂 -- -- --

艮之剝陰盛陽衰之時小人壮君子弱若能知变順時而
止之不往何咎矣易曰剝不利有攸往内互坤太乙行坤
有應為妃后専權之象也外互坤無應有盗賊暴乱為害
坤為工二陽在上王者之象外卦艮艮為背為門闕為止
為東北方坤為西南方為乱者必此象也
乾興元年壬戌五十九局太乙在四宫主恭將格客大將
迫又客挟於主人君不利有為二月戊午帝崩號真宗太
子禎即皇帝位尚幼軍國事皇太后總制明道元年太后
崩上始親政事景祐元年甲戌歳太乙在九宫與太歳格
有孛彗出東南方西北國前敗東南國後敗主兵革死喪

疾疫是年八月有星孛于張翼東南之方冬十月西戎冦
邉十一月戊子皇后郭氏薨戊寅太后楊氏薨寶元元年
戊寅西河元昊反僭號于夏州三年十二月夏人犯保安
軍狄青敗之康定元年庚辰歳正月元昊圍延州劉平與
賊戰于三川口王師敗績平死之九月戊辰王師失利于
三川慶曆二年冬元昊未納款慶曆四年五月元昊稱臣
更名曰曩霄十二月封為夏國王六年丙戌山東地震宜
防未然之变其下登州嚴武備七年丁亥王則反于貝州
此謂上下不相承也使我心不得安格此數年之間王師
多不利是剝之象不利有攸往之驗也

宋慶曆八年戊子太乙運行艮卦六四爻二十四年為積
乱之後待治之限不能為天下之止惟止於身雖无咎非
大有為之道也艮六四曰艮其身无咎象曰艮其身止諸
躬也

之外離内艮
五上兊下巽 一 -- 乂一 一 -- --
太乙

艮之旅艮以静止為吉今山止於下火炎於上為合其時
止不能處静可以小亨惟正則吉易曰旅小亨旅貞吉内
卦艮東北方之象外互兊西戎之象外卦離南蛮之象將
有事于此方也
慶曆八年戊子正月辛巳文彦博平貝州甲辰赦河北丙

午王則伏誅。此正積乱之後，待治之限也。皇祐元年二月，清井蠻寇邊。九月，廣源蠻寇雍州。四年夏四月，廣源蠻濃智高反，陷邕、襲藤、梧、封、康、端、廣等州。五年正月，狄青破儂智高于歸仁浦。五月，拜狄青為樞密使。嘉祐八年三月辛未，帝崩，壽五十四，號仁宗。志誠愛物而民戴之，責股肱之任於大臣，而君道常佚，委耳目之寄於言者，而上聽無壅，雖則外有蠻夷為乱，奸臣竊國，能正其身而无咎，雖非大有為之道，唯能守正則獲小亨也。

神宗熙寧五年壬子，太乙運行艮卦六五爻，二十四年，為中道安平之限。艮以止其輔而言有序，則有悔可亡。此六五之時，以口舌文辭相尚之世，宜遵此戒。易六五曰：艮其輔，言有序，悔亡。象曰：艮其輔，以中正也。

之外巽內艮　互上離下坎　一乂一　一乙一太一　一　一一　一一

艮之漸。天下之事，止而後動，必以漸者，莫如女歸于夫、臣進於朝。人進於事，固當有序，不以其序，則陵節犯義，凶咎隨之。外互離，為文明之君，居位下，有中正之臣相應，是文明之體處于上，巽風之體化于下，上下相承而有序，相吉。尤戒利於正。易曰：女歸吉，利貞。內互坎，外互離，外卦巽，亦有事於此方者也。

神宗熙寧七年甲寅二月，瀘夷吐蕃寇河州，景思立與戰，

死之。九年丙辰歲正月，交趾陷邕州，守臣蘇緘死之。元豐二年，瀘州蠻乞弟反，以韓存寶討之。乙丑正月，帝崩，壽三十八，號神宗。哲宗即位，紹聖元年甲戌十二月甲午，貶責元祐史官范祖禹、趙彥若、黃廷堅等，以口舌文辭相尚，不能正其輔之應也。

哲宗紹聖三年，太乙運行艮卦上九爻，外極災变之限。三十六年，人君能以敦厚篤實以久終，則吉。人之敦篤難於久終，節或移于晚，守或失於常，事或廢於人，人之所同患也。能敦篤實于終，止道之至善，所以吉也。艮之上九曰：敦艮吉。象曰：敦艮之吉，以厚終也。

之外坤內艮　互上震下坎　乂一乙一太一　一一　一　一一　一一

艮之謙。尊以卑居為謙，唯君子有終吉。為君者身居衆人之上，謙服於衆，陰退降之象，何有不利乎？况云有終，詩謙以遜為事，厚而不終，謙而不實，失之華偽，何有亨乎？易曰：謙亨，君子有終。外卦变坤，內互坎，在中有盜賊暴逆為害，內外相連，起自藩臣，外極災变之重，有失地亡國之應。事起於東北、正北及西南方也。艮為東北，坎正北，坤西南，占之當此為驗也。

哲宗紹聖三年丙子三月，夏人犯邊。六月，夏人入寇，皇后孟氏廢居瑤華宮。四年丁丑二月，章惇言司馬光等已追

貶而呂大防劉摯梁燾范亦宜量罪示罰、凡三十七人、皆貶、元符三年正月、帝崩、號哲宗、端王即位、是為徽宗、皇太后知軍國事、春正月壬戌朔、有赤氣起東北、彌亘四方、應東北艮卦方有哭主之兆、崇寧三年六月、籍元祐奸黨、以司馬光為首、凡三百九人、刻名於文德殿門之東壁、四年春正月、詔於帝鼎宮立大周鼎皇祠、八月安九鼎、戊子詔於國丙巳之地建明堂、大觀二年正月、皇帝受八寶、大赦天下、十一月辛酉、訪求古禮器、政和元年九月、童貫奉使契丹、虜主不禮貫、怨之、政和五年乙未、遼與女真交攻、遼大敗、女真起、改元收國元年、號金國、興為盜賊暴亂、起自藩臣、在東北之應、政和七年正月、詔道士林靈素築通其宮處之、崇尚道風、號道教主君皇帝、重和元年、詔改佛為大覺金仙、余為仙人、大士、僧稱德士、僧尼稱女德士、寺為宮、院為觀、依道流戴冠、丁巳、女真使入國、四月、女真祖自將伐遼、陷東京黃龍府、宣和三年十月、睦州方臘陷衢婺杭等州、三年、方臘陷楚州、淮南盜宋江犯惟(淮)陽、又犯京東河北、入楚海州、亦應盜賊暴亂為害、起自藩臣之驗、宣和七年乙巳、太乙在第三戊子元一十八局、太乙在巳宮、文昌大武因主大七宮、亦因主參一宮、挾客大將六宮、外迫大臣逆命、人君慎之、三月、金滅遼、粘罕兵侵掠河東、有向

京師之意、九月、有孤由艮岳入關、升御榻而坐、詔毀孤王廟、十二月庚申、徽宗禪位于皇太子、號道君皇帝、退龍福宮、欽宗即位、丙午年改元靖康、太乙入第三紀戊子元十九局、太乙在八宮、大昌大武孤主大將八宮因、主筭單八不和、无天之數、有篡殺挾持之禍、又在艮之上九、外極災變之限、正月、金兵斡离孛犯京師、御弟康王構至營求和、尊金國為大金、二月、金兵退、以張邦昌為大宰、六月丙辰、金火水土四星聚張、壬戌、彗出紫微垣、七月彗出東北、長數丈、掃帝座、抵文昌、八月、金兵復入、十月、雨水冰、時真定等州已陷、十一月、彗竟天、大風拔樹、斡离孛犯京師、攻圍四十日、閏月、丙辰、京城陷、徽宗不務篤實、唯以浮薄為事、輕諾少信、脩艮岳、勞民力、用小人、退君子、貶賢良、塞言路、以至亡國、哀哉、致屈身於夷狄、二帝遭囚、流於荒漠、是為太乙行外極災變之限故也、前宋自太祖歲起庚申至欽宗歲終丁未、九帝、合一百六十八年、以應艮象六爻封盈之限、宋居中原、天下康泰、百姓豐樂、九帝豈無積德累功之君、以得數盈而衰矣、宋爻止此、

兌　- -　—　—　- -　—　—

金天會十年壬子、太乙運行兌卦初九爻、三十六年、為建功立德之限、兌西方之卦、兌屬金、為少女、為戎狄、兌為口、

重兌二口馬面朝之象主夷狄之治世也文真號金國其
象也夷狄之數一百二十六年為國祚之限兌初九爻兌
說也以為說而無偏私說之正也正則獲吉無所疑也
之外兌內坎　卦上巽下離　一一　一　一　一一　一　乂一　一一　太乙理初爻
兌之困兌以陰在上坎以陽居下上六一陰在二陽之上
而九二一陽陷二陰之中皆陰柔掩於陽剛小人以陷君
子所以為困也唯大人處困能吉而无咎當困而吉人誰
信之易曰困亨貞大人吉无咎有言不信兌之坎坎壯方
之卦內互離離南方之卦也坎壯狄之象離南蠻之象坎
水能制離火以北次南之象也

天會五年丁未夏四月虜二帝北行張邦昌請元祐皇后
臨朝聽政宋五月庚寅康王即位張邦昌為太宰尋死之
十二月金兵乃以便宜分道集兵討康王七年十二月丙
戌宗弼之軍取湖州戊戌濟曹娥江岳寅宗弼大破宋兵
于高橋趙構遁入于海八年正月己未阿里盧蒲渾克明
州進克康王構至昌國執構之族兄弟趙誤問趙構將自
溫處福州海道追三百里弗及而還因隳明州秋七月金
師奉詔與推擇一人可立南王者立京東淮南通等路安
撫夷劉豫為子稱帝國號大齊都于大世修子禮仍賜以
金帛於冬十月乙亥車駕至自東京癸巳詔大齊建立年

號十一年十一月壬子朔皇子宗弼復進攻上原克之十
三年乙卯歲太乙在二十八局太乙在二宮客大小將掩
迫太乙宮其年正月己巳帝崩于明德殿年六十一歲太
宗皇姪孫亶即位是為熙宗十五年十月詔廢齊國隆劉
豫為蜀王於是置行臺尚書省於汴除去廢齊舊政改元
天眷元年戊午八月己卯詔以河南之地割於宋以京師
為上京二年己未四月己卯康王構遣使謝河南之地已
已集群臣議南伐五月丙子命元帥復疆五月都元帥宗
弼發自蒲合由黎陽趨汴州遣右監軍撒離喝出河中
趨陝西時宋將岳飛韓世忠等分據河南諸州要害以拒

金人又分涉河東哥嵐石保德之境以相牽制宗弼使孔
彥周下汴及鄭王伯龍取陳李成克孟洛陽宗弼取亳及
順昌府敵兵屢敗汝穎相次皆下宗弼以暑雨還軍于汴
飛兵軍亦自還河南平改元皇統元年四月辛巳宗弼乞
次江表是坎制離以北攻南之驗也六年丙寅六月翰林
承旨宇文虛中高士琰等以謀反伏誅七年四月戊午殺
戶部尚書宗禮天德元年五月殺翰林院學士張鈞戊申
誅耶律八年十一月召鄧王元妃撒印入宮戊子殺故鄧
王奭子阿懶撻懶癸巳車駕於忽刺渾士溫遣使殺德妃
烏右倫氏及妃夾谷氏張氏十二月己酉朔轉駕還京丙

辰殺妃裴氏蒲氏於寢殿十二月丁巳平章政事亮左丞相秉德左丞附馬都尉唐括辨與寢殿大興國尚書省令史李老僧等殺其年太乙在三十九局文昌將外迫太乙宮始擊將內迫太乙宮客大將又格之帝遇弒崩年三十二亮篡立太乙在兌卦初九爻為建德立功之限以是太宗熙宗雖有開基之功熙宗不能以和悅於家有偏私之愛非說之正也又君子為下所掩蔽窮困之時正入言之不信唯以殺戮為事故禍及之也完顏亮篡立降帝為東昏王殺曹王宗敏殺左丞宗賢改元天德元年至三年正月癸巳定王公宗戚三月親詣大房山命張浩敬自暉營

建南京宮室正隆三年七月召諫議大夫張仲軻右補闕為欽校書郎田與信張習賢入宮議南伐亮曰向梁琉嘗為朕言宋有劉貴妃者資質甚艷美今一舉而兩得之朕興兵滅宋遠不過三二年然後討平高麗西夏南蠻等國一統之後論功遷職分賞將士正隆四年二月遣吏部郎中蕭彥良還會寧甲仗及帑藏諸物戶部郎中高德基為營建南京宮室提點其年完補都城造戰船于通州四月命天下舊貯軍器並運至中都以繕完之時方建宮室于南京大興土木之後又中都所造軍器仗用皆賦于四方之民急甚星火官吏因而和買於市而民間之費率過其

倍箭翎一尺至千錢村落間往往椎牛以備筋革亦有生取其用者鳥鵲狗彘無不被害又徵諸路工匠至京師疫死者不可勝計海內之地大騷動矣八月以諸路戶口為差調馬五十八萬餘匹仍令出馬人戶養飼以候師其十二月乙亥太醫使祈宰以上疏諫南伐殺之正隆六年二月徵諸道水手以運船癸亥發自中都四月命百官先赴南京治事是月諸道徵兵五月西北路諸部契丹反遣兵討之七月亡遼耶律氏與宋趙氏子男無少長皆殺之死者一百三十人八月癸丑殺其嫡母太后徒單氏于寧德宮九月大名賊王友直等據城叛衆至數萬時所在盜賊

蜂起大者連城邑小者保山寨海陵聞而惡之時以諸道兵三十二總管海陵親領中軍欲自壽春以進甲午南征庚都統完顏元宜曰主上無道上下離心定議詰旦乃行時欲怒於衆語之曰適有命令爾輩去皆馬明日渡江軍士莫不色懼繼而告以舉事之計衆皆從之黎明元宜等以兵犯營海陵聞亂以為宋兵至遽起攬衣而箭入帳中取視之諤然曰乃我軍也已中流矢軍士爭進刃之肢體猶動遂縊殺之海陵以逆自立不能以和取天下小人用事賊害善人殺母臧親唯以嚴刑酷罰急徵暴斂民不堪命失其和兌之吉所以致禍也時大定元年二月故通奉

大夫太醫使祁宰贈資政大夫、顏起授秘書監、丙子蠲免租稅、六月右副元帥僕散忠義大敗窩斡之衆、生擒窩斡、七月宋主趙構內禪位于太子昚、京五年宋奉國書及誓書入見、拜金為叔、奉歲幣銀二十萬兩、定甲申年為首、每冬季於泗州交貢、七年丁亥正月壬子、上服衮冕御大安殿、有司備禮奉上號、是為世宗、以德和於天下、和於鄰國、和於臣庶、是得和兌之吉、所以享其國也

大定八年戊子、太乙運行兌卦九二爻、三十六年、為中道安平之限、兌之九二、剛中之德、若孚信內充以治天下、是以吉而悔亡也、易九二曰、孚兌吉、悔亡、象曰、孚兌之吉、信志也

之外兌內震
互上巽下艮

兌之隨、隨得其道則吉、可以致大亨也、凡人君之從善、臣下之奉命、臨事而制宜、皆隨也、隨之道利在於貞正、隨得其正、然後能大亨而无咎矣、隨失其正、則有咎、豈能亨乎、易曰、隨元亨利貞无咎、內卦震、外卦兌、內互艮、外互巽、震為長男、隨長女、艮為少男、隨少女也

大定八年戊子正月庚辰、行皇太子冊禮、二十四年幸上京、二十五年六月使至、報皇太子薨、十二月戊子、皇孫金源郡王授大興尹、進封原王、官居璐頭弁服、金玉犀帶及傘蓋制度、申午始制國子監、三月壬辰命廣燕城、營建宮室、四月丙午廢汴京行省而遷都於燕、改元貞元、二年三月辛亥、以車駕入燕、改南京為中都、三年冬十月、世宗即位于遼、二十六年十一月、冊皇孫右丞相原王為皇太孫、頒詔應天門、二十八年三月、大赦天下、二十九年正月癸己、上崩于福安殿、是日皇太孫即位于柩前、是為章宗、二月宋主趙昚禪太子惇嗣位、明昌三年正月乙卯、皇太后不豫、上侍疾隆慶宮、辛酉皇太后崩、七年十一月戊戌、行禮于圜丘、禮成還宮、上御應天門、百官稱賀、大赦天下、改元承安、元年六月辛酉、改元太和、元年十一月丁酉、司空襄以下宰職進新定律令、是時天下晏然、以應太乙行中道安平之限、世宗孚誠應于天下和平、應孚兌之吉、隨不失正、故致大亨也、金章宗得中爻十六年

太和四年甲子、太乙運行兌卦六三爻、內極災變之限、二十四年、兌六三陰柔不中不正之人、来共就之以求說也、居位者皆諂佞小人、是枉已非道、既以求說而居要位、故時運致凶、易六三曰、来兌凶、象曰、来兌之凶、位不當也

之外兌內乾
互上乾下乾

兌之夬、去一小人、雖君子道盛、當顯行之於公朝、使人明知善惡、號令以命衆、或有危害、先治於內、然後治外、不可

便以剛暴用事也、易曰夬揚於王庭孚號有厲告自邑、不
利即戎、利有攸往、內卦乾、外互乾、內互乾、外卦兌、太乙運
行乾象無應、有賊盜暴亂為害、在內卦、起自宮掖、在外卦、
起自藩臣、是內外俱有作亂者、乾西北方之卦、夷狄之象、
兌西方之卦、白虎之象、為亂者犯此之象也
太和四年、宋人入寶鷄界、掠民財畜、十一月、郡縣諸社屢
被侵掠、太和五年乙丑正月、宋人入確山界、奪人馬匹、入
遂平、縱掠出獄囚、火焚官舍、令尉而去、五月、宋人吉以流
民亂、淮盜賊作梗為辭、六年二月、宋人陷散關、其後邊報
日至、上每召大臣議、皆吉言無足慮、至是左丞宗浩參政賈
鉉猶以為鼠竊狗盜、尚書左丞濮散揆、右丞孫郎康、參政
獨吉思忠奏欲誡小盜、且伏夜出、豈敢白晝置陣、攻我壽
春耶、五月辛卯、下詔南征、以平章政事濮散揆領行省於
汴、六月田辰、獲宋將田俊邁、百官表賀、宋師不利者、不利
即戎也、八年十一月乙卯、上不豫、免朝、丙辰、上崩于福安
殿、壽四十一、號章宗、詔皇孫衛王永濟即位、改元大安元
年、以紇石烈忽撒虎南征有功、授世襲禄、召知大興府事、拜
完顏承裕為御史中丞、国朝太祖皇帝是年掠西夏、將入
境、三年辛未二月、金拜參知政事完顏承裕為西南西北
安撫使、平章政事獨吉思忠行尚書省統兵御邊、議築高

沙城、以屯軍馬、烏沙堡當衝要、善水草、七月、太祖皇帝遣
兵征之、思忠等不備、失利、兵亦大敗、又敗烏沙營、八月、太
祖皇帝率衆內侵、承裕等不利、退入翠平口、抵宣平、天兵
躡其後、承裕軍喪氣、隨出宣平、九月、退至会河川、兵大潰、
遁入宣德、天兵遂破德興、進突居庸關、京師大駭、忽撒虎
兵七千戰於安定、又敗、崇慶元年召虎叙軍国事、二年攻
西京、金賜胡沙虎金符牌、權右司副元帥、領武衛五千屯
北郊、胡沙虎意不平、天兵進居庸關、人心離散、胡沙虎乘
之遂謀作乱、其年癸酉、第四紀、庚子元三十四局、太乙在
四宮、太歲與主大將格、太乙在易絕之地、始擊客大將囚
揜太乙宮、有篡殺崩亡之事、八月壬辰、胡沙虎分軍為二、
自彰义通玄門入、矯詔殺近侍局提點波列大興知府徒
單南平、挾屍於市、以兵叩宮門、應宿衛者悉逐之、自稱監
国都元帥、居大興府、刘兵自衛、癸巳、逼衛王还舊邸、召符
宝郎陳宝于府、瑺盜用御宝出宮、甲辰、胡沙虎李思忠殺
衛王于第、命奉御承立、自彰德門迎章宗庶兄豊王珣至、
九月、御大安殿、即皇帝位、拜胡沙虎為太師尚書令兼都
元帥、封澤王、太乙行乾象無應、有盜賊暴乱為害、內卦乾、
起自宮掖、外互乾、起自藩臣、內有胡沙虎暴乱弒主、應虎
白為害之象、外有天兵侵寇、應敵兵西北之驅、於是改元

貞祐、大赦天下、冬十月、天兵侵京城、元帥右監軍禾虎高琪戰于城北失利、自清夷門而入、月遂率領所部殺胡沙虎于第、持其首詣闕待罪、上赦之、十二月、天兵逼京城、金拜水虎高琪為平章政事、兼前職、二年三月、遣內族都師完顏承暉請和、以衛王公主下嫁、四月、山東河北諸郡悉陷、惟真定大名東平徐邳數城未下、民遭屠戮俘虜、不可勝數、乙卯尚書省奏外方州郡皆望車駕幸南京以順人心、詔宜從所請、其年庚戌、太乙在庚子元第三十五局、太乙在四宮、文昌臨火武坤維之地、主筭二十五杜塞、客筭二十八數長、悖發、人君巡幸遷国之驗也、七月、至南京屬縣、太乙行內兑卦六三爻、內極來兑凶之象也、鑾輿播遷、宗廟失守、不利之驗也、癸未歲十二月、庚寅、上崩于寧德殿、壽六十一、廟號宣宗、皇太子守緒嗣位、次年改元正大、至四年丁亥、太祖皇帝駐蹕于陝西六盤山、駕崩、此亦太乙行六三爻內極災變之限故也、

金正大五年戊子、太乙運行兑卦九四之爻、二十六年積亂之後、待治之限、兑之九四、下有六三之柔邪、故不能決、而商兑未寧、為未能有定、不寧之時也、在兩間錮之界、界乃分限也、疆介地之界也、一則去邪惡、一則有喜慶及物也、兮之起自丁未、終于甲午、合一百八年、正在此九四之

爻、亦猶界分革舊更新之象也、易曰商兑未寧、介疾有喜、象曰九四之喜、有慶也、

之外坎內兑 互上艮下震

一乂一太一 一一乙一一 一 一

兑之節、凡事既有節、則能致亨、節貴乎適中、過則苦矣、節主於苦、豈能長也、易曰節亨不可貞、九四爻動、外卦坎北方之象、震而上行、是帝出乎震也、內卦兑過則苦矣、兑卦西方、即金國之象、坎代兑立地、北方之象、國之興衰有數存焉、豈人力所能致乎、然內卦兑為口、外卦兑亦為口、西方二口者出焉、

金正大六年己丑、太祖皇帝二太子即位、金正大九年壬辰、改開興、又改元天興元年、二月、元朝軍馬臨於汴、攻城不克、四月罷攻、十二月、金主領兵幸河北黃龍崗、攻衛州、元朝兵大至、金軍潰亂、金主奔歸德、二年癸巳正月、金汴京西面元帥金立同黨殺二相、完顏奴中及習捏阿不、于省庭、奉汴以降、六月、金主誅蒲察官奴、自歸德遷蔡、九月、元朝軍馬與宋兵臨城、金天興三年甲午正月己酉、金主自知天數已盡、召大臣遜位于元帥承麟、遂自焚死、其奉火焚之、金數之絶、當在兑之九四、庚子年中、猶有六年、蓋金得中原而有天下、多尚殺戮、脩德者少、所以不及新數而終也、

推時計太乙變卦

經云太公約之其師施設要以明軍之吉凶張良與四皓等略定紀術陽遁太乙起乾而順行陰遁太乙起巽而逆行周旋八方理於八宮○八方八卦八八六十四卦也○六甲日時十二紀以主二卦○六甲六十日凡七百二十時五日計行四十日為一月六十時為一紀故積一十二紀配於一卦○自乾卑震四十八紀從巽中兌四十八紀○二紀相去有四卦一卦一十二紀故積四十八紀三紀一百八十時配於一氣自以為從冬至夏至有二百四十日二千八百八十時紀以法除之得四十八紀並之陰遁得四十八紀並之陽遁得四百八十日五千七百六十時九十六紀此謂六紀同在冬夏至也若通起百以四卦則有三十六紀此皆非得氣也三紀一百八十時配於一氣太公約之為二十四紀一卦一十二紀艮與四皓等定為冬至十紀乾一十二紀甲子甲午各推異神神位皆同是以并之為六紀巽卦亦然故有十二紀也○五日六十時一移局格巽變為氣用○變乾巽十二紀六十四紀三十六紀以配一歲二十四氣而用之也

太乙統宗寶鑑卷之十五終

太乙統宗宝鑑巻之十六

明奇兵伏兵之術

太公曰不知戰攻之策、不可以語敵、不能分移、不可以語奇伏、經曰、能識奇伏、轉禍為福、謂釋奇兵之義術、以三為法、若百人選以三十、千人選以三百、万人選以三千、而為奇兵也、奇兵隨地伏形、不可常也、古法曰、奇兵必伏天殺之地、其地居高、去敵三里、則鼓譟而發、其伏於地殺者、天司所臨之下是也、經曰、潛藏隱跡、必居其一、謂美将单一或十一二十一三十一之時、伏於山林溝澗之間、人不見也、經曰、伏兵必用掩迫之時、且如太乙在六宮酉上、則申酉二時為掩迫之時、若太乙在一宮乾上、則戌亥二時為掩迫之時、當此之時、選從太乙所在之宮而去埋伏也、

武王問太公曰、凡用奇兵之道、大要如何、太公曰、古之善戰者、非能戰於天上、非能戰於地下、其成與敗、皆由神勢、得之者昌、失之者亡、夫兩陣之間、出甲陳兵、縱卒乱行者、所以為变也、深草蓊翳者、所以遁逃也、谿谷險阻者、所以一車禦騎也、隘塞山林者、所以少擊衆也、拗降窈冥者不所以匿其形也、清明無隱者、所以戰勇力也、疾如流矢、擊如發机者、所以破精微也、詭伏設奇、遠張誑誘者、所以破軍擒将也、四分五裂者、所以擊圓破方也、因其驚駭者、所以

一擊十也、因有勞倦暮舍者、所以十擊百也、奇技者、所以越深水渡江河也、强努長兵者、所以踰水戰也、長關遠候暴疾謬遁者、所以降城服色也、鼓行喧噪者、所以行奇謀也、大風甚雨者、所以待前擒後也、偽稱敵使者、所以絶粮道也、謬號令與敵同服者、所以備走北也、戰必以義者、所以励衆勝敵也、尊爵重賞者、所以勧用命也、嚴刑必罰者、所以進罷怠也、

一喜一怒一予一奪一文一武一徐一疾者、所以調和三軍制一臣下也、處高敞敞者、所以警守也、保險阻者、所以為固也、山林茂盛者、所以黙往来也、深溝高壘積粮多者、所以持久也、故田曰不知戰攻之策、不可以語敵、不能分移、不可以語奇、不通治乱、不可以語变、故曰、将不仁則三軍不親、将不勇則三軍不銳、将不智則三軍大疑、将不明則三軍大傾、将不精微、則三軍失其機、将不常戒、則三軍失其備、将不強立、則三軍失其戦、故将者人之司命、三軍與之俱治、與之俱乱、得賢将者、兵强國昌、不得賢将者、兵弱國亡、武王曰善哉、

明太乙陳兵布陣術

經曰、太乙在紫微太乙之南、以為天地之神也、斡運權化、掌十六神之法、以輔太極、儲祥降福、世所依頼、而三台為天階、太乙躡之以上下、是以王者潔誠備物、屈已奉祠祠而

獲嘉應於天下、是以出兵握衆、必稱神力以助之、布筭運籌、明太乙所在而祭之也、筭浮一出軍、步卒在前、車騎次之、大將居中、出門無躁畧也、譟與噪同、諠譟不安靜之義、巽其究為躁人之辞多、礼謂車徒皆譟擾也、左傳魏人鼓譟而出者、此之謂也、宜居一宮、祀西北方也、以牛脯一朐(渠玉反脯也)酌酒以獻、用皂帛為席、大將面北載拜呪曰、

一宮太乙、萬神護吾三軍、令敵自滅、莫敢當我、

筭浮二出兵、步卒在前、車騎次之、大將居中、出門無躁畧也、宜居二宮、祀正南方也、以牛脯一朐酌酒以獻、用黃帛席、大將面南再拜呪曰、

二宮太乙萬神、護吾三軍、令敵自驚、莫敢當我

筭浮三出兵、步卒在前、車騎次之、大將居中、出門無譟畧也、宜居三祀東北方也以牛脯一朐酌酒以獻、用青帛為席、大將面東北再拜呪曰、

三宮太乙萬神、護吾三軍、令敵自伏、莫敢當我、

筭浮四出、兵步卒在前車騎次之大將居中出門無譟畧也宜居四祀正東方也以牛脯一朐酌酒以獻用赤帛為席大將面東再拜呪曰

四宮太乙萬神、護吾三軍令敵自敗莫敢當我

筭浮五出兵、杜塞無門不可舉事、

筭浮六出兵車騎在前步卒次之大將居中鼓譟急行宜居六祀正西方也以牛脯一朐酌酒以獻用白帛為席大將面西再拜呪曰

六宮太乙萬神護吾三軍令敵自傷莫敢當我

筭浮七出兵車騎在前步卒次之大將居中鼓譟急行宜居七祀西南方也以牛脯一朐酌酒以獻用白帛為席將面西南再拜呪曰

七宮大乙万神護吾三軍令敵自俱莫敢當我

筭浮八出兵車騎在前步卒次之大將居中鼓譟急行宜居八祀正北方也以牛脯一朐酌酒以獻用皂帛為席大

將西北再拜呪曰

八宮太乙万神護吾三軍令敵自死莫敢當我

筭浮九出兵登高大將宜居高地吹車騎在前步卒次之出門以鼓譟急行宜居九祀東南方也以牛脯一朐酌酒以献用赤帛為席大將面東南再拜呪曰

九宮太乙万神護吾三軍令敵自潰莫敢當我

凡興兵出師、術有緩急、法有次序、為主為客、在乎浮筭而已、如筭浮一至于四、步卒在前、車騎次之、大將居中、出門宜緩肅、不宜躁急、所行無躁畧之故也、如筭浮六至于九、車騎在前、步卒次之、大將居中、出門宜鼓譟而不宜緩肅、

所以行急而鼓譟之故也、用五彩色帛而為麾者、取神歆嚮之義、亦取於筭也、如筭得一、八、宜用皂帛、四九宜用赤帛、二五宜用黃帛、六七宜用白帛、三筭宜用青帛、與太乙用旗色相同也、筭中無五筭者、謂大小將杜塞無門也、兵宜登高地者、謂避地缺東南低陷之義也、凡為主當明主筭、為客當明客筭、此非太乙所在、乃得筭之宮也、凡太乙中諸神諸將、總名稱曰太乙也、

明陳兵必出其鄉術

古法陳兵必出其鄉、謂陳兵之時必出所得之筭方向也、如筭得一、陳兵必出西北、筭得二、陳兵必出正南、筭得三、陳兵必出東北、筭得四、陳兵必出正東、筭得六、陳兵必出正西、筭得七、陳兵必出西南、筭得八、陳兵必出正北、筭得九、陳兵必出東南、此冊謂陳兵必出其鄉也、蓋取出門向筭之义也、

明置陣隨地之術

古法曰置陣者曲陣為水、鋭陣為火、直陣為木、方陣為金、圓陣為土、皆取主客置陣之義、次以五行相制而取其勝負焉、殊不知置陣之法、皆取其地形而制之、所以利勝者乎、兵佐勝者在乎地、置陣而不得地之利、何以為勝哉、夫置陣者、莫不有所資以為助也、以水佐攻者強、以火佐攻

者明、水火猶可以佐攻、況於地形乎、故趙奢據北山而後可以勝秦軍、秦人守函谷而後可以制六國之師、此得其地利者也、乃若陳餘不守井陘而為韓信所虜、孔明不據渭水而為仲達所擊、是火失地之利也、寧得無敗乎、是以孟子曰天時不如地利、地利固可以為兵之助也、苟不能料敵制勝、則知兵之有机、能計險阨遠近、則知地之有利、知兵之机與地之利、非上將不足以盡之也、故曰上將之道也、若地後高前下、則宜為鋭陣、屬於火也、利於進戰以潰敵也、若前高後下、不便進退、則宜為直陣、屬於木也、利於進閑而守之、以備禦以待敵、若左右勢高、則宜為曲陣、屬於水也、利於吞敵、敵若跨斜不便於我者、則宜為圓陣、屬於土也、利於堅守、若地高而廣平四向、則宜為方陣、屬於金也、利於速戰、若地順其鄉則益吉、謂順其筭也、若地反其鄉、則居鄉而順地、謂不順其筭也、昔皇帝戰蚩尤於涿鹿、用之遂克、戰國孫武吴起襲而用焉、太公增天地人通為八陣、配屬八卦、實黃帝置陣之術也、太乙之法、兵起於鄉、陣主於地、觀方置變、運筭稱神、此王佐用兵之要道也、

明太乙五陣三陣八陣之原術

太乙五陣之制、曰方、曰圓、曰曲、曰直、曰鋭、以應五行五方

之制、而分主客之用也、太公增三陣之說、又擊于天地人也、天陣果何取耶、陰陽向背也、地陣果何取耶、土地之利也、至於人陣、則人與器用耳、太公指日月星斗柄杓左右向背、此則取天之時也、以丘陵水泉前後左右、此則取地之利也、車馬文武非人與器用耶、在張昭兵法論、陰陽時日風雲星氣、天陣也、山川陰異丘陵水泉、地陣也、將帥士卒器械、人陣也、此三者、將兵之急務、觀此則太公三陣可知矣、三五合而為八陣者、天地風雲龍虎鳥蛇之變也、故握机經曰、陣有八法、此之謂也、四維為正、四維之位也、四方為奇、四方之位也、中之奇零、是為握奇、亦握机也、乾之天、坤之地、巽之風、艮之雲、此四正之陣也、震之龍、兌之虎、離之雀、坎之蛇、此四奇之陣也、中間奇零、大將握之、此握机之陣也、四正四奇、所以分陣之用也、餘奇為握机、所以立陣之體也、太白陰經論握机之陣、則以乾坤巽坎為四正、以震離兌艮為四奇、而大將則居其中、此握机之制也、大陣容小陣、大隊容小隊、四面八向、皆如一焉、所以有能飛焉、虎翼焉、鳥翔焉、蛇盤焉、而又風居四維、雲居四角、大分四方、或前或後、可以迭相為用、或進或退、亦無離散之象、四頭八向、觸處可以為首、敵衝其中、而兩頭可以救援、孫子曰、善用兵者、譬如率然、率然者、常山之蛇、擊其首則尾

應、制其尾則首應、擊其中則兩頭皆應、此率然之勢也、分陳之制、亦此意也、其為數也、起於五而終於八、起於五者、太乙數之所立也、終於八者、太乙數之所成也、故太乙行八宮、得八筭以立八陣也、唐太宗未明八陣之故、以問靖、靖以諸葛亮八卦方陣而定之、觀亮於魚復之地、以石纍横布為八行方陣、及晉桓溫如蜀、道由魚復、見壘石縱横、莫知其所以然、溫曰、此諸葛亮之八行、所謂率然之勢也、觀桓溫之言、則如諸葛亮之八行、即皇帝之八陣人神也、其後李衛公本之而為六花、其實則八行也、八陣之制、本一陣也、分而為八、合而為一、不觀其始、無以知陳之所自立、不觀其終、無以知陣之所自成、合四維與中央以為陳法、而以四方為間地、此數之所始、而陣之所自立也、虛其中央大將所居、諸部環遶、此數之所終、而陳之所自成也、黃帝破蚩尤之後、用諸井田、以九百畝中為公田、其旁八家、私之、亦此義也、八陣之制、變化制敵、或分或合、則各得其利焉、紛紛紜紜、鬭亂而法不亂、此散而成八、所以制其用也、渾渾沌沌、形圓而勢不散、此復而為一、所以立其體也、太乙八陣之原、於此詳矣、

八陣之圖

直陣圖

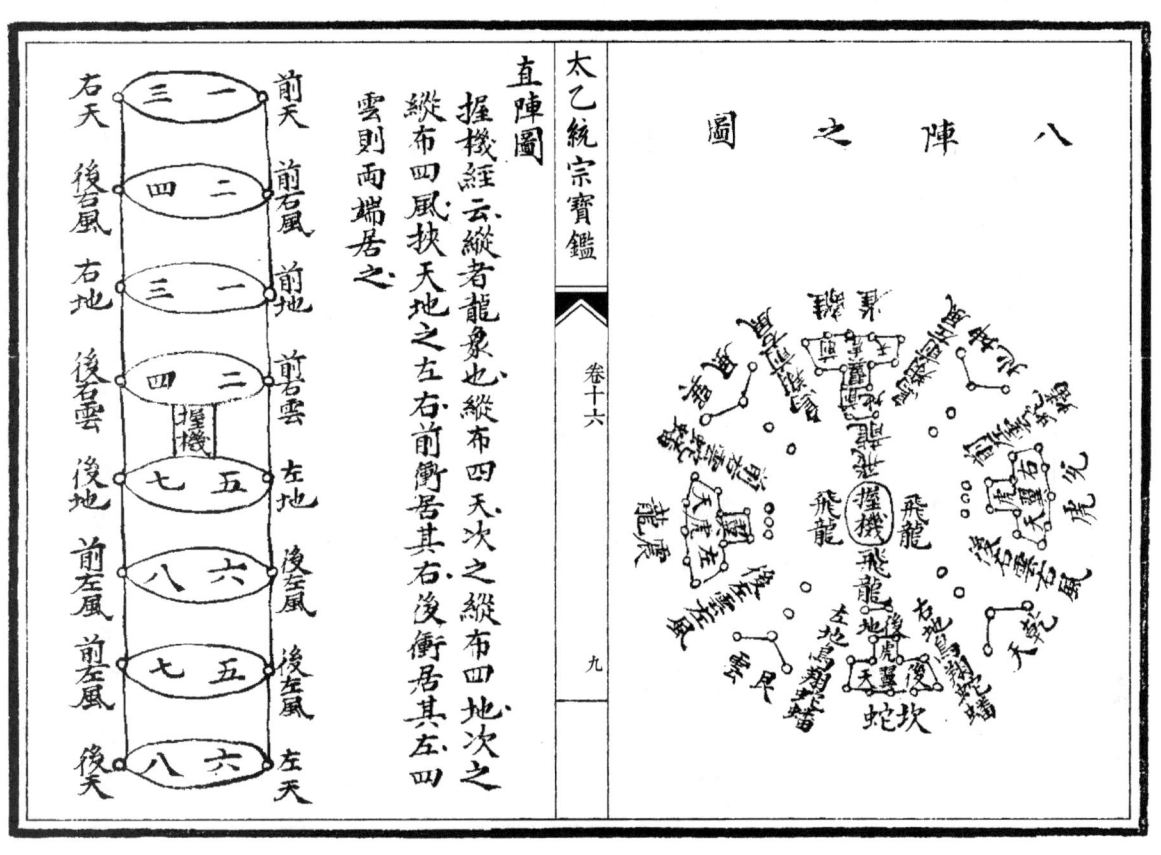

握機經云縱者龍象也縱布四天次之縱布四地次之縱布四風挾天地之左右前衝居其右後衝居其左四雲則兩端居之

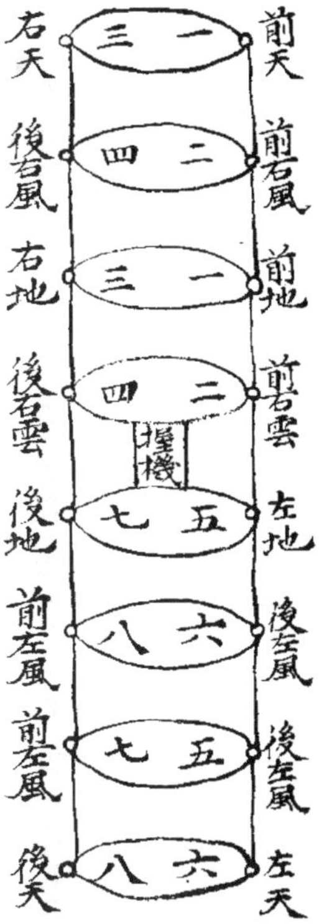

銳陣圖

握機經云風象風天居兩端其次地其次雲左右相向是也其銳陣與曲陣相反而論之

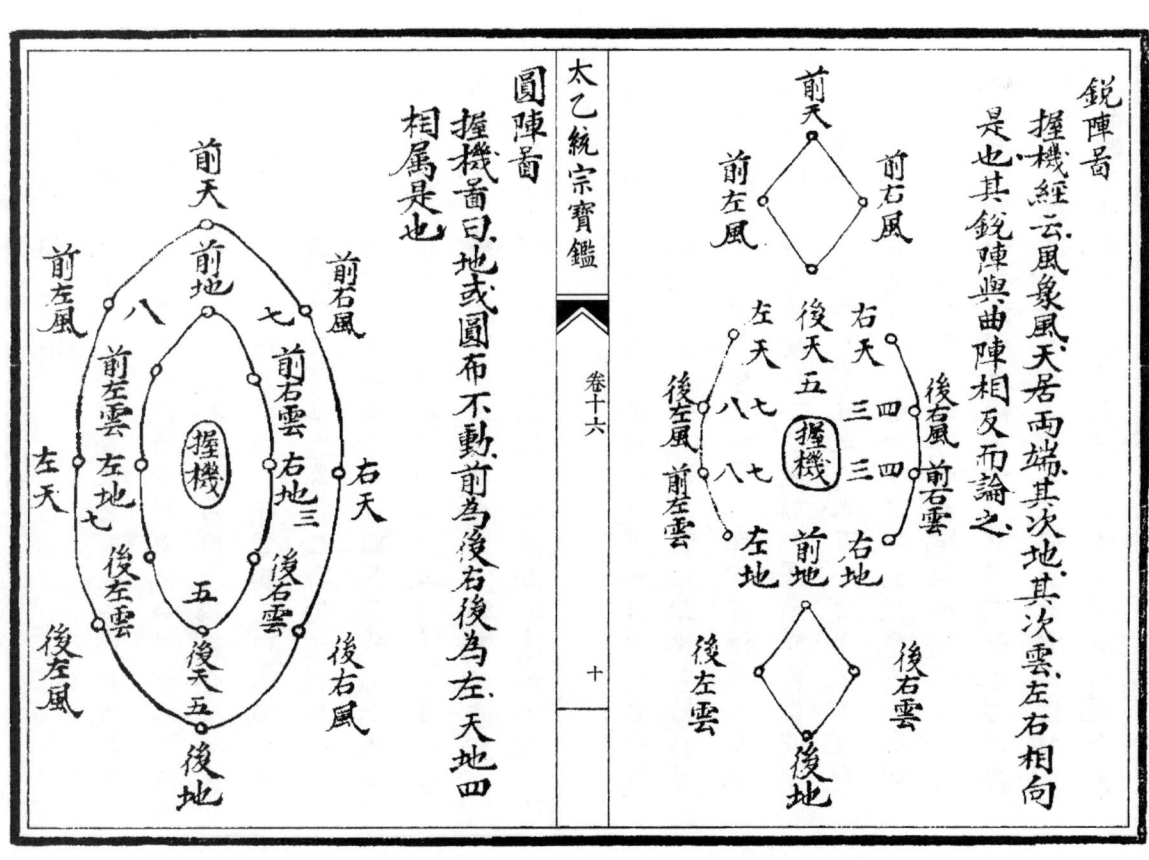

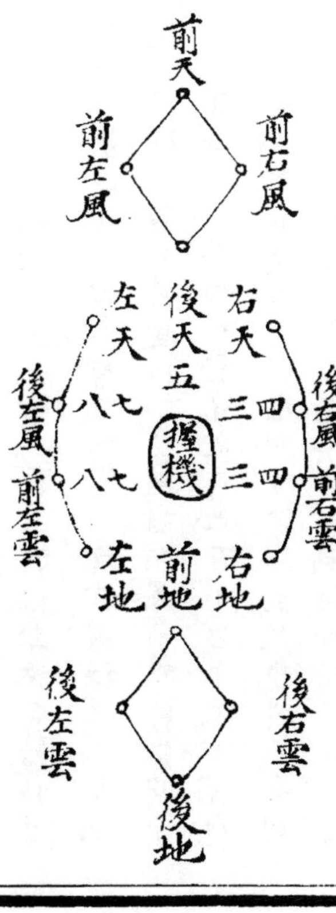

圓陣圖

握機圖曰地或圓布不動前為後右後為左天地四相屬是也

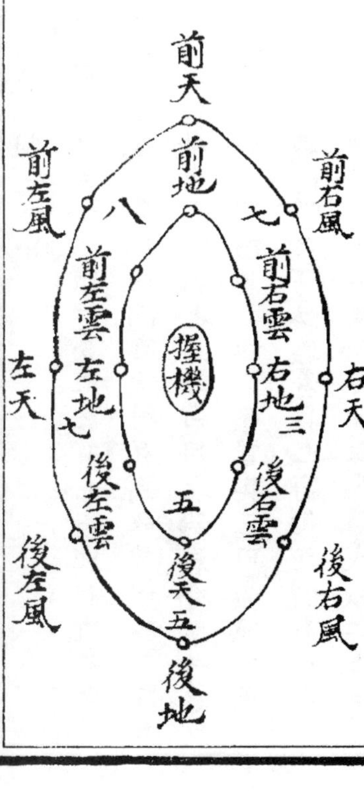

方陣圖

握機圖曰地或方布風雲各在前後衝之天居兩端雲居中間兩地為趙是也

曲陣圖

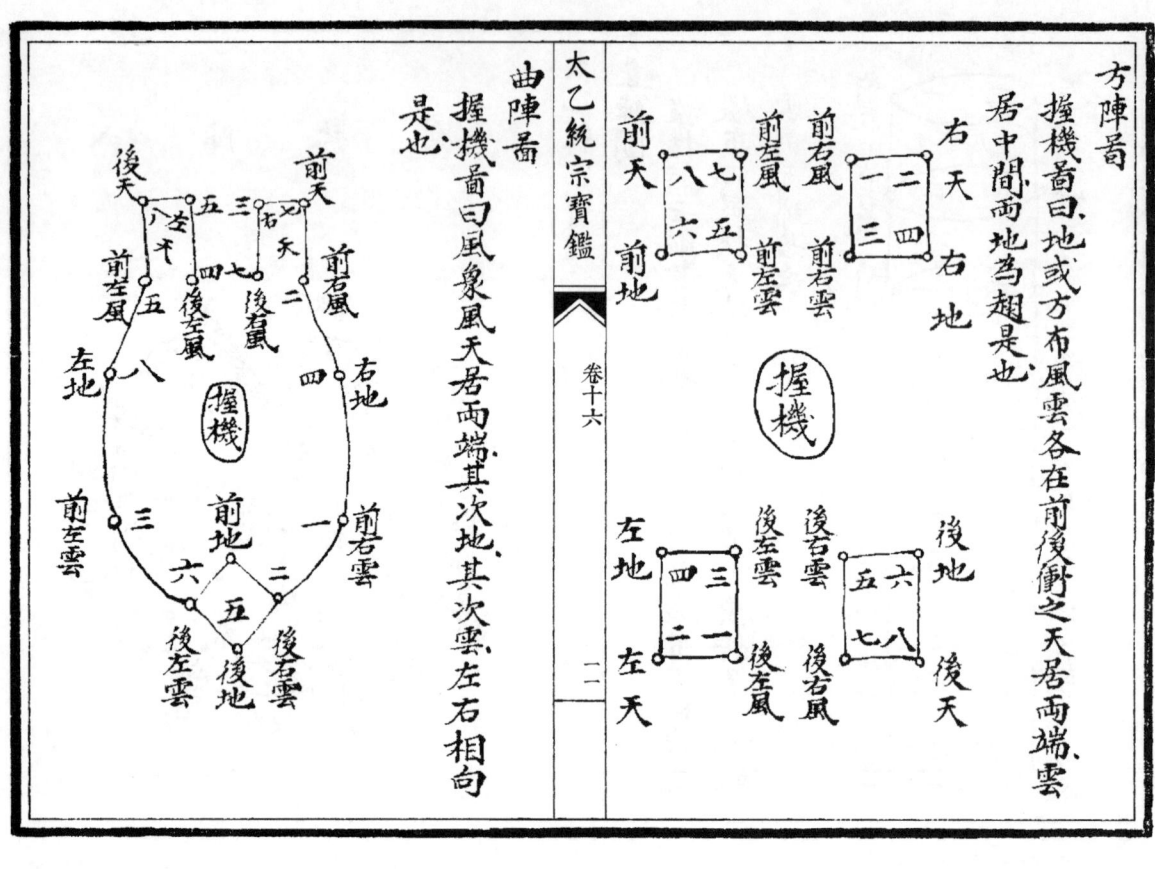

握機圖曰風象風天居兩端其次地其次雲左右相向是也

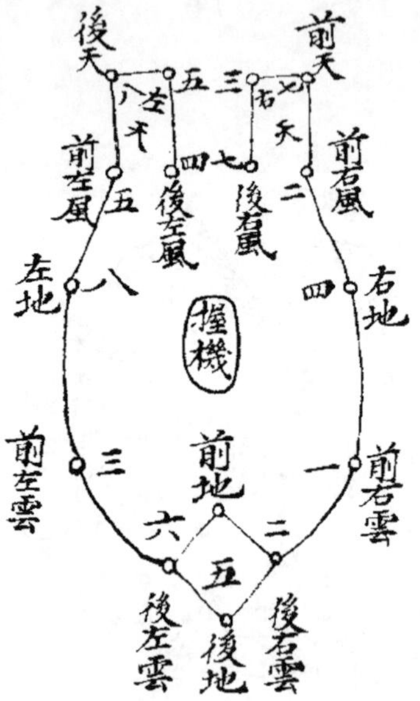

明隨地制變之術

地有異形兵有異机一險一易地之形也因地制宜兵之机也隨地制變雖多不同而有便制存焉故能因其形而得其利敵雖欲困我無由也鼂錯曰用兵臨戰合刃之急者有三其一曰得地形其二曰卒服習其三曰器械利國之所以將者戰也將之所以戰者兵也有能之將有制之兵無往不勝將不能而兵無制安能取其勝哉故兵法曰丈五之溝漸車之水山林積石川澤丘阜草木所在此步兵之地也車騎三不當一土山平原四向曠野此車騎之地也步卒十不當一平易相遠山谷幽澗仰高臨下此弓

弩之地也短兵百不當一兩陣相近平地淺草可前可後此長戟之地也劍楯三不當一萑葦竹蓧草木蒙蘢枝葉茂盛此矛鋋之地也弓弩三不當一士不選練卒不服習起止不精動靜不集趨利不及避難不畢前擊後解與金鼓旗幟所指皆失此不素習之過也百不當十兵不完利與空手同甲不堅密與袒裼同弓弩不能及遠與短兵同射不取中與無矢同中不能入與無鏃同此將不省兵之過也五不當一兵法曰器械不利以其卒與敵也卒不服習以其將與敵也將不知兵以其主與敵也君不擇將以其國與敵也此四者兵之至要是以太乙用兵之道究敵

於未然制勝於未兆臨機観変在於将也故曰出兵當従奇門臨敵随形制変此之謂也

明選将之術

武王問太公曰王者挙兵欲簡練英雄知士之高下為之柰何太公曰夫士外貌不與中情相應者十五有嚴而不肖者有温良而為盗者有貌恭敬而心慢者有外廉謹而内無至誠者有精精而無情者有湛湛而無誠者有始謀而無決者有果敢而不能者有悾悾而不信者有怳怳惚惚而反忠實者有詭激而見功効者有外勇而内怯者有肅肅而反易人者有嗃嗃而反静慤者有勢虚形劣而外出無所不至無所不遂者有天下所賤聖人所貴凡人莫知非有大明不見其際此士之外貌不與中情相應者也人固不易知知人亦未易以山濤之賢而不知其子簡以王濟之賢三十年而不知其叔湛夫親莫親於父子叔姪而有三十年不知者況其他乎此武王欲簡練英雄知其才智高下而太公所以質外貌中情而論之夫世固有紙中而玉表羊質而虎皮者烏可以其外而信其内耶有大変而若訥大巧而若拙大叡又烏可以其外而棄其内耶聖人亦智能知人者也而門弟子又皆其乎日相與周旋而講究者也其知之若無甚難者而孔子且謂以貌取人

失之子羽以言取人失之宰我是則中情外貌為难究也久矣況於素不相遇者一朝欲擇而用之不亦难乎愛而不肖温良而為盗貌恭而心慢外廉謹而内無至誠与夫精而無情湛而無誠好謀而不決果敢而不能悾悾而不信外勇而内怯肅肅而易人若是者皆其外可取而内実失之者也不可以其外而信内有怳惚而反忠実詭激而反功効嗃嗃而反静慤勢虚形劣而外出無所不至無所不遵者此皆其外若無能而内反有可取者也不可以其外而棄其内天下之所賤者疑若可賤者而聖人之貴者天下之所賤也何者天下之所見者外也聖人之所貴者内也所以貴賤故其取亦異天下之所見唯不及於聖人此凡人所以莫知唯至明者乃知其極苟非大有明見者則亦何以見其涯際哉此無他中情外貌不相應所以难也

武王曰何以知之太公曰知之有八徴一曰問之以言以観其辞二曰窮之以辞以観其変三曰与之以謀以観其誠四曰明白顕問以観其徳五曰使之以財以観其廉六曰試之以色以観其貞七曰告之以危以観其勇八曰酔之以酒以観其態八徴皆備則言賢与不肖別矣

人雖有难知之情而有可知之理所以孔子曰視其所以

觀其所由、察其所安、人馬瘦哉、此知人之術也、此太公所以以八徵言之、問之以言以觀其辭、蓋未知其所蘊、則求之於言、言、心聲也、情動於中而後形之於言、問之以言、則彼必有所應之辭、吉人辭寡、躁人辭多、即是以觀其中所蘊者可知矣、昔高祖於韓信設拜之際、則有所謂將軍何以教寡人之言、此欲問之以言而觀其辭也、窮之辭以觀其變、則究其所以盡是變者而以知其所淂也、辭而或窮、則变亦有所窮矣、故穸穹之辭而觀其變、昔孫武之見吴王、吴王既觀其言、而後欲試以勒兵、此欲窮之以辭以觀其變也、興之間諜以觀其誠、此又觀其所蘊之忠否、彼其果忠誠邪、雖間不入、所以蒯通之說、不能变韓信之心也、或以為使為間諜、此食其唐儉之徒、所以身死於敵而不變也、明白顯問以觀其德、此究其所操守而明白問知之以觀其內之所存者如何、此光武所以以何顒而問鄧禹也、使之以財以觀其廉、蓋人無貪心、則貨賂不可移、使之以財、彼既不貪則廉矣、試之以色以觀其貞、蓋人唯所守者正、必不為色所惑、所以知其貞也、告之以危以觀其勇、蓋人唯敢於有為而無所避、所以知其勇也、醉之以酒以觀其態、夫人內有所養者、必不爲酒所使、可以觀其態也、大抵觀其外、可以知其內、八徵既備、則人之內外無所蘊矣、

故賢与不肖皆可淂而知也

明教兵之術

武王問太公曰、合三軍之衆、欲令士卒服習教戰之道、柰何、太公曰、凡領三軍、必有金鼓之節、所以整斉士衆者也、將必先明告吏士、申之以三令、以教操兵起居、旌旗指麾之变法、故教吏士、使一人学戰、教成、合之十人、十人学戰、教成、合之百人、百人学戰、教成、合之千人、千人学戰、教成、合之万人、万人学戰、教成、合之三軍之衆、大戰之法、教成合之百万之衆、故能成其大兵、立威於天下、武王曰善哉、孔子曰以不教民戰、是謂棄之、孟子曰、不教民戰謂之殃民、是則教戰之法、從古有之也、苟不教其戰、一旦驅而就死地、是市人与戰也、是烏合之衆也、何可用哉、然則教民必有素行之法、行法必有勸懲之術、故左則教左、右則教右、前則教前、後則教後、五人而教其長、有賞、是劝之也、弗教、則加犯教之罪、不進犯戰、則加犯法之罪、是懲之也、勸懲之術既明、則人自為戰、無往而不克、士不素教、不可用也、教戰之法、必有所寓、此武王之所以問也、凡统軍而教之、不過金鼓之節、申令之明、習变之熟、而鼓以進之、金以止之、一進一退、各有其節、此士卒所以整斉也、三令而五申之、既明軍法、乃可所以何故急明告吏士、申以三令、燥兵

起居各有所便旌旗指麾各有所用其為变法欲使之皆
習所以必有所教也其為法也由寡以至衆者欲其力不
劳而教易成也寡莫寡於一人衆莫衆於百萬自一人教
成之後合之十人十合成百百合成千千合成萬萬合成
三軍兩大戰合之百萬皆由寡以及衆之謂也唯合之有
序教之有素此所以能成其大兵而立威於天下也安得
武王不稱善長其在孫子教戰之法自一人學戰教成十
人至於萬人學戰教成三軍皆由寡以及衆也其在蔚繚
子教戰也法自百人教戰合之千人至於萬人教成合之
三軍亦由寡以至衆也教戰之法無出諸此所以二子之

言與太公皆一律也

明分合用兵術

武王問太公曰王者師三軍分而數處將欲期會合戰約
誓賞罰為之柰何太公曰凡用兵之法三軍之衆必有分
合之变其大將先定戰地戰日然後移檄書与諸將吏至
期攻城圍邑各會其所明告戰日漏刻有時大將設言而
陳立表轅門清道路而得諸將吏至較其先後先期至者
賞後期至者斬如此則遠近奔集已軍俱至併力合戰此
分合之術也

分不分為軍聚不聚為孤明分合之變兵之大要也故

孫子云分合為变而太宗与衛公荅問亦以分聚各貴通
宜為言是則分合之变不可不明大祇用兵之道其始也
分其終也合其分之者所以據其要地其合之者所以併
力而戰故以三軍分為數處此則其始之分也期会合戰
此則其終之合也然調兵統衆不可得而一故必有約誓
賞罰行焉此武王所以併問之也而太公乃先言分合之
变而後言將之所以合戰夫為將者必知戰地戰日而後
可以千里而会戰地与日既定乃移檄書与之会以攻城
圍邑之期使之畢集其所既告之以時日矣大將乃設營
而立表轅門以為之期清道禁行以止往來彼諸將必有

先後先至者則賞後至者則斬如是則諸軍必以時而至
矣此齊之以刑也故遠近奔集三軍俱至可以併力合戰
昔漢高祖垓下之後始与信布期而不至高祖深以為憂
及信布等發兵俱至而後高祖之業定此乃会期併之效
也

明云氣所起逆順之術

經曰凡兩陳交鋒欲明云氣逆順者當明主客所得之美
以決之如云氣從美而來為順衝美而來為逆順則戰勝
逆則負矣

假令傷局上元第一紀甲子元第十三局丙子日置陣交

戰其日太乙在六宮、文昌在大炅主筭得一十八、筭和、主
大將在八宮發、主參將在四宮格、始擊在大陽、客筭得一
十九筭、長和、客大將在九宮發、客參將在七宮、計神在寅、
此局主客皆利、主筭得一十八見陣利後動、此為主之义
也、出軍宜正北、此向筭之發法也、戰利正南、此背筭之法也、
利田陣、牽黑旗、此得一八之數、云氣從北方來、主勝、此從
筭而來為順而勝也、主閒敎備東南、此文昌在大炅之故
也、奇兵宜安東南方、此主目文昌所在、太殺之地伏兵利
申酉戌時、此為在掩迫之時故也、
客筭得一十九、見陣利先動、此為客之义也、出軍宜向東
南、此向筭之法也、戰利西北、此背筭之法也、利銳陣、牽赤
旗、此得四九之数也、云氣從東南來、客勝、此從筭而來為
順而勝也、閒敎備東南、此始擊在大陽之故也、奇兵宜安
東南六、此客目始擊所在大殺之地也、伏兵利申酉戌時、
此為在掩迫之時故也、餘皆准此、

明太乙風云飛鳥之勢術

兩陣相對、勝負未分、須觀風云之勢、審察飛鳥之情、主客
勝負可得而預知也、經曰当視其日太乙所在之宮、若風
云飛鳥從太乙宮衝对上來、有大戰、急宜准備、
假令太乙在九宮巽水之位、風云自一宮乾金而來衝制

太乙者大凶、若風云飛鳥從主目及太乙宮德方上乘、主
人急擊其所衝之處、則主人大勝、若從客目德方上乘、則
主人急宜備敵、若風云飛鳥從主大將所立之方及德方
上來、則主勝、如從客大將所立之方及德方上乘、則客勝、
若風雲飛鳥從太歲太陰月建上來、凡云氣隨日十五行
在我軍往敵我勝、如壬癸云氣在我軍上、自北之南、隨云
氣攻南必勝、

明風從八卦而分主客術

李淳風曰兩敵相當、先明八卦方位、次分主客負客可不
卜而預知也、若風從西北一宮乾上來、正北八宮坎上來、
東北三宮艮上來者、利為客也、宜先牽為勝、後應者敗也、
若風從正東四宮震上、東南九宮巽上、正南二宮離上來
者、利為主也、宜後牽為主勝、先牽客敗也、若風從西南七
宮坤上來者、主有謀不勝、主客兩不利也、若風從正西六
宮兌上來者、客有伏兵、主宜設備、不然則大敗也、

明五音風以知盛衰之術

經曰五音者子午為宮音、子為陽宮、午為陰宮屬於土也
丑寅未申為徵音、丑寅為陽徵、未申為陰徵屬於火也、卯
酉為羽音、卯為陽羽、酉為陰羽、屬于水也、辰戌為商音、辰
為陽商、戌為陰商、屬於金也、巳亥為角音、巳為陽角、亥為

陰角屬水也、太一歲月日時四季所用皆同法曰視太乙所到之宮日時以別五音所屬、如上元第一紀甲子元第十六局己卯日、太乙在七宮、文昌在天道、主筭単一、主大將一宮蔟、主參將三宮格、始擊在太簇、客筭三十三、長和、客大將在三宮格、客參將在九宮此局太乙助客、雖客大將格客參將發而又客筭長和、利為客見陣、利先動出軍、宜東北、戰利西南、利直陣、牽青旗、云氣逆東北来、客勝、闈敵倫正西、奇兵安正西、伏兵利未申時、其日己卯、在五音屬羽、風從東北丑寅方来、為之徵風、羽水能制徵火、所以為客先起大勝也又如太乙臨己亥之日、在五音屬角、如

風從卯酉羽上来者、此名母来翼子、如風從丑未寅申徵、上来者、此名子来扶母、出軍當勝而見成功、又須天色晴明、風勢和緩者大捷、若風自辰戌方起、此屬商音、為鬼賊風扶客、又天氣昏濁、風勢寒裂、塵土蓬勃者、即有敗傷之禍也

明五音觀風察將術

經曰風勢隆〻、如車如雷、如擊鼓声者謂之宮風、其將寬和而有信、風勢如金石相擊、如鍾声雜佩和鑾者謂之商風、其將威猛而好殺、風勢肅〻習〻、如動林木者謂之角風、其將仁恕、不可詐欺、風勢如奔馬火炎烈〻者、謂之徵

風、其將猛烈、難与争鋒、風勢如流水揚波相雜者謂之羽風、其將貪暴多奸詐也

明出兵車勢勝負術

李淳風云、凡出軍日、風從後来、人雄壯、馬嘶逸、旌旗如牽勢指敵方、鼓角声清而震響、君臣対問以調和、必獲全勝以建大功、若風從傍来而前向者、得天人之助、獲敵粮儲、来降、若初出兵日、風從五音相生方位上来、天色晴明、人馬奔逸、上下歡心、風氣調暢、軍行勝捷、將成大功、若入敵境、経要害、過城壘、三日内有風雨雷霆從我軍上去入賊境、有威怒之勢、為得天之祐助、所向必尅、獲金王蓋得龍

虎助軍之威也、謂之從龍從虎、若平安之時、龍虎相交、即急戰、凡風為主、雲為客、若風勢緊大、雲容小薄者主勝、客負、若雲色濃厚、来勢且急、風勢微弱、不能震怒者、客勝主負也、又云初出軍及三日内行程之次、風勢違勃、逆来冲我、旗幟難舉、人声怯、馬不嘶、或從後、或從傍起、吹沙觸塵、人馬行過、旋回無蹤者、此名鬼風、兵必敗、若出軍三日内、急風甚雨、威不能振者軍必大敗、若天氣昏沉、風声錯乱、或陰久不雨、皆為下謀於上、宜設備以警天戒、若出兵日、頓息無風、草木不動者、賊不可得、若初主旌旗飄風驟来、旌旗摧折者、此天時不順、上將必死、若兵行旌旗指後者

三軍敗戰將死若半道逢敵分軍兩向或戰或止風來逆吹旗旛脚飛不進者大敗若旗幟銃槍或不乖者交戰將死若營陣成列旗鼓初張有暴風卒来相掩軍幕者傾旗旛折林木摧拔者此為大惡之氣也主將失位兵士叛散若風雨逆来不沾衣者此名天流軍師大敗若交戰風雨驟來者此名落尸兵將大敗之兆也

安營置陣取用日時之術

凡興師統衆必安營陣表立轅門以清道路當取用日時以整齊之古法曰視太乙二目以定之如太乙在右二目在左為陰陽和順上目無掩擊挾格下目無関囚迫對太乙與二目不在易絶門具將發其日時可宜安置營陣立表轅門也

太乙七十二局立成曆陽局四計数

太乙	天目	主筭	主大將	主叅將
計神	始擊	客筭	客大將	客叅將
一	武德	七	七	一
寅	大武	十三	三	九
一	大簇	六	六	八
丑	陰主	一	一	三
一	陰主	一	一	三

子	太義	四十	四	二
二	陰德	二十五		
亥	陽德	十七	七	一
二	陰德	二十五		
戊	呂申	十四	四	二
二	大義	二十五		
酉	大陽	一十	一	三
三	地主	八	八	四
申	大神	二十五		
三	陽德	一	一	三
未	大武	二十二	二	六
三	和德	三	三	九
午	大簇	十五		
四	呂申	一	一	三
巳	陰德	十二	二	六
四	高叢	四	四	二
辰	陽德	四	四	二
四	大陽	三十七	七	一
	呂申	一	一	三
六	大炅		八	四

寅 大陽 十九 九 七
六 大神 十一 一 三
丑 大威 九 九 七
六 大威 九 九 七
子 大武 七 七 一
七 天道 一 一 三
亥 大簇 三十三 三 九
七 大武 七 七 一
戌 大義 二十七 七 一
七 大武 七 七 一

酉 地主 二十六 六 八
八 武德 八 八 四
申 和德 三十二 二 六
八 大簇 七 七 一
未 大陽 二十六 六 八
八 陰主 二 二 六
午 大神 十七 七 一
九 陰德 十六 六 八
巳 天道 三十 三 九
九 陰德 十六 六 八

辰 武德 二十三 三 九
九 大義 十六 六 八
卯 陰主 十七 七 一
一 地主 三十九 九 七
寅 大義 四十 四 二
一 陽德 三十二 二 六
丑 和德 三十一 一 三
一 和德 三十一 一 三
子 高叢 二十八 八 四
二 呂申 十四 四 二

亥 大炅 九 九 七
二 高叢 十三 三 九
戌 天道 三十九 九 七
二 太陽 十 一 三
酉 武德 三十二 二 六
三 大炅 三十三 三 九
申 陰主 一十 一 三
三 大神 二十五
未 地主 八 八 四
三 大威 二十四 四 二

午	和德	三	三九
四	天道	二十六	六八
巳	高叢	四	四二
四	太武	二十五	
辰	大神	二十八	八四
四	大武	二十五	
卯	大威	二十七	七一
六	武德		一三
寅	大武	七	七一
六	大簇	六	六八

丑	陰主	三十五	
六	陰主	三十五	
子	大義	三十四	四二
七	陰德	二十七	七一
亥	陰德	十九	九七
七	陰德	二十七	七一
戌	呂申	十六	六八
七	大義	二十七	七一
酉	大陽	十二	二六
八	地主	八	八四

申	大神	十七	七一
八	陽德	三十三	三九
未	大武	十四	四二
八	和德	三十二	二大
午	大簇	七	七一
九	呂申	五	
巳	陰德	十六	六八
九	高叢	四	四六
辰	陽德	八	八四
九	太陽	一	一三

卯	呂申	五	
一	大炅	二十四	四二
寅	太陽	二十五	
一	大神	十六	六八
丑	大威	十	
一	大威	十五	
子	大威	十三	三九
二	天道	三十	九七
亥	大簇	三十一	一三
二	大武	三十八	八四

○十八

戌 大義 二十五

二 大武 三十八 八四

酉 地主 二十四 四二

三 武德 十六 六八

申 和德 三 三九

三 大簇 十五

未 大陽 三十四 四二

三 陰主 十 一二

午 太神 二十五

四 陰德 十二 二六

巳 天道 三十六 六八

四 陰德 十二 二六

辰 武德 十九 九七

四 大義 十二 二六

卯 陰主 十三 三九

六 地主 三十三 三九

寅 大義 三十四 四二

六 陽德 二十六 六八

丑 和德 二十五

六 和德 二十五

子 高叢 二十二 二六

七 呂申 十六 六八

亥 大炅 十一 一三

七 高叢 十五

戌 天道 一 一三

七 大陽 十二 二六

酉 武德 三十四 四二

八 大炅 二十五

申 陰主 二 二六

八 大神 十七 七一

未 地主 八 八四

八 大威 十六 六八

午 和德 三十二 二六

九 天道 二十 三九

巳 高叢 四 四二

九 大武 二十九 九七

辰 大神 三十二 二六

九 大武 二十九 九七

卯 大威 三十一 一三

太乙七十二局立成曆陽局四計數終

太乙七十二局立成曆陰局四計數
太乙　天目　主筭　主大將　主參將
計神　始擊　客筭　客大將　客參將
九　呂申　武
申　大武　二十九　九　七
九　高叢　四　四　二
未　陰主　十七　七　一
九　大陽　一　一　三
午　大義　十六　六　八
八　大炅　二十五

己　陽德　三十三　三　九
八　大炅　二十五
辰　呂申　三十　三　九
八　大神　十七　七　一
卯　太陽　二十六　六　八
七　大威　二　二　六
寅　大神　三　三　九
七　天道　一　一　三
丑　大武　七　七　一
七　大武　七　七　一

子　大簇　三十三　三　九
六　武德　一　一　三
亥　陰德　三十四　四　三
六　大簇　六　六　八
戌　陽德　二十六　六　八
六　陰主　三十五
酉　呂申　二十三　三　九
四　陰德　十二　二　六
申　大陽　三十七　七　一
四　太義　十二　二　六

未　大威　二十七　七　一
四　地　十一　一　三
午　大武　二十五
三　陽德　一　一　三
巳　大簇　十五
三　和德　三　三　九
辰　大義　九　九　七
三　和德　三　三　九
卯　地主　八　八　四
二　呂申　十四　四　二

寅	和德	十六	六	八
二	高叢	十三	三	九
丑	太陽	一十	一	三
二	太陽	一十	一	三
子	大神	一	一	三
一	太炅	二十四	四	二
亥	天道	十四	四	二
一	大炅	二十四	四	二
戌	武德	七	七	一
一	大神	十六	六	八
酉	陰主	一	一	三
九	大威	二十一	一	三
申	大義	十六	六	八
九	天道	三十	三	九
未	和德	七	七	一
九	大武	二十九	九	七
午	高叢	四	四	二
八	武德	八	八	四
巳	大炅	二十五		
八	大炅	七	七	一

辰	天道	十五		
八	陰主	二	二	六
卯	武德	八	八	四
七	陰德	二十七	七	一
寅	陰主	二十八	八	四
七	大義	二十六	七	一
丑	地主	二十六	六	八
七		二十六	六	八
子	和德	十八	八	四
六	陽德	二十六	六	八
亥	高叢（叢）	二十二	二	六
六	和德	二十五		
戌	大神	一十	一	三
六	和德	二十五		
酉	大威	九	九	七
四	呂申	一	一	三
申	大武	二十五		
四	高叢	四	四	二
未	陰主	十三	三	九
四	太陽	三十七	七	一

午	大羲	十二	二	六
三	大炅	三十三	三	九
巳	陽德	一	一	三
	太炅	三十三	三	九
辰	呂申	三十八	八	四
三	大神	二十五		
卯	太陽	三十四	四	二
二	太威	二	二	六
寅	大神	一	一	三
二	天道	三十九	九	七
丑	大武	三十八	八	四
二	大武	三十八	八	四
子	大簇	三十一	一	三
一	武德	七	七	一
亥	陰德	一	一	三
一	大簇	六	六	八
戌	陽德	三	三	九
一	陰主	一	一	三
酉	呂申	三十九	九	七
九	陰德	十六	六	八

申	太陰	一	一	三
九	大羲	十六	六	八
未	大威	三十一	一	三
九	地主	十五		
午	大武	二十九	九	七
八	陽德	三十三	三	九
巳	太簇	七	七	一
八	和德	三十二	二	六
辰	大羲	一	一	一
八	和德	三十二	二	六
卯	地主	八	八	四
七	呂申	十六	六	八
寅	和德	十八	八	四
七	高叢	十五		
丑	太陽	十二	二	六
七	太陽	十二	一	六
子	大神	三	三	九
六	大炅	十八	八	四
亥	天道	八	八	四
六	太炅	十八	八	四

	戌	武德	一	一	三
六		大神	一十	一	三
	酉	陰主	三十五		
四		大威	二十七	七	一
	申	大義	十二	二	六
四		天道	二十六	六	八
	未	和德	三	三	九
四		大武	二十五		
	午	高叢	四	四	二
三		武德	十六	六	八
	巳	大昊	三十三	三	九
三		大簇	十五		
	辰	天道	二十三	一	九
三		陰主	一十	一	三
	卯	武德	十六	六	八
二		陰德	二十五		
	寅	陰主	二十六	六	八
二		大義	二十五		
	丑	地主	二十四	四	二
二		地主	二十四	四	二

	子	和德	十六	六	八
一		陰德	二十二	二	六
	亥	高叢	二十八	八	四
一		和德	三十一	一	三
	戌	大神	十六	六	八
一		和德	三十一	一	三
	酉	大威	十五		

太乙七十二局立成厝陰局計數終

夫時計太乙者，各有陰陽七十二局之用也。冬至氣應後用陽局，夏至氣應後用陰局，其陰局皆以陽局所命之對衝，即得陰局。太乙所在其陰陽二局，陽宮西四陰宮四、二四合而為八，太乙行在其中矣。用三因之而得二十有四而為一周，三因周法而得七十有二，是為一元。夫太乙陽始於一而歷於二，適於五而終於九，陰始於九歷而於八，適於五而終於一。此太乙行陰陽之局法也。

太乙統宗寶鑑卷第十六

太乙統宗寶鑑卷之十七

明太乙出兵舉事用日之術

經曰太乙出兵舉事用日之術冬至用以陽局、夏至用以陰局、冬至陽氣升而任事、所以用陽局之日也夏至陰氣長而任事、所以用陰局之日也、如主目文昌不囚迫、客目始擊無掩擊、筭和、大小將發、不在關休生三門之下、其日利以興師動衆、發行軍馬、舉用百事而得吉也、古法用太陽九天之日、利為主、用太陰九地之日、利為客、蓋非太乙元經之義、故金鏡福應二書皆刪不敢用焉

明太乙舉事用日用時之術

經曰太乙出兵舉事用日用時之術、冬至用以陽局、夏至用以陰局、時法相同、如主目文昌不囚迫客目始擊無掩擊、筭和、大小將發、不在關休生三門之下、利以興師征伐、舉庶務百事、

王希明金鏡術引宋琨乾坤寶典等書、凡取用日時之法、自人君太子親王后妃冢宰卿相大將軍士庶各有定用之數、推明用之、如所得之數、筭和將發、而無關囚掩迫格擊對刑、其將發者、依筭而用、宋仁宗時、命楊維德等修演太乙、言屬乎膠柱、非通儒之至論、故刪而不取、今兩存之、庶幾不忘古之意也

天子即位、龍升寶殿、當用一筭、謂天得一以清、地得一以寧、王得一以為天下正、故用一數也、筭得單一、或十一、或二十一、及三十一、皆是也

親王皇子定冊冠禮、當用二筭、取繼明之象故也、筭得單二、或十二、二十二、及三十二、皆是也

冢宰卿相、佐天子、揆百官、理陰陽、平邦國、當用三數、古者立為三省、拜三師三公、亦此義也、筭得單三、或十三、或二十三、及三十三、皆是也

奠享宗廟、安神主、封冊追尊、拜命、六曹領百官、掌典禮、當用四數、古者聖王文武畢集、思親立廟、四時用新物而薦

享以申孝敬、筭得單四、或十四、或二十四、及三十四、皆是也

冊皇后妃、猶日月配天地、當用五筭、謂天筭中於五、為正宮之位、筭得單五、或十五、或二十五、及三十五、皆是也、居靜之体、不忘社數、

納淑妃、配天子、當用六數、謂地數止於六、臣下之義也、筭得六、或十六、或二十六、及三十六、皆是也

拜大將、授節鉞、封爵祿、當用七數、謂七為大武之將、有兵変之象、筭得單七、或十七、或二十七、及三十七、皆是也

立偏將、分臨治事、當用八數、謂握機居中、八陣旋副之義、

筭得單八、或十八、或二十八及三十八、皆是也
守牧大夫吏士、當用九數、以應九州守牧之宮也。筭得單九數、或十九、或二十九及三十九、皆是也
庶民百姓、當用十數、取其盈象之義也。筭得單十、或二十、或三十及四十、皆是也

明敵國動靜之術

經曰、欲知敵國動靜者、當明時計以決之。若客計所得之筭單五、十五、二十五、三十五、八門杜塞、則其數不來。若筭和、內具發、將發、無掩擊挾格、主客俱會太乙宮前、凡有所聞皆吉、其數人來降、不為寇盜。若占動靜之事、視客目所得之數、如占杜狀天目轉而南行者為來、轉而北行者為不來也。如五將不發、陰陽不和、有擊掩挾宮、主不会太乙宮前、凡有所聞皆凶、其數人不降、即為寇盜。凡客主俱会太乙宮前者、謂上下二目主客大小四將、其或有一而至太乙左右、皆是也。

假令夏至便用陰局、太乙入上元第一紀甲子元第五十二局乙卯時、太乙在八宮、主目在陽德、主筭得三十三、巳為計神、客目太簇、客筭得單七、和、客大將七宮發、客參將一宮、此為主客俱会太乙宮前、客目筭和、將發、如此則數人來降、不為寇盜也

明數使虛實之術

經曰、欲知數使虛實者、當明時計太乙所治以決之。如太乙所在之宮、剋制客目及客大將者、則數使所言皆是而可信。如客目及客大將制太乙宮者、則所言皆虛、不可信也。

假令冬至後用陽局、太乙入上元第一紀甲子元第二十五局戊子時、太乙在一宮、文昌在地主、計神在寅、始擊在大義、客筭得四十、為孤陰、客大將四宮、客參將上二宮、此時太乙在一宮屬金、客大將在四宮屬木、則太乙剋於客大將也。數使所言皆實而可信也。

明數國有無間諜覘窺之術

經曰、欲知數國有無間諜覘窺、視之以太乙客目大將而決之。法曰、取太乙所在之宮相衝而為界期、分內外淺深。如客目所臨在外地、則外國遣使來入我境間諜覘窺虛實也。如主目文昌在外宮之地、客大將臨於其宮、則有姦細來入我境。若客目客大將客參將俱在外地、則敵人遣將卒盡入我地境也。太乙在一宮、則六七二之宮辰皆為前外之境、六宮以裏為近、以外為遠。八三四九之宮辰皆為後內之地、八宮以裏為近、以外為遠。遠近為已入我境遠為將發之期、以別淺深而明之。歲月日時、四季同用。

明敵人来方將卒多寡術

經曰塵埃起烽火舉未知敵兵多寡將帥有無何方而来者當明時計視客目所在之筭決之若時在陽為有賊若在陰為無賊取陽奇陰耦之筭也若筭得十六之上陰陽和其賊有將有卒兵衆多也若筭十五之下賊衆竊其兵寡亦無將也欲如来方則客目在左從東来在右從西来在前從南来在後從北来在四維亦如之若客目筭得單五十五二十五三十五為入門杜則不来也

假令冬至後用陽局太乙入上元第一紀甲子元第八局辛未時太乙在三宮文昌在陽德主筭得單一始擊在大武客筭得三十二陰陽和客大將在二宮發客參將在六宮發占其賊来有將兵卒數多客目臨右賊自西方来也餘做此

明見聞以占虛實之術

經曰凡有所見聞之事未知虛實法曰以聞事之時而占之如天目掩擊太乙者所聞善事則虛不善之事則實者門具將發所聞吉事則吉所聞凶事不凶如門不具將不發聞凶事則凶聞吉事不吉如主人挾客聞凶不凶聞吉則吉如筭天目在内者聞憂即憂聞喜不喜如筭得天目在外者聞憂不憂聞喜即喜太乙以前為外以後為内也

假令太乙在二宮始擊在高叢客筭得十二客大將在二宮客參將在九宮客目大小將俱在陽宮經云重陽者必重凶也亦在内地也

掩擊不掩擊　具發不具發
被挾不被挾　在外不在外

假令太乙在八宮始擊在大武客筭得單七客大將在七宮客參將在一宮此客目大小將俱在陰宮經曰重陰亦有重凶俱在内地也

明占望行人賊来与不来術

經曰欲占望行人賊来与不来者明主客所得之筭以占之如主人之數在南方客人之數亦在南方此為自得主人之數為行人不還一法曰如占望地方行人如客目得

此方之筭而為不来如得南方之筭即為来也如值掩擊者雖發而未至如值關格者尚未發三八之數為不来二七之數為来也如占望南方行人筭得二七為不来如筭得三八為来也占望東方行人筭得四九為不来如筭得六一為来也占望西方行人筭得一六為不来如筭得四九為来也凡值掩擊者雖發而未至関格者尚未發也欲明来期之日如得一筭者近一日遲十日遠百日又曰以天目所得之筭一日為一筭如得二十三即自當日為始至第二十三日為到期為得數終則至也此法与占同四方賊人来与不来相同為用也

明討捕叛亡之術

經曰、如討捕叛亡、當以時計決之、若客挾主人、或下目在內、太乙与主目人同宮、而天目臨之、或天目在內、皆為捕得、天目以前為內、以後為外、如主人在外、或筭得在外、皆為不得、又曰、如天目与地目在外及同宮相挾者、皆為不得也、如欲邀捕彼人、欲知彼人藏匿之處、以時計太乙所臨掩迫之下、往必擒之、如所捕之地、如臨旺相有氣不可往也、如往必被恥辱、亦不能濟其事也、凡叛亡藏匿者、隱而不動、所以地目主之、討捕者襲蹤追捕、所以天目主之、

明執囚對吏之術

經曰、貴人遭患、時復有之、故太乙時計有因執之術也、古法曰、天目掩擊太乙、或主人在外、或立旺神、皆宜對吏入獄、易為解也、一曰主人在內時、神不可入對吏、一曰太乙初入宮、曰遭患入獄、事必遲留難解、一曰太乙与主人同宮、天目臨入獄、易出達見貴人、以解憂患也

明求索有無得所術

古法曰、筭得天目在內者、吉、可以謁請貴人、干求財物、皆有所得、如天目在外者、不可請謁求索、筭得天目在前為內、在後為外、外為孤、內為虛、一曰主人挾客、不可請謁求索、如客挾主人、求索皆得也、主人在內為得、在外為不得、

一曰筭得天目在內者、訪人必在、所求皆得、占者見此人之數也、若數得天目在外者、訪人不見、所求不遂、一曰天目挾太乙者、見貴請謁釋訟、可得上下挾之、一曰主人立旺神、不可往見、一曰主人立旺神、不可請謁及見尊長、一曰天目春夏、秋冬四為絕氣、數不可請謁干求見貴也

明時計以占諸事術

經曰、天目掩太乙者、凡出征行兵、皆造買賣、百事皆敗而不利也、天目擊太乙者、見可尚也、究挾主人、或得歷筭、皆凶、一曰門具將、發陰陽和、百事和吉、門不具將、不發、筭不和、百事凶、如門具和而門不具、如三門具、筭不和、當消息而推之、如主人挾客及關客、可言吏不可言民、与主人同宮、天目臨、入獄易出、達見貴人、以解憂患也、如客主人及關、主可言民、不可言吏、吏者三公宰輔卿大夫皆是也、又以呂申如歲月日時、視太陽陰主所臨之方、不可抵向、凡占財萬事、以太乙主目所臨旺相休囚之氣以明之、如立旺神、必主新事、如立相神、主言相爭事、如立胎神、立言生產事、如立沒神、生憂沒溺事、如立死神、主有死喪事、如立囚神、主憂刑禁事、如与太乙相對、值恩赦以釋之、如立休神、主憂疾病、行人、營事無成、如立廢神、主廢棄改易恐懼之事、

明九宮所主旺相休囚之氣術

	旺	相	胎	沒	囚	死	休	廢	
立春	八宮	三宮	四宮	九宮	二宮	七宮	六宮	一宮	戌乾亥
春分	三	四	九	二	七	六	一	八	子坎
立夏	四	九	二	七	六	一	八	三	丑艮寅
夏至	九	二	七	六	一	八	三	四	卯震
立秋	二	七	六	一	八	三	四	九	辰巽巳
秋分	七	六	一	八	三	四	九	二	午離
立冬	六	一	八	三	四	九	二	七	未坤申
冬至	一	八	三	四	九	二	七	六	酉兌

明十精太乙所主術

一曰天皇太乙經云天皇太乙者一星星在紫微垣勾陳中星贊曰天皇大帝主御群靈執萬物神爲所謂耀魄寶也置演紀上元甲子至所求積年以天皇大周法二百除之不盡以小周法二十去之不盡爲神周余命起武德順行太乙十六宮間之神遇陰德和德大炅大武乾坤艮巽四維之地重留一筭外即得天皇太乙所在月日時計置所求積筭亦同前求之惟時計冬至陽升當用陽局夏至陰長當用陰局取陽局對衝而求之即各得天皇所在余皆做此一法置所求積年加神盈差二十四按太乙諸家經

旨並見無所加之術今止依古法而求之

天皇与太乙合日暈大風合北旺相之地風遍天下合在東方日暈大風合在西方日暈有雲氣合在南方日色大昏合在北方日色陰昏　与大尊合有大陰雨日月爲災　与飛鳥合有小陰雨　与天時合有小陰雨　与八風合大陰疾風　与五風合有疾風起　与三風合天温小風日月爲災　与太乙計數合有大風雨

二曰帝符太乙經云帝符太乙者天節之使也星贊曰天節奉使專對無疑置演上元甲子至所求積年以帝符大周法二百除之不盡以小周法二十去之不盡爲神周余命起陰德順行十六宮間之神遇地主高叢大風太簇坎离震兌四正之地重留一筭外即得帝符太乙所在一法置所求積年加神盈差十七按太乙諸家經旨並無所加之術依古法而求之

帝符与太乙合日暈大風若合在太乙旺相之地小雨小陰雲與疾風并起　与天時合小陰疾風日月有災

三曰天時太乙經曰天時太乙者鷄星之使也星贊曰鷄鳴伺曉審夜察時　置演上元甲子至所求積年以天時大周法一百二十除之不盡以小周法一十二去之不盡爲神周余冬至復命起呂申陽局順行十二辰不居四維

夏至後命起武德陰局逆行十二辰次筭外即得天時太乙所在一法加和盈差二、古經元無、故不取用、

天時與太乙合於旺相之地、有風雲卒起、或即陰雨　與五行合天陰昏雲起　與八風合、陰日月有變　與五風合有風　與三風合小陰風　與飛鳥合陰風

四曰大尊、太乙經云大尊太乙者、一星在中台、抂衆星之長也、星贊曰、大尊一星、貴威聖公、置演上元甲子至所求積年以大尊大周法四千除之、不盡以小周法四去之、不盡為宮周、餘命起地主、大簇大威高叢逆行八六二四四正之宮、筭外即得大尊太乙所在

大尊與太乙合在旺相之地、大陰雨寒、若今在八宮日暈　與合在六宮陰昏、合在二宮大陰昏寒、合在四宮日暈　與飛鳥合天温小雨　與帝符合陰雨大昏　與天時合陰雨　與五行合日月變小陰　與五風合小陰雨日月有变　與三風合小陰雨

五曰飛鳥、太乙經云、飛鳥太乙者、七星之使也、朱雀之佳、星贊曰、飛鳥之神、斗中之精、置演上元甲子至所求積年以飛鳥大周法九十除之、不盡以小周法九去之、不盡為宮周、餘冬至命起一宮陰德順行九宮、夏至命起九宮大炅逆行九宮、筭外即得飛鳥太乙所在、一法加宮盈差三古法皆無故不取用

飛鳥與太乙合在旺相之地、天星有变、非在旺相之地則有大風　與天時合有陰風、合在九六宮日暈　與三風五風合有大風日月变色

六曰五行、太乙經云、五行太乙者、五星之使也、星贊曰、人君失常、五星為变、猶影響之與形聲也、置演上元甲子至所求積年以五行大周法五十除之、不盡以小周法五去之、不盡為宮周、餘命起陰德、地主、和德、大炅、大武、次第行之、此即一人三九七宮、周而復始、筭外即各得五行太乙所在

五行與太乙合在旺相之地、暴風大寒、雲氣昏暗、或雨　與八風合小陰風雨　與五風合小陰日月有变　與天時合有大風陰日月变　與大尊合日月变色小陰　與帝符合風昏小陰　與天時合大陰昏風雲起

七曰八風、太乙經曰、八風太乙者、畢星之使也、星贊曰、畢有八星、故名八風、置演上元甲子至所求積年以八風大周法九十除之、不盡以小周法九去之、不盡為宮周、餘冬至命起大威、次和德、順行九宮、即二三四五之陽也、夏至命起地主、次大武、逆行九宮、即八七六五之陰也、筭外即得八風太乙所在、一法加宮盈差四、日月時加差二、古法

不載故不取用

八風与太乙合在旺相之地雲起小雨合在陰宮為雨陽宮為風　与五風合陰有大風天昏　与天時合陰昏日月有变　与天皇合大風疾陰日月有变　与地符合陰雨

八曰五風太乙經曰五風太乙者箕星之使也星贊曰箕有五星故名五風置演上元甲子至所求積年以五星大周法九十除之不尽以小周法九去之不尽為宮周余冬至順行命起一三五七五二四六八之宮先陽後陰夏至逆行命起九七五三一八六四二之宮次第筭外則得五風太乙所在一法加宮盈差三月時不加日法加六古法不載

五風与太乙合在旺相之地日月有变連陰不見天日暴風疾雨並作　与大尊合小陰雨日有月变　与飛鳥合疾風　与地符合有大風　与天時合大陰小風日月有变

九曰三風太乙經云三風太乙者心星之使也星贊曰心有三星故名三風置演上元甲子至所求積年以三風大周法九十除之不尽以小周法九去之不尽為宮周餘冬至命起三七二六一五九四八夏至命起七三八四九五

一六二依次而行筭外即得三風太乙所在一法如宮盈差三月時不加日加六古法無此故不取一白日加三月時各加五

三風與太乙合在旺相之地日月無光寒雲四起　與天目合大陰雨　與天時合小陰雨　與飛鳥合疾風陰雲日月有変　與五風合日月有変小陰　與大尊合小陰雨　與帝符合小陰　與天皇合天陰小風日月有变

十曰太乙數經云太乙數者五元七十二局之數置演上元甲子至所求積年以大周法三百六十除之不盡以元法七十二去之不盡命起一數筭外即得太乙所在之宮數與太乙合日暈大風　與太乙衝日暈風起　數得三十大風日暈　數得四十陰雨黃露　數得五十與大目旺相合日暈　與太乙挾天目陰雨日暈大風　與飛鳥合折六八九宮日暈　與天地併日暈天為十地為九　與計神合日暈與天地相當大風天為地為下　與太乙飛鳥合疾風

明十精太乙雲氣所主術

經曰當以太乙初移宮之日觀候日出日午日時日傍餘二日不候也及時計太乙初移宮之時餘二時亦不占當候日之上下左右若雲氣色青而日時計得三四則变發

在寅卯時若雲氣色赤而日時計得九亖則变在巳午時若雲氣色白而日時計得七六則变發在申酉時若雲氣色黑而日时計得一八則变發在亥子时張良曰帝符太尊、天時五風八風三風与太乙合在阳宮則為㬢合在阴宮則為雨合、阳者阳位合陰者阴位也天星与太乙合在阳、則為日暈盡吳、合在阴、則日暈夜昏、飛鳥与太乙合、則風從其下來、天氣純厚則雨、天氣乖薄則風、天氣黄霧則暈、天氣黑赤則風熱、天氣清白則風寒、天氣凝涸則霧雨、雲氣如掃、則晴、雲氣文彩輪囷蕭索、則天大晴、若天旱則當以阳占之、若天雨則當以阴占之、若得旺相之氣、則其变發而速也

右十精与諸神相合、其所主天地日月風雲雨霧之变、以旺相消息而推之、自漢及唐、先賢所論十精太乙歲月日時之計、各為為目、演而求之、建宗仁宗在御、天下和平、乃垂意於術数之事、俞選精於數者、内侍任成亮鄧保信皇甫继和翰林天文李自正何湛司天春官正王立同太子洗馬楊维德等於資善堂、備撰旧文、削其繁蕪、取其精要、演起寿元皆起上元甲子、推步太乙岁月日时之計、同法求之、唯夏至阴局十精以阳局所冲、則各得諸神之所在也（主客之战守験于雲氣之孛蕩主客之勝負験于雲色之生死九宫十干所臨以驗方位）

假如子年八風在子五風在卯三風在巽、丑年八風在巽、五風在酉三風在卯、寅年八風在乾五風在子、三風在子、其余倣此以驗風雨阴晴也已详前論故不再述

天皇一　三風九
天尊四　太乙十
八風七　帝符二
輪轉風
飛鳥五　五行六
雨日圖
五風八　天時三

雨

轉帝熱

畜

輪鳥時

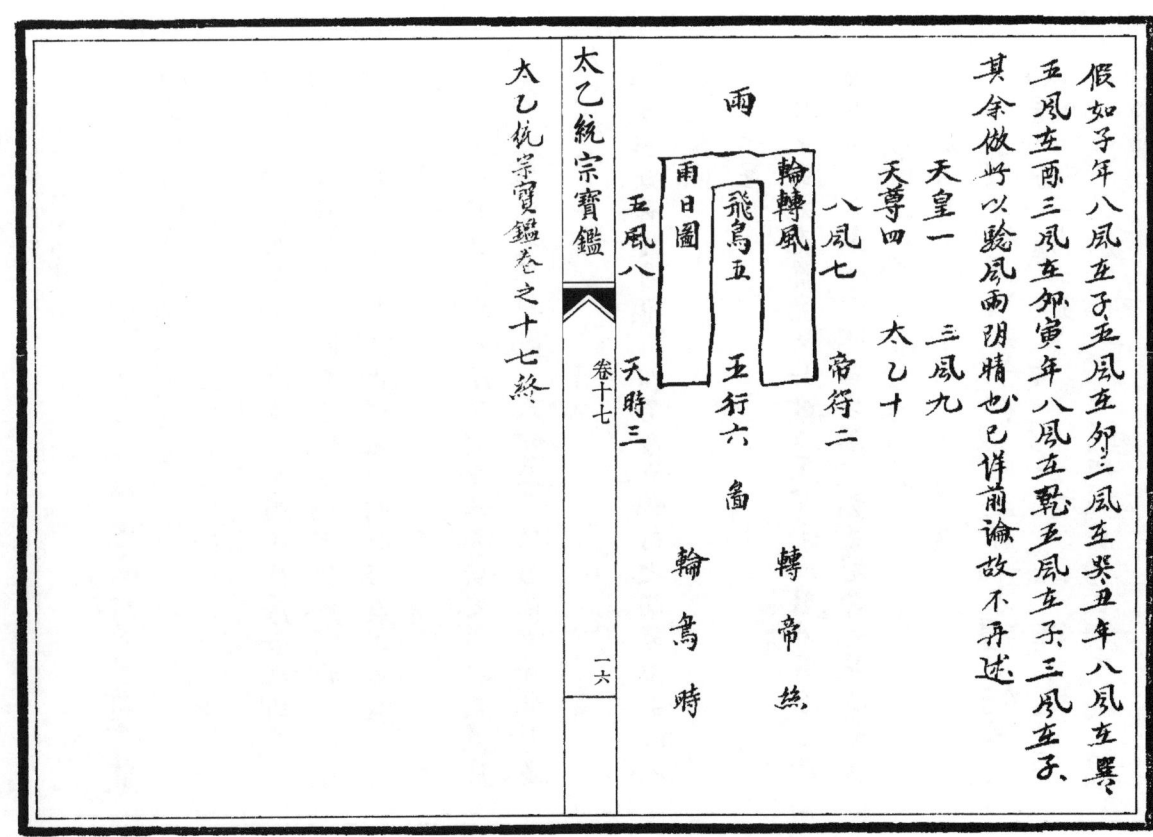

太乙統宗寶鑑卷之十七終

太乙統宗寶鑑卷之十八

明命法上

星之於人者切矣。有乘旺之地，有衰絕之鄉。居乘旺者靡不為福，在衰絕者鮮不為災。且北辰為帝座之星，一年四季順十二宮斡旋在天之星宿，照臨在地之生靈，生長一年之吉凶，各一定不易之理。上至五星，下及四年七之宿，各居分位，臨照四方，行度不紊。內外五福星則起於亥，君臣民基皆起於戌，一一順行，循環不已。其餘諸宿，莫不皆然。故在人得其全者為福為壽，得其偏者為災為夭。孰能逃乎此哉？或者立為異論，聾瞽世人，創為左旋之說，使後學者莫曉其由，更不復稽考其取驗多者為定。若以北方為上，則南方對照，固不移易，仍為東轉而為西，西轉而為東矣。豈理也哉？諸星之在天，一定而不易，而盤之順逆，前兵之計為也。梓坡老人閔人多矣，作此為說以釋眾疑云。

太乙五福星盤

子丑寅鬼路 卯辰巳地戶 午未申人道 酉戌亥天門 天盤逆 地盤順

天命 兄弟 夫妻 子孫 財帛 田宅 官祿 奴僕 八難 福德 相貌 父母 東西順逆寫

壽星 陽德 呂申 高叢 太陽 大神 太威 天道 武德 太簇 陰主

大乂順寫 地盤自子上起

角亢 氐房心 尾箕 斗牛 女虛危 室壁 奎婁 胃昴畢 觜參 井鬼

柳星張 翼軫從辰上寫角亢去逆行十二辰次

下命元

自地盤內尋月支所在，点步干至時干住處安之，即是。

假如庚辰，庚辰庚戌丙戌生，就于辰上起庚，順數至時干，乃戌上為命元。戌上起庚，順數至時干，乃辰上為身元也。

下身元

自地盤內日支上点月干，至時干住處安之，次以天盤月支加地盤時支畢，飛星。

天命盤 陽男陰女命順身逆，陰男陽女命逆身順，阳男陰女順行之，阴男阳女即逆。

置地盤法

下星訣

除身元命元、飛祿飛馬真數五星皆下地盤外，其余一應眾星皆下天盤，而以地盤字講災福。先看命元星，次看身元宿，身命宮無星，却看衝合上星也。

五福星属土 天數下 天盤字順加十九

亥九 子八年 丑七年 寅六年 卯五年 辰四年一百 巳三年一百二十三 午二年一百 未一年一百七 申十年一百 酉九年二百

戌年二百 亥年二百 子十年二百 丑十一年二百 寅四年二百 卯三年二百 辰二年二百 巳一年二百 午八年二百 未九年二百 申十八年四百

酉十三年四百 戌十五年四百 亥十三年四百 子四年四百 丑十三年五百 寅十二年五百 卯十三年五百 辰十年五百 巳九年五百 午八年六百 未十七年六百

申六百四十八酉六百七十五戌七百二亥七百二十九子七百五十六

君基　天數下天盤字順支下三十

戌三十亥六十子九十丑一百二十寅一百五十卯一百八十辰二百一十巳二百四十午二百七十未三百申三百三十

酉三百六十戌三百九十亥四百二十子四百五十丑四百八十寅五百一十卯五百四十辰五百七十巳六百午六百三十未六百六十

申六百九十酉七百二十

臣基　地數下天盤字順支加三

戌三亥六子九丑十二寅十五卯十八辰二十一巳二十四午二十七未三十申三十三

酉三十六戌三十九亥四十二子四十五丑四十八寅五十一卯五十四辰五十七巳六十午六十三未六十六

申六十九酉七十二

民基　人數下天盤字順支加一

戌一亥二子三丑四寅五卯六辰七巳八午九未十申十一

酉十二

飛符四神大乙地乙　太歲下天盤字時上起

子亥丑卯巳丑卯戌未寅申子戌卯卯午卯巳寅辰午辰申未丑亥未巳酉午未丑辰戌

未酉亥寅丑申子巳戌卯酉申寅巳亥戌丑辰未戌亥子丑卯酉

小遊文昌主大主參計神始擊客大客參　地數下天盤

一　亥亥午酉　戌巳午酉　二　亥午申子　亥戌未亥

三　亥申亥卯　午未卯卯　四　午亥午午　寅寅丑子

五　亥亥午午　子丑丑未　六　亥亥午未　戌巳巳申

七　酉子申丑　未酉酉午　八　酉子申巳　子未卯申

九　酉卯申巳　子未卯申　十　卯卯卯申　午戌未巳

十一　卯巳午午　巳申卯午　十二　卯巳寅卯　申亥巳未

十三　未未未酉　巳戌酉丑　十四　未申午巳　午巳午未

十五　未申亥寅　辰巳午未　十六　子午巳巳　未丑未丑

十七　子巳亥巳　申午酉午　十八　子亥未午　申午申酉

十九　巳寅寅午　未申丑午　二十　巳午酉酉　亥亥巳巳

二十一　巳申午午　戌未丑未　二十二　寅寅未巳　巳未申酉

二十三　寅寅午酉　戌午未未　二十四　寅未巳酉　未戌卯午

二十五　巳亥午亥　戌未丑未　二十六　寅午子　未寅酉午

二十七　寅午午未　丑寅酉未　二十八　午午午酉　未申巳巳

二十九　未未未巳　午未巳子　三十　未寅申午　巳辰未巳

三十一　未未未酉　卯戌酉酉　三十二　申寅巳未　亥申未未

三十三　申寅巳未　戌戌未巳　三十四　申未巳丑　辰辰未丑

三十五　寅丑寅巳　丑午午午　三十六　寅丑午午　丑寅未子

三十七　亥子酉子　戌寅丑午　三十八　寅亥亥未　丑戌卯午

三十九　亥亥酉巳　未未申巳　四十　午卯午午　子戌子丑

四十一　午午午巳　巳巳申酉　四十二　午午午巳　巳申卯酉

四十三　午丑丑子　子巳卯丑　四十四　巳申午午　丑午亥未

四十五　巳子未酉　寅寅巳申　四十六　巳亥酉子　丑丑未亥

四十七　巳丑酉丑　丑午酉午　四十八　未巳午午　丑亥亥未

四九 午巳午酉 亥子子丑 五十 卯未未子 戌申酉未
五一 卯未未子 戌申酉未 五二 卯申巳亥 丑未卯亥
五三 寅寅酉午 丑未卯巳 五四 寅巳午午 亥酉酉未
五五 寅亥午午 丑午巳丑 五六 子酉午午 巳亥卯午
五七 亥申酉 巳巳丑亥 五八 亥戌酉巳 巳巳丑亥
五九 子亥未午 申子丑亥 六十 子酉午午 巳亥卯午
六一 子申巳午 戌巳未巳 六二 酉巳巳未 未未亥午
六三 酉酉酉子 巳辰亥辰 六四 辰子未卯 戌寅未丑
六五 巳巳巳未 未未子辰 六六 巳亥巳申 亥巳申辰
六七 巳酉酉亥 丑巳申子 六八 酉酉午子 戌亥子丑
六九 酉子酉亥 丑戌巳卯 七十 酉酉酉辰 巳巳卯卯
七一 未申亥辰 丑未寅卯 七二 午午午未 辰辰未巳亥
祿〻
甲巳土君基 乙庚金主大 丙辛水客大
丁壬木小游 戊癸火始擊
限元 下地盤
從一天命宮起一年一宮男順女逆行
时元 下地盤
一生不易 分度在宮
大運 下地盤

從月上起不問男女皆以五歲主月上然後移度十年一
宮陽男陰女順陰男陽女逆
小運 下地盤
男起丙寅順女起壬申逆一年一宮
真運 下地盤
取歲干化合從地盤日上順行一年一宮先於化合五行
上住若干然後行去以甲巳土五為例
甲巳土五 乙庚金四 丙辛水一 丁壬木三
戊癸火二
真數行度 即大游星也 大游星行地盤
丑五酉六午為七 亥土七分寅十一 巳子各四卯十三
辰十二分未六畢 申五戌五復歸五 此是合时玄妙
術 子與丑合 寅與亥合 卯與戌合 午與未合
巳與申合 辰與酉合
真數主宮
寅申八分巳亥六 丑未二分五九足 卯三酉七真數
尋 辰戌四分子一局
大九十二十三宮先以寅申八分歌以生时上住了方照
出 子丑之人向日尋 午未之人时合真 卯酉之人
天上取 辰戌时上天罡臨 寅巳之人歸祿上 申亥

之人步上尋、行官值卯十三、先於住宮卯止生三年行
以丑酉六行之也
岁祿自步干生處順行、一年一宮、遇官祿住、三年、阳命以
天盤字取地盤字順行、阴命以地盤字取天盤字順
行也
岁馬自时干住主處起逆行、一年一宮、遇八难宮良三年、阳
命以地盤官取天盤字逆行、阴命以天盤字取地盤
字逆行也
甲乙木亥上起　丙丁火寅上起　戊巳土午上起
庚辛金巳上起　壬癸水申上起
巳上二星行地盤　陽受陰法、乃晝夜貴人也、能解八難、
甲戊庚丑未　乙巳子申　土巳　丙丁亥酉　壬癸巳卯

六辛午寅下地盤
黑符乃劫煞星也
申子辰巳　寅午戌亥　亥卯未申　巳酉丑寅
向日尋着地盤日合處时合真着时合處起天上取者天
盤上卯酉合處起天衝臨着时上天盤衝字合處起祿
上者祿主所在字合處起步上尋着步君上字合處起也、
大凡先安此星於时上、依寅申八方歌、住着干、然後依此
次行、
十六星行度順行
五福星君基屬土、旺九衰五、　臣民文计屬土、才三

岁符始擊屬火九六　小遊屬木六三　主大金四三
客大主参水二二　客参水二二　四神於
地乙土三三　天一金四三
十六星旺
计神五福地乙辰戌丑未　君基午戌亥巳申
臣基申戌丑辰未　民基申子辰
岁符始擊寅午戌　小遊客参亥卯未
四神客大主参申子辰　天乙主大巳酉丑天乙亥　旺申亥卯未
文昌戌亥
祿馬衰旺

甲乙旺亥卯衰未　丙丁寅午戌　戊巳辰戌丑未寅卯
庚辛巳酉丑　壬癸申子辰　寅卯上不干卯　巳午　午酉
申酉　酉子　亥子　子卯　辰戌丑未　壬辰戌丑未卯
五福星賦　專看身命二宮
欲究三命、宜於十神、不必推乎日月、宜先詳於命身、布宿
躔於諸宮、观星顯隐、讨基臭之奥妙、謹意逸巡、切夫君基
尊重、福祿資生、五福包藏、財帛冠世、四神一曜、數主清貧、
岁符一星、多生狼虐、臣基專任、搜法为執古之人、民基福
夹好逸享悠長之歲、诚以始擊大惡、文昌最奇、主大臨相
絶、威仪難及、小遊善汜識者真、为莫發、计神乃为倉主慝

倖任客大主为拒衆中表仪主参客参淫滥無杉空旋、天
一地一遊遭妄於拒为、當知小遊客大、必少女川共男、始
擊计神、主剋视而損倖四神、地一名謀被剋、天一飛符貪
名昧巳、五福臣基也、防撓天衝、小遊计神今粹通理文昌
地一心　　耐於江海之深、民基计神、好謀保晚年之子吾
知夫客大主参、最呈恩而多礼、君基四神、最情言而不虞、
文昌飛符、自畏难違、客参五福、破散离居、客大民基今流
浪共空、臣基始擊今清廉不振、飛符与二客仝宮、身共進
地、主大共四神同佐、兵佐（佐）皇圖、想其文昌衡科神、利濟有
秋、天一同臣基、御富而御賞、主参始擊、懷毒而疾疫、四神

飛符、重哭婚嗣、主参地一、再与富貴、臣基始擊、臨未上、尊
卑共空問、君基飛符会演（寅）宮、男女貴育嚴、天一地一在寅
申、聲耳青春、君基臣基臨卯酉、類是臣基客大会计神、性
最頁濁、天一主大会五福、心尤狂猾、錦鞍绣勒者、计神会
文昌於辰亡、玉帯金臭者、始擊逢主参於酉方、貴俊利官、
计神始擊在申、祿富中破產、飛符主参来命、壮心毒狠惡、
天一主参之化合、意驕神傲、小遊地一之相嵩要、若小遊
令主太乙上宗華、始擊见计神辰中悟漢、天一四神会於
高附小赴大、地一五福四方宴、自錨自隋、者参始擊、三限
塞帰、飛符主参、一生羁绊、民基天乙会四神、貴以在上、飛

符君基同五福、貧不遠、客参逢福德、終困乏而殘財、地一
在田庄、從富貴而有限、於格上有此處、運上下精詳而推
之

五福星論　專看身命二宮

每以生时身命、为貴賤之别、衰旺休囚、为富貴之階、君臣
五福闵身命、舜禹一堂、文计旗星在日時、伊陽千載、文昌
计神会合、鳳池高掌絲綸、五福民基同官、寶序批還詔勑、
主客仝福臨身命、皇華衣繡而一道观風、符始犯君獲福
星、鳥府論倒而两观侍從、真教命逢始擊、兇禄难逃、大遊
若遇文昌、雄飛万必、飛祿飛馬、遇鞭柔則九万里皆在下

凤日计日民合福果、則百万貫充塞宇宙、主大客大名即
副、順局則多富貴吞越之盛、天一地一踊振星、夾佐則雅
衍（衍）子孫之印、祿元不致离局、福星不害孤臨、此其大畧之
補陳、更在詳明斟酌也、

鞭策歌

文昌主大名鞭策、　天元祿主踊科甲、　此宿逢之自顯
荣、　科甲年逢自然合、　或然祿馬亦来衛、　君臣文王
踊天擎、　此星對照祿馬官、　文陣掃魁谁与共、　星不
离踊详飛祿、　行度若到官祿角、　飛馬不困八難宮、
攪飛雲漢九霄翳、

闺金赋

天地肇判，阴阳始分，推五福之星数，究玄机之妙文。切夫
五福最尊，尚处在寅，始击最凶，尤妨于亥，君合臣而有义，
臣对君为其礼，五福二基拱命，富贵而全，四神飞始限神
官叮咛一世，五福临疾厄累岁灾迍，天一合限宫，连年狱
讼，秀而不实，文会于游道之不行，福冲陷禄位，君臣会贵
其数焉，身命二宫飞始临房，斯验矣，博奕好饮，夫一陷于
三财，拱雪眠霜，臣基命于天乙，主天罡降，始击宜临旺乡，
主参不喜民基，是为克主，一寿二福拱虏，千仓万箱，民基
臣位，四神文昌会客太，女子风尘，臣基飞始值小游，男女
倚栽，主大临生旺，作势威强，客参遇乙飞，为人乞丐，三基
在旺而长，四神居陷而长凶，符临亥子，灾害凶危，地在寅
卯，饥寒困苦，命官小游入侍，则把斧拾寿，限元逢福旺禄，
布衣换禄，土居寅卯，妨父母，火临灾子，克妻见，文昌同小
游好漂虚诈，天一临相貌生在宫一，客临子息，子顿蛉，神
在妻宫妻携姘，主大临酉，威镇蛮见，始击在离，雄冠今古，
文昌入命，志气凌云，禄在君身，贵受天禄，科甲旺地，一举
成功，天禄田乡，万锺享禄，腰金衣紫，身命禄遇吉神，眼前
晴黄，飞始四神合处，即官卿监，臣主临之，县令，郡曹，君文
会也，计神遭天一，为将相，其戍巳午坐始飞，变灾为福，小

游天一临寅卯则荣，主大合神居巳午则福，主大四神相
犯，愚浊贫苑，主参始击相逢，赌钱用扑，太乙臣基水位，脚
疾头风，天一臣基南方，耳聋目闭，杜门君子，天一五福，侍
绝卿林下高人，君基小游居闲地，五福临德，寿同彭祖，始
击遇飞符，贤若颜回，女子堕胎，九宫逢遇天一，男见封侯，
吉神在于干强，凶杂而宫，蛇刑鼠扰，主临子息，鸠居鹊巢，
三方遇吉神，安然享用，福德居凶曜，久守困穷，生来进遇
吉神，行运却逢凶将，吉凶各半，祸福并临，此局阐金之书，
所尽天一之数，十六星说

五福土星　午旺在辰戌、丑未　丑是库
　　　　　科甲在申，陷在寅卯　辰是库

太一五福星者，镇星之精，在人身命生时，不陷主富，见文
昌主贵，见主大客大君基臣基民基亦贵，见计神与臣基
在申，主享寿福名财宝，星名天福星，在计神民基，只享财
福，不可言贵，见始击困功立身成家，不言贵，见飞符成败，
不当见天一地一飞符始击，祸福各半，见君基四神为清
贵受福格，见主文在酉上，不犯凶星，为横发两府格，见君
基小游在丑申辰上，并临身命，定作公侯，见始击同在旺
则吉，或五福衰而始击旺，一生劳苦，身命但五福，生时值
飞符临者，破坏身命，值飞符生时值五福，终享寿福，安命
得五福临身命夫妻宫者，金门高位，乃福在陷宫，主一生

貧苦寒薄。

君基土星 言陷 旺戌午亥申巳庚子戌亥寅卯庚生人一

太乙君基星者，在紫微宮，侍天皇大帝，執玉衡，較量天地人間之事。在人身命生時不陷，為英才，居顯職，與四神同宮，化道蔭星，主出家入位。生時在巳亥申上，不犯凶星，乃大臣之命。寅命人值之，大貴。見文昌、計神、臣基，常居殿閣。見主大客大文昌在神明，作公侯。見始擊，為掩醫愚類。見文昌主大客大在官，祿福過人，侯卿之位。見五福，自入廟宮，即在台府。見文昌，為節度。在陷宮，併奴婢宮者，為市井之人也。

臣基土星 旺辰戌丑未 庚戌科卯陷巳酉子寅卯

太乙臣基星者，在紫微宮，侍輔弼上帝，上天六官之長，下管二十八宿。在人命生時不陷，極貴，謠言正直，男怨爆急，女德了家。見天乙，仁勇。見小游，亦自立志。見臣基在酉子巳上，少時木石訟傷，亦豆痕，長來亦肺疾。見計神、文昌，不秀。見小游，凶。見四神，夭壽。此星臨身命生時，衣錦綿綿，不更不陷，清宗出入禁庭。臨卯上，成名顯達。臨陷宮，併妻妾上，空勞塵。

民基土星 旺申子辰 廟辰 到亥 分解 實炎

太乙民基星者，上天干神，掌太乙之祿神也。在人身命見

文昌主文章，得財，為官食祿。見君基，近貴食祿。遇凶星，必為宮吏營寨中人食祿。見天乙四神亦然。見計神，喜恩慮。見小遊王大客大，有权動眾。見飛符，才不主。見田宅上，天厦為門，財豐帛足。見夫妻宮，財星矣。

飛符火星 旺寅午戌 陷亥子

太乙飛符星者，火星也。在人身命生時刻陷，主破祖身孤，妨妻害子，財帛不聚，心賴孝退，隨波逐流，妨翁姑，不守性息。陽年大游主大客大，為商失業，仕官失位。見始擊客大，迁徙破乏。見四神，多病，死不全屍。見始擊，患消渴。見五福、君基、臣基、民基，主富貴不堅牢。見始擊地一、四神，名壽氣不足格。主生時落草，凡事語言皆晚。見在身命宮，剋孫。見五福同在巳午，得商姓人力成家。見君基在旺，心聰性敏，冠世文章。見君基、四神、客大在旺，鄉並富貴。同君基在陷，宗祖遭誅。同臣基在陷，男妨刑法，女妨產難。同民基在陷，臨死妨刑。見文昌，主讀書。見飛符，主廢事。見亥子宮，拙見。

四神水星 旺申子辰亥 陷辰丑戌未

太乙四神者，凶星也。在人身命生時刻陷者，方敖孤獨，多招官厄，在衰地夭亡。見小游、計神，憂慮猜疑，主瘡瘵脾胃。見五福、君基、臣基、民基，有財無官。見文昌，為秀而不實格，亦為

醫道伎術人、見在亥子丑申上、灵利、同五福在旺臨身命、獲眞猛利、同臣基陷陰謀、活機、不利船水、同民基陷疾異御、同死符始擊臨神、命、刑厄身死、同民基在旺、官、刻都監、

天乙金星 旺申酉卯未巳丑陷午

太乙天乙星者、金星也、在人身命生時、見陷者、破相孤身、平生蹇滯、与人来往、招多是非、人情不如、在未卯未上、不值凶星、性剛氣浩、不前自立、至親不和、仁义刻薄也、見死符始擊、悖逆、不同男女、主血光、見五福君臣民基、在軍旅公吏門中、見始擊、勞力活卒、見小遊、肢體有傷、口眼不合、見五福君臣民基文昌計神食祿、見亦(亥)卯未上、或星扶助、不仁不义、弄法舞文、受傳奏下流、独見寅午戌、克刑者、好盜賊、同五福在旺、回身命明時者、同商姓人、起家、見君基主大计神在旺、孝高英雄、見臣基主大在旺、因君功力起、見民基主生富貴家、同五福在陷、幼失怙恃、同君基死符始擊、或大命在陷、十分凶惡、見四神、因獄軍陣中死、

地一土星 旺辰戌丑未陷寅卯

太乙地一星者、凶星也、在人身命生時刻陷者、妨害父母、兄弟妻兒、孤、女寡作奴婢、盜賊、見五福君基臣基民基、因貴人獲福、亦不長久、主淫慾、見小遊计神、衣食不足、或刑獄瘟癩、血光死、見天乙性强好殺、不仁不義、同五福在旺、

潯宮姓人扶持、見君基计神文昌在旺、守边性重、謀深見臣基、好處山林、同民基文昌在申子辰上、富貴文章、小起或四神死符在陷、衣食窮困、抱疾病死、

小遊木星 旺亥卯監寺未寅为將相陷申酉

太乙小遊星者、監將星也、歲星之精、斗中有星、左太乙理南斗、右太乙理北斗、總府六十神職、司掌人間生死壽夭貧富、在人身命生時限宮者、文業昭著、見凶星主頭面身體有傷、若独在宮分、乃正巳丑將之人也、見四神多虚多謀、見君基文昌计神在旺、或神命宮、獲官(館)獲福、見五福在旺、多文傾逐、勇志力功名、見臣基在旺、有德行科名、見名基计神富家臣室(巳)、女命值之、主青白瘦長、

文昌土星 旺戌亥陷寅卯

太乙文昌星者、在登紫微之殿、直文昌之館、在人身命生時、文時博說、孝同淵源、貫綸才、包仁义、德、見五福、作三公、見君基臣基、發用早、見民基富貴兩全、在辰戌午上、主性雖好風水、進退、見计神入館客、見主大文武師臣、見客太多歷边任、見死符始擊、文而不秀、見四神、文而不顯、或为伎術女人、仍之机巧伶俐、見祿主食祿、不旺、亦藝術、見小遊士人、是武人、住在亥上、見身命平步青雲、独在陷宮、好事多厲、見十遊、刑作滑吏、

主大金星 旺巳酉丑 陷午戌

太乙主大星者，金神也，乃太白之精，秉大将威，有生杀权，为天骄金神。在人身命生时不刻陷，士主文章，武主英雄，僧道主官家公吏六然，见文昌刻衆，见君基作公侯，见五福在酉戌，见四神在身，为将帅持节；在陷主咳，见臣基作帅臣，见民基作武官，见文昌计臣，文武两全，作王公贵，及子时见小游，权不归己，头面身体折伤，见始击被劫之在干上，不能制主法死，见四神天乙地一飞符夫员返富，见客大始击，持节出疆，在妻室妆杂之晨，女得之身命机乃在申酉主有权，见君基始击文昌计神在旺，文武全功，见君基在旺，作公侯，见君臣基在旺，统百方帅，与凶星同在陷，防军旅中风霜下死。

主客为星 旺申子辰 陷辰戌丑未

太乙主客星者，副也，其福其祸之神，至在人生命生时，遇凶则凶，遇吉在旺，近贵发福，其吉星扶助，乃因人成事，倚人为生，衣食他人，见四神天乙地一飞符始击同宫，作卑为逸，见官得贵人，主孤，在倚凶星为奴为婢，六其成。

计神土星 旺辰丑戌未 陷寅卯

太乙计神星者，乃国计之星也，尊为太乙宠，计度天地人间事。在人身生时不刻陷者，当精察几机谋隐恩主任监

司同见君基臣基在旺，作公侯，主身安心不宁，因在陷也，见小游在旺，任与法官；在陷多思虑，损精神；五福民基多本见客大，任边帅；武臣见主大帅，辅之任；见臣基，主任铨除；见天乙，能断而乏谋；见四神，文而不秀，财帛不佳；见文昌关馆佛荣；见妻室，主有财丰，初生儿子值之，灵利机巧；在陷官到老其成。

始击火星 旺寅午戌 陷亥午

太乙始击星者，火神也，乃荧惑之精。太乙初分，始有其神，此星乃是元始击搏之，为上帝所畏，常为主大将羁之束，出曰彗，南出曰始击，西出曰太白，北出曰大衆，出日伐谋

在人身命生时命刻陷者，男淫女娼，贪酒旺狂，在衰卿男女，男女皆主血光，男防刑，女防产。四柱上刻父母，见君基名悖逆，主心凶险，出语其猜，见臣基否官；火见民基客大，狱牢中死，见民基伪术，或因之死，或为盗被官灾，见孙年主出入，见生时阁杀死，见小游悖逆而死，见大游飞符会其年次明即死，见文昌被人谋害，见计神六然，见飞符三基五福，或临命主遇房，见文昌与人文有始其终，见小游临身命安生悖逆，见主大主参客参奴婢害身，见计神谋人及被害，见君基在命元损奴婢，见臣基在身命生时官灾囹圄，死不全尸，见民基在身命生时，因财致灾，见寅上

主清貴，見午上主將相、權，見戌上主多財食祿，巳上戌癸人得之方合此格。乙庚人值之，宜修福禳災，見陷害，主橫死，或水火盜賊刑獄血疾。若得五福，主人權也，只是虛驚。見孔符同臨，父母須甲巳五處添十五，丙辛之六，從未數子五常行五步，除丑寅七八並行滿其數日時身命則三步以前，親早絕，更防此宿在室亡，不是螟蛉空是妻，見在夫位防婚，或爲人側室，不然行止不應。見日時身命係卒疾，傾瀉怨訴、節血，先傷身運，數相逢，死見孔符在日時者，男女，男得則鄒，女得主寡，此星在身命生時，性拗，男得之性燥口惡，女值之風塵其空，此星在旺，凡災炎寅午戌始

擊，考臨之中，餘安百揆外，乃統全師，戊癸天元主扶持大合宜。

客大水星　旺申子辰，陷辰戌丑未

太乙客大星者，水星，外將也，辰星之精，與主大分權治事。在人身命，星旺易喜易怒，心無藏，性無毒，只不謙剛烈暴失，見小遊，謀淺慮遠，智識不凡，可輔相至封之功，別陰禍亂之戚，見始擊，利客爲事，多主移動，見計神、享禁塞之任，見君基，作將帥，見臣基，遇鎮幕官，見民基，得商賈人福，見始擊，祿破身孤，見四神，可權當財，見孔符兩神，地乙，男鄒，女寡，平生蹇滯，多成多敗，見文昌、四神在衰，男破蕩，女

風塵，見五福在旺，辰子申上，天鍾岳降之財，見君基，旺居官適宦，見民基旺豪富，在父母子孫二宮生逢房屋，出對照，作弊在身命生時亦然，見命宮在陷爲商賈，獨在妻子爲對照，臨午爲間世英財，丙辛人值之甲子長上福尤榮。

客參水星　旺亥卯，陷申酉

太乙客參星者，外副將也，在人生命生時，發福甚輕，或遊跡遠官，或爲商在外，或遷房入贅，遇吉星則吉，遇凶星則凶，見主參飄蓬，傍人見始擊在衰地，生可食在旺爲貧凶星一身無活。

大遊火星

此星閑與人身命生時，遇吉星作福，附凶星作災，遇孔符始擊主死亡，與孔符祿馬，或閑照，或併照，遇天地孔穹符四神運上，人見七神殺並之行，亡宮無吉星並助，必重家遇始擊死存。

陽貴星　一名晝貴人也，能解人厄之難。

太乙陽貴元非常，使祿之時主作王。
女子得之路大位，爵祿重重封父娘。

陰貴星　一名夜貴人也，能解八難之厄。

太乙陰注災殃釋，陰陽順逆更宜良。
非惟壽考并全福，子孫宮中祿亦昌。

命、元星

人生身下稟乎天、　貴賤須從論命元、

吉星併照全富貴、　凶星併臨下賤看、

又曰吉凶混同、灾福減半、

身元星

壽夭合由見　身元則短長、　言云長遠大、

凶会空、戕傷、　吉曜還逢陷、　反吉作妖祥、

時元星

人命盛衰時之可斷、遇吉星則三限嶸嶸、会凶星則一生窮困、吉会凶辰灾福各半、

元祿星

元祿宮祿宮、　榮貴榮九族

元馬星

馬不困人難、　福元庇鴻鵠

其運星

其運看亨平、　衝合詳災福

其數星

其數言壽夭、　其旨別否音　黑符　元祿　元馬

行值十六星吉凶斷

身命生時分主別、教身孤、傍神弃祖、多招官灾、年衰大死、

五福官吏受恩加職、士庶求謀如意、

君基士庶　科、武官升差、

臣基官吏士庶有喜慶事、獲財、

民基官員軍吏加官進祿、庶人獲財、

小遊在旺、薦舉居官、　文昌、官員招除、庶人文書動、

主大官吏出鎮、士庶獲財、　主參貴人扶持、大宜出入、

計神添財、文書為本、　始擊、瘡癬、公訟、併凶星死、

客大、大宜出入、　客參、大宜進祿、

元符眼目至寒熱疾、多招是非、

四神鬼麻孝服、公私急話、酒劇氣疾、

天乙文書口舌、刀兵血光、酒食爭鬥、

地乙脾胃氣疾瘡癰、

十二宮分星說

一天命宮、君基五福臣基大昌、小遊計神主清顯之貴、民基主財帛錢穀、親民之任、主大將、主參將、主兵权、武職之貴、近任於近侍、客大將、客參將、主兵权、武職之貴、任於邊遠、

五福主壽進貴、　君基貴作公侯、　臣基有輔佐功、

民基平生享福、　元符性多解物、不利祖業、

四神殊離三代、　天乙事、性剛介、　地乙入更改出入、

小遊有權動衆、 文昌天資性靈、 主大尊权高貴
主參因人成事、 計神心机越衆、 始擊剋妻害子、
客大出入遷移、 客參平生出入、
二兄弟宮見吉星衆多仍相助之力、見惡星不得力、
五福厲行列班、 君基崇棣華、 臣基陰陽盛衰、
民基外族富貴、 飛符房分衰替、 四神房分絕滅、
天乙苗裔殊薄、 地乙族類偏勝、 小遊到於尊上、
文昌族分良善、 主大兄弟尊長、 主參昆季享比和、
計神苗裔孤辣、 始擊孤獨自立、 客大偏苗異族、
客參偏苗異族倚人成事、

三夫妻宮見吉星則不妨剋、見惡星而有剋害不然晚婚、
五福享我家財、 君基承順官族、 臣基夫婦富貴、
民基外族衰微、 飛符琴瑟不和、 四神蘭房寂寞、
太乙外家破散、 地乙不利初婚、 小遊不止一婚、
文昌重婚即貴、 主大一子為貴、 主參次妻為妻、
計神得福財用、 始擊三婚為上、 客大在外作婚、
客參入門作婚、
四子孫宮見吉星則生貴子、見凶星先女後男而見損傷、
不然庶出則過房、
得見者十二星、 君基、 小遊、 五福、 臣基得三、

民基計神 客大將得二、 文昌
天乙得四、 主大將得五、 主參
客參得一
始擊 飛符得三、 地乙
四神得三、
得女者凶星
五福子孫為貴、 君基子孫顯達、 臣基女多男少、
民基子孫多貴、 飛符子孫極少、 四神先剋後保、
天乙長子不利、 地乙房分孤寡、 小遊一子為貴、
文昌子孫食祿、 主大房分興隆、 主參子孫良貴、
計神子孫偏勝、 始擊次子保安、 客大子孫偏苗、

客參遇過房庶出、
五財帛宮見吉星財帛廣厚、見凶星平生財帛聚散、所聚
者少、所散者多、
五福堆金積玉、 君基不受清貧、 臣基積玉充滿、
民基金玉滿箱、 飛符聚散不常、 四神家散多端、
天乙先苦後成、 地乙基業長厚、 小遊大吉主歷、
文昌因文得財、 主大大至主豐、 主參得人之財
計神資財充塞、 始擊破耗後家、 客大出入獲財、
客參得外家財、
六田宅宮見吉星多承父母祖業田宅之福、見凶星破祖

離產而自御治、
五福得地土利、 君基田宅不成、 臣基廣有積基、
民基田疇千畝、 元符不宜祖業、 四神門户更改、
天乙土業不成、 地乙得地之利、 小遊名主積基、
文昌廣利基業、 主大鑑基高旺、 主參基緒不成、
計神田業廣厚、 始擊破祖別立、 客大別建家業、
客參更改祖道、
七官祿宮見吉星祿位顯貴、見凶星進退成敗多端、
五福受祿有权、 君基為官入朝、 臣基為官輔佐、
民基口利安全、 元符工士人重藝、商人重祿、 四神心多計便、

天乙遇吉為官、 地乙武勝文輕、 小遊文武皆強、
文昌科名高顯、 主大官清位顯、 主參祿不兼权、
計神不名食祿、 始擊衷卿合祿、 客大任官出外、
客參就任改官、
八奴婢宮見吉星平生得奴僕之力、見凶星不得力也、
五福不侍妾助、 君基民高力弱、 臣基遷移不一、
民基外財扶助、 元符外家衰破、 四神孤離反背、
天乙外人口舌、 地乙外人扶助、 小遊大官或僕、
文昌大官或僕、 主大外人扶持、 主參離卿別立、
計神多好發戲、 始擊外家破散、 客大他鄉獲福、

客參出入如意、
九疾厄宮見吉星平生少災、見凶星多病抱帶痼疾、
五福災厄不侵、 君基災少無权、 臣基萬事多魔、
民基財多聚散、 元符害酒色候、 四神胃家抱疾、
天乙五岳有損、 地乙胃風口眼之疾、 小遊木石磨傷、
文昌主人重農得旺為宮、 主大災傷無权、 主參酒色之疾、
計神酒色之病、 始擊身抱殘疾、 客大手足有疾、
客參害酒色疾、
十福德宮見五福三基文計等星、平生福厚安享、見凶星
勞苦少得福力之助、

五福福壽雙全、 君基壽高祿貴、 臣基祿壽高強、
民基富貴雙美、 元符專性之強、 四神獨享崢嶸、
天乙孤高自處、 地乙獨立有权、 小遊多標史籍、
文昌德高德重、享用安時、 主大享用不絕、 主參福壽自然、
計神廣享大用、 始擊生旺言強、 客大更改發財、
客參動用有移、
十一相貌宮見吉星相貌威嚴、雍容和緩、資質秀麗、見凶
星形容醜陋、痺瘦帶跛、
五福相貌端嚴、 君基自然豪賦、 臣基純賢之士、
民基躰貌溫厚、 元符大色難把、 四神憂愁急躁、

天乙氣貌堅剛、　地乙沉重嗚滑、　小遊相貌端嚴重
小遊相貌伶俐、　文昌相貌精通　主大
主恭　計神也不溫厚、　始擊火色帶紀、
客大清秀奇貴、　客參清奇出格、
十二父母宮見吉星、父母完全不致刻害。見凶星、幼失父
母而不妨害、更若胎時氣絕犯天乙地乙文符四神凶神、
必主剋害、不然、庶出過房、及不異母、居會三基五福小遊
文昌計神在年月及父母之宮、多承父母資蔭、慶得顯
達也。若父母宮值前四位凶星及始擊者、主破祖孤立一
世也。

五福双親百歲三代一小、　君基閨門威私、　臣基父母官祿、
民基得父母計、　文符幼失扶持、　四神父母早失、
天乙不利親疏、　地乙過凶克親、　小遊祖業不贊、
文昌詩書不成、　主大家門昌盛、　主參三代立計、
計神得父母才、　始擊少失父母、　客太三代過房、
客參遍戶傷膢

太乙大遊真數星說

閨房世間人、　禍福不逃星、　先看始擊星、
後看四神位、　就者妨六親、　重者虛一巳、
二曜不相逢、　故怯此時處、

人歌日
流年惡曜逢真數、　不臨身命笑呵呵、
或併凶星照本命、　必生災厄害吾身、
金鑑賦曰、命逢衝字、上必照危、命逢三合、則鼎甚慮、若甚
衝合、惟併是憂、真合親位、惟有重喪、真至宮、豈甚退孝、真
擊会於婚上、難免而歌、真擊照於伴侶、屬行斷、限星或極
於其數、喜值天宮真嫩、若得於限星、逢忻好福、
流年運限遇真數所生災福、
五福官吏遷轉、被照受恩加職、武人升庸、庶人添財帛、人
口、士人榮達、僧道住持章服傳度

君基官吏祿位高遷、武人升差加祿、士人榮顯、庶人商旅
發財、僧道有曜用文昌、
臣基官吏加官進職、武人升差受屈、士人登進喜慶、庶人
發財、僧道住持宮觀、商賈稱意、
民基仕宦發財加祿、士人喜慶、僧道亦然、庶人商賈發財、
小遊仕官遷進、士人登用、僧道受職、庶人得財、不貴人扶
助、
文昌官員治條、權高位顯、士人斯文發福、僧道受恩度發
祥、婦人生產、在限主口舌是非、
主大官宦出鎮、帶印封侯、士人登進、庶人得財、僧道權重、

主叅出外為族遇在福宮無灾厄
計神、在官福禄豐盈、商賈族必獲人丸百以意、僧道者薦
舉始擊、横事急迫、溺水赴火、顛撲墜崖落塹、瘖瘂眼疾、死
亡若不五福三基扶持者灾不凶、
客大仕官榮遷美任、被召、庶人迁移得求更改生外僧道
出遊得意
客叅出外為客遇限無灾疾、
飛符在官貶責、商人未求、男子瘟瘧、或争鬪、金石所傷、以
遭囚禁、是非死亡之兆、女子血光産难之厄、
四神、脾胃臓腑之灾、財帛耗、官訟刑獄、纆麻凶星是衝限、

主溺水覆船
地乙、脾胃瘡病、財散、損人口、并囚禁之擾、
化星
帝座、皇后、五福、五福三基計神、客大文昌飛符地乙、在官祿宮化、為此星、
三台星、君基臣基文昌計神同在神命化為武君臣福文
臨丑星臣文計生文字丑化為地星
將帥星 論主文客同宮化、主大天乙或客文亡化
詞館星 文昌在時化、
魔會星 君臣化、
魁首星、君臣主大化、
道座星、君四化

科甲星、祿之見祿馬化
財実星、福民化
鞭策星、文昌主大化、
薦擧星、臣計化、
鐵鉞星、主文客在官祿化、或巳酉丑是凶、
捲擊星、君始客大在戌午上化、
陳侍星 客大君星化、
都監星、四民計化
翰賢星、文昌四神化、
巡檢星、飛民計化、

武臣星、臣基天乙西方化、
貴星、五福三基文昌化為会祿得官祿化、
富星、五福民基臨財帛化
布衣星、文昌拱命、此日祿遇凶星化、
僧道星、四小文拱命化、
巫師星、地乙計神在身命化、
按軍星、主叅客叅化、
賊星、始祿在命化、
折傷星、祿主飛天在身命、
風勞水疾星、四神天乙在午此化、臣始飛計在辰戌化、

賭傳星、天乙在身命位是、
盜星、主叅四神、
奴婢星、五福三甚四神客叅同宫位
娼妓星、小遊客叅在命位、
巧者星、四神死符客叅位、
不廉星、死始同宫位、不已如妓、
婚嫁星、天乙如乙代、
妻妾星、文昌四神入命位、

太乙真數訣死生歌訣

子丑之人向日尋

注云、子丑者、乃元辰之宫、萬物發生之始、故在日上尋真數、推熒惑見行、且如子時生者、以上起真數在天盤上行至十二十三宫中、皆以寅申八分歌數住、不問男女、一例順行、同始擊者死、且如子生午時者在十三宫中住五年、共五年中在橫曆上、幼以始擊同者斷之、此言天數五地數五之訣、或云如丑日生者、安在天盤丑上、取丑五酉大決第一年丑、二年寅、如此行五年了、仍去酉上行六年、次第行曆行至辰午二卯十三宫尋法法歌以住宫歌住、且如丑生子時、丑上住二年、子上住一年、共三年、其後於卯上十二、辰上十二、輪回一年一

宫、行、此子時生人如此同、始者亡、衡合災、又以陰絶陽天宫其太歲陰命陽則已年此地徹此

丑時生者、以丑上起橫曆數、在天盤取日行、或云在地盤日上安、仍以地盤行至住宫住、男同女衝亡至十二十三宫又住、男沖女同亡

寅時生者、天盤日起橫曆、天盤行至住宫、男住女不住卯時生者日上起橫曆地盤行至十二十三十一宫、男女皆亡、辰時生者、天盤日上起、以地盤行至住宫者早同始死女六合上死巳時生者、以日上起地盤、行至住宫住、地午時生者巳其具子前、未時生者一一如丑時決申時生者、日上起天盤、行衝始者死、酉時生者、日上取天盤、取橫地盤行之住宫、男住女不住、戌時生者、日上起天地取橫行、主十二宫未宫、亥時生者、以天盤行四柱上、占申子辰巳酉丑三合、全不取日起數、以太歲字起監之、

午未之人時合真、

注云、午未之人、於時合上取橫曆行、子時生者、以丑上尋真地盤行十二十三宫住、丑時生者、以子上尋真其地盤行、或與生日值六合者至十二十三宫者、以天數五地數五住、其後行之如前、子丑局并午時同寅時生者、以

卯上起真地盤行十二十三宮住卯時生者
地盤行十二十三宮男住女不住辰時生者酉上起天
盤行十一十二十三宮男女皆住男同女冲亡巳时生
者申上起地盤行不住午时生者未上起天盤行住宮
不住未时生者午上起地盤行住当如生死歌訣申时
生者巳上起地盤行依例推或遇末日者不取时合在
丑时上取真曆行男則逆女依前例或云不依酉时生
者辰上起天盤行男女住戌时生者亦如上例卯时生
者寅上起地盤行依如前例大凡时合自与太歲冲者
亦本时下起曆行餘做此

卯酉生人天上取
注云卯酉生人不取生時却以天盤上子尋曆行子时
生者天盤上尋曆以地盤行十一十二十三宮男女皆
以寅申八歌住丑时生者天上取曆天盤行住如前遇
衝死寅时生者天上尋地盤行不住辰时生者天上取
天地行十二十三宮住巳时生者天上取天盤行如卯
时例女冲死午时生者以地盤行非依宮女住男不住
冲則死未時生者以天盤字尋例十一十二十三宮住
申时生者以地盤尋曆行酉时生者天盤上尋數以天
盤行以生死歌法依戌时生者以天盤上尋曆行十一

宮住男女並地盤行卯时生者以天盤时上尋曆十二
十三宮住以天盤行或遇四柱刑冲者生时天上取月
字住地行十二十三宮以歲字住復行且如巳卯生人
戌子月丙辰日庚寅时以寅字上尋真行至十二十三
宮尋住法只住八正盖寅申八也更於卯上住三年共
一十一年而行例以地盤字行共一十一年中遇始者
人以始臨是歲君定其死之年且如天盤在巳地盤在
午陰命男女以天盤尋年与歲君同其年者死餘做此
辰戌时上天衡臨
辰戌生人不於生时天地盤取却以天盤冲地盤时上

取之尋真曆行子时生者以生时天衡字尋曆在天盤
行十二十三宮住丑时生者天衡尋地盤行十一十三
宮不住如丑上得午乃冲是子亦即取子字在时地盤行
五福星積日訣
生下祖數了看是何日生每月下三十除本月不下每
一日下一支本日不有過去月分有几箇小進每小進
除一支本月小不許亦月中有閏亦下三十支今夜子
时生仍用明日算除小尽已任此即是天数地数於天
内七十二除之不满七十二亦是地数人数於地内一
十二除之不满一十二亦是人数天零為日干又数為

支字不问男女命皆如是

五福即流年决

先下四柱支　次下運数字　每数下十七直列行年止

積祖数決

欲知此年数先下今年祖分年不逢闰一月一支除小

畫即是此年数今年若逢闰仍下今年祖更以三至十支

亦在一月一支除小尽乃見此年数也

大九下祖数不許過三百六十六去数係三百六十支

其存其餘以為祖假令庚子年積三百六十九是年闰

十二月如数起成三百九十三係小尽外余三百八十

七便係三百六十起外只今二七七為辛丑年祖又如

前甲子内寅年祖三百四十九是年闰五月加数起

戌三百七十九係小外余三百七十三便係三百六十

起外只余十三数

大乙統宗寶鑑巻十八終

太乙統宗寶鑑卷第十九 命法上

夫太乙奧妙、察理幽深、推詳休咎之机、考較興衰之訣、古聖明此以定君邦、分于地理榮枯、别于方隅動静、上可以裁天時風雨雲氣之源、下可以通地理山川境物之道、中可以知人事存亡得失之理、其神一十六位、上布列于天穹、下垂照于國分、主管三才、分治二氣、斡旋造化之權衡、運度玄微之妙、理續分四計、各用其積年計、君后而行、風調雨順、君聖臣賢、四海八表之受化、南北州郡之安和、月計公卿而用、審辨存亡、調和爕理、秘潜隱伏之機、究安行昇既之會、時計朝廷將帥而用、運籌帷幄之内、施設智謀之端、定主客勝負之才、握兵草戰征之位、日計百官士庶而用、測究人生之禍福、窮研長幼之興華衰、父子夫婦以有定、兄弟親族以有别、明長短休咎之理、顯生平進退之由、細觀事理、檢校精玄、日計之篇、事論人之命限、定論無差、推詳有准、机関深邃、論非一端、學者宜謹消詳、妙在玄微悟旨、

明太乙奇耦之数

經曰、太乙在陽宮筭得耦、在陰宮筭得奇、陰陽相配、爲筭和之數也、如本太乙在陽宮筭得奇、在陰宮筭得耦、陰陽相亢、爲不和之数也、和則爲吉、不和爲凶、人生若得上和之筭、天地慶會、陰陽交通、士人高第、官者顯官、庶人財帛豐盛、田疇廣盈、如得中和之筭、福禄迁崇、灾咎不作、若得下和之筭、福平安吉之数、平生幽雅、財禄滋實、而火災、值此三和之筭、雖遇陽九百六凶災之限、則反凶而成吉矣、

上中下筭和之数

上和得十四数、十八数是也、

中和得二十二数、二十九数、三十二数、三十六数是也、

下和得十二数、十六数、二十一数、二十七、三十四、三十八数是也、

如筭得雜重陽之数、爲窮蹇駁雜之人、值運窮数極、陽九百六灾限之年、則囚困刑獄瘟疫之厄、不然則卒中風邪暴亡、長幼哭泣、宜修德禳之、

雜重陽之数、太乙文昌在地主和德高叢太炅之宫、如筭得十三数、十九数、三十一数、三十七数是也、

如筭得雜重陰之数、爲飄光駁雜之人、值運窮数極、陽九百六灾限之年、人財流失、有非横陰暗不明之禍、甚則虧損致命、

雜重陰之数、如太乙文昌在太威大武太簇陰德之宫、筭得二十四数、二十八数是也、

如筭得陰中重陽之数、爲陰亂其陽、爲波浪駁雜之人、多驚經險阻、更帶囚迫、乃風狂之徒、有刑獄之厄、陰人逢之、

産厄血崩、値運窮数極陽九百六灾限之年、其凶禍不可逃也、

陰中重陽之数、太乙文昌在大威大武大簇陰德之宮、筭浔十一数十七数是也

如筭浔純陽之数、為人太過剛暴、乃陽之過也、値此運窮数極陽九百六灾限之年、有横暴之厄、金帛失散、軽則悲哀、重則絶滅、

純陽之数、太乙文昌在地主 和德高叢大炅之宮、筭浔三十三数三十九数是也

如筭浔純陰之数、為人不及、柔狠、乃陰之過也、値運窮数極陽九百六灾限之年、有刑囚徒配夭傷之禍、女人浔之、為不正亂礼、而遭盜竊所害、

純陰之数、太乙文昌在大威大武大簇陰德之宮、筭浔二十二数二十六数是也

如筭浔三才無天、又逢掩撃囚格、熒星殺相尅、為人於六親有妨、破業敗家、多為不正之事也

無天数者、少而傷父、破失家業、金帛丧廢、小不習礼、大不守正之人也、凡筭中無十者為無天也、自單一至九数皆是也

無地数者、少而傷母、破廢田宅而損妻也、凡筭中無五者、

為無地也、単一至単四、数十一至十四、数二十一至二十四、三十一至三十四、皆是也

無人数者、有家不立、有官不正、失人之所在、官致刑囹圄之苦、金寳蕩散、在士庶言而無信、所行虚謬、衣禄常不及也、凡数不及零、爲之無人也

如筭浔三才中有関其二位筭者、命宮雖在高強之位、而失福星臨之、亦不免刑獄之灾、或常患癰毒瘡痒及瘟疫之疾也、三才俱無、若浔一筭而帶囚是也、灾禍尤重、若太乙二目大小四将掩格関囚所臨之地、逢陽九百六克戦、或君基與始撃同宮、及太歳相併、逢刑尅者、定遭刑憲血光之灾、更値三才筭無、必主縲絏之厄、平生宜修福禳之、賢人逢此、可以弃名隱遁、潜迹常人、而不知迴避者、必致亾也、凡太乙出陽過必剛、陰過必柔、天地造化、理無十全、在乎消息也、

明掩撃迫格等入流年所主術

掩始撃與小遊同宮、

掩太乙命書曰、太歳逢之、主女子别離、有姦私哭泣之事、若陽九数逢宅舍、有驚怪死瘟疫之事、百六数逢賊盜侵凌、或身囚刑獄、少者逢之主酒色猖狂、悖道逆礼、老者逢之主病疾卒亡、中年人逢之主顛邪破蕩家業、飄零小兒

逢之、主患瀉痢瘡毒濃血之灾、陰人逢之傷胎臟子、主血
崩氣疾、俱宜修德免灾、
擊始擊在小遊左右宮辰、左為外、右為內、
太乙命書曰太歲逢之、主宅舍驚怪風火盜賊及淫泆之
事、及悲泣瘟疫之灾、更若筭無三才、其年必卒中暴疾亡
也、數限逢之居官退職、吏失其權、僧道不俗、庶人疾病、勢
若火銷於金而尅其身也、又曰宮擊灾緩、辰擊災急也、
迫文昌在小遊左右宮辰、左為外、右為內、
太乙命書曰太歲逢之、主灾禍併發、限數逢之、財帛破敗、
六親喪離、勢若飄風而吹敗葉、年少者逢之、狂淫失業、老
者逢之、氣虛疾病、官吏逢之、則失權、或犯囚禁而致刑罰、
陰人逢之、須遭產厄、又云宮迫灾緩、辰迫灾急也、
格始擊客大小將在小遊判宮
太乙命書曰、太歲逢之、多生厄難、身命逢之、灾逼其身、限
數逢之、禍刑併發、日格妻妾受殃、時格子嗣傷損、更若五
行交戰、二數併絕、三才筭無、必主刑徒配遷之厄、老人逢
之、為限之終也、
囚文昌主客大小將與小遊同宮、
太乙命書曰、陽九數逢、兼在絕陽之地、大炅主顛邪失志、
百六數與太歲相會、更三才無筭、主喪妻妾、子女瘟疫、或

宅舍驚怪、官府相撓、若五行刑戰、當生年星逢之者、風狂
卒出、及刑獄之災、陰人須防產崩胎孕、不然則瘡痍濃血
之灾也、
關　客大小與文昌同宮為客關主、主大小將與客目同宮為主關客、　主客大小將自相同客亦為關、主大小將犯天目宮是主關客、
太乙命書曰太歲逢之、六親不睦、恩義隔絕、日時上逢之、
哭聲頻併、限數逢之、命之黃泉、如臨父母之宮、長上有灾、
臨田宅則失業、驚怪損毀、妻妾不安、臨奴僕則喪失、臨官
祿則失職爭競、年不決也、
對文昌主大小將與小遊判宮、　主目與客目判為內外爭衡
太乙命書曰太歲遊之、事宜並靜、不可動為、有憂驚怪異
之事生也、如百六限衝判、更若三才無筭、歲中卒死、不然
則病顛邪、宜慎酒色以戒　迷狂蕩之禍、陽九數逢相判
之宮、有牢獄之灾、及陰人小兒有自縊之驚、宜修德禳之、
已上掩擊迫格囚關對所主流年灾發之事、詳當生日
計身命之宮、次平所生日時之位、以定之為準、
明命身宮所在之術
太乙命書曰、凡求命宮、以所生之月建、加當生之年支、數
至當生之時、其下即為命宮、陽男陰女順、陰男陽女逆、如
求身宮、所加亦同、視日支所到即為身宮也、
假如陽男甲子年正月十五日申時生、即得甲子年丙

寅月戊辰日庚申時，便以月建寅加於子年之上，起子，順数至午，即見當生之時，則命宮在於午也，身宮在於寅也。

一命宮午　二兄弟未　三妻妾申　四子孫酉　五財帛戌

六田宅亥　七官禄子　八奴僕丑　九疾厄寅　十福德卯

十一相貌辰　十二父母巳

假令陰男乙丑年正月十五日申時生，即得乙丑年戊寅月丙午日丙申時，便以月建寅加于丑年之上，起子逆数至未，即見當生之時，則命宮在子未也，身宮在於酉也。

一命宮未　二兄弟午　三妻妾巳　四子孫辰　五財帛卯

六田宅寅　七官禄丑　八奴僕子　九疾厄亥　十福德戌

十一相貌酉　十二父母申

君基與始擊同宮，在身命日時之上，主心病、癰毒、膿血之疾。小遊與飛符同宮，在身命日時之上，血疾、癰疽、心疾病。天乙與飛符同宮，在身命日時之上，主肺癆咳嗽之病。天乙與飛符始擊同宮，在身命日時之上，主肺氣喘急、眼目病患之疾。

一命宮見君基五福、臣基文昌小遊計神，主清顯之貴；民基主財帛錢穀親民之位；主大將、主参将，主兵權武職之貴，任於近侍；客大将、客参将，主兵權武職之貴，任於邊遠。

二兄弟宮見吉星，昆仲多得相輔之力；見悪星，不得力。

三妻妾宮見吉星，則不妨尅；見悪星而有尅害，不然晚婚。

四子孫宮見吉星，則生貴子；悪星先女後男而見傷損，不庶出則過房。

得見者十二星。

君基小遊五福臣基得三。

民基計神客大將得二。

文昌天乙得四。　主大将得五。　主参将客参将得一。

得女者四星。

始擊飛符得三。　地乙四神得二。

五財帛宮見吉星，財帛廣厚；見凶星，平生財帛聚散，所聚者少，所散者多。

六田宅宮見吉星，多承父母祖業田宅之福；見凶星，破祖離産而自剏治。

七官禄宮見吉星，六位顯貴；見凶星，進退成敗多。

八奴僕宮見吉星，平生得奴僕之力；見凶星，不得力也。

九疾厄宮見吉星，平生少災疾；見凶星，多病仍滯病痼。

十福德宮見五福、三基、文計等吉星，平生福禄安享；見凶

星孛岀火淂福力之助
十一相貌宮見吉星相貌威嚴雍容和緩姿秀質麗見凶星刑容醜陋瘦瘠帶破
十二父母宮見吉星父母完全不侵尅見凶星幼失父母而有妨陷更考胎時氣絶犯天地乙飛符四神凶星必主尅害不然庶出過房及有異母若會三基五福小遊文昌計神在年月及父母之宮多承父母資蔭淂顯達也若父母宮值前四凶星及始擊者主孤破祖立一世也

明命法行陽九之限術

太乙命書曰命法行陽九之限者取當生之日干化氣五行各從生方而起男順女逆行之也甲己化土其數五當起於午謂火生土也丙辛化水其數一當起於申謂金生水也丁壬化木其數三當起於亥謂水生木也戊癸化火其數二當起於寅謂木生火也乙庚化金其數四當起巳也謂南方巳午屬火有真土存焉何以明之蓋十干戊己之土生於中戊祿居巳也己祿居午是也則巳午二支淂真土之性故火生於土土生於金金生於巳而明矣

或問甲己化土乙庚化金丙辛化水丁壬化木戊癸化火何謂也曰辰為角亢之首蒼龍之神龍能變化有所取焉故時遁之法曰甲己还生甲自甲加子遁至於辰上見戊

土所以甲己化土也乙庚化金者自丙子遁至於辰上見庚金所以乙庚化金也化水化木化火而因取焉甲己化土而淂五數自午上起五歲男順女逆每十年為一限依此而行不問陽男陰女陰男陽女之驗只取男順女逆而行之假如男命自始生而至五歲陽九限在於午也六歲生日則陽九所入何宮所生何史福依經明之

乙庚化金而得四數自巳上起四歲依前男順女逆而行每一限十年一易丙辛化水而得一數自申上起一歲依前而行之每一限十年一易丁壬化木而得三數自亥上起三歲而行每一限十年一易戊癸化火而得二數自寅上起二歲依前而行之每一限十年一易

明命法行百六之限數術

太乙命書曰命法行百六之限者取生日生時天干地支納音所積生成之數而加天地之數三十有五以六十除之不盡余為限數自所生日辰逆行至所得限數命爲受氣其所淂受氣之干依陽九限化氣水一火二木三金四土五於長生之方起行十年一易而為大限一年一易而為小限大限男順女逆小限女順男逆也

天一生水地六成之生成併之得七壬癸亥子及納音水皆是也

地二生火、天七成之、生成併之得九丙丁巳午及納音火皆是也、

天三生木、地八成之、生成併之得十一、甲乙寅卯及納音火皆是也、

地四生金、天九成之、生成併之得十三、庚辛申酉及納音金皆是也、

天五生土、地十成之、生成併之得十五、戊己辰戌丑未及納音土皆是也、

一二三四五而為生數、

六七八九十而為成數、

一三五七九而為天數、總之二十有五、

二四六八十而為地數、總之而得三十、凡天地之數、通之則五十有五而行變化也、

假令行年三十歲、當生甲戌年辛未月甲子日丙寅時、

其甲子日天干、甲屬木得十一數、地支子屬水得七數、納音金得十三數、則甲子日天干地支納音共得三十一數、次取丙寅、天干丙屬火得九數、地支寅屬木得十一數、納音火得九數、則丙寅時天干地支納音共得二十九數、併日時所得之數積成六十、復加天地之数三十有五、則通得一百一十五數、以六十除之、余不盡五十有

五數為受氣之數也、却以所得受氣之數、即於子上起數、一二三四五六漸漸逆行、至數盡處乃止午也、又於子上起甲子乙丑逆行、至數盡處午上得庚午、余皆此例、從當生甲子之日逆行推筭、即得庚十為受氣之限、乙庚化金而得四數、長生在巳、從巳上為行限之期、男順女逆、則百六大限以行至於申上乃六年矣、如推行小限、却從巳上逆行、一年一易矣、則三十歲百六小限在於子矣、依此為例而求之、

明陽九入三限所主災祥術

初限自始生一歲至二十五歲而為初限也、如陽九限入初限之內、在吉星之宮不為災而為福、則主黑頭富貴、早年發達、若入在閑囚掩擊之宮、更會凶星、則幼年破祖、身孤飄蕩、如入身命二宮、更逢惡星、主幼年遭徒刑責罰之事、

中限自二十六歲為首、至五十而為中限也、如陽九限入中限之內、在吉星之宮不為災而為福、則主中年富貴、康顯名祿、若入囚格迫擊之宮、更會凶星、則中年多傷婚嗣、破蕩顛狂、如入身命二宮、更逢惡星、則有徒刑傷敗之禍、

末限自五十一歲為首、至七十五歲而為末限也、如陽九限入末限之內、在吉星之宮、不為災而為福、則主晚年富

貴、雍容享福、若入囚閑囚掩擊迫絕之宮、更逢凶星、則主
晚年而樞刑禍破蕩、身孤、如入身命二宮、又會惡曜凶神、
身遭絕滅、豈得高壽善終哉

明百六數入卦限所在術

太乙命書曰、百六數入卦限者、以當生年月日時干納支、
音生成之數相併用、如天地之數五十有五、命重卦六十
四除之、不滿者為入卦以來之數也、從乾為首、至所得之
數、即為當生之卦、欲明何卦為直事、又以當生受氣之辰、
陰用陰爻、陽用陽爻、陽自下升、陰從上降者、至何爻即得
直事之爻也、以本卦為出身之限、變卦為立業之限、自直
事爻上升而行、陽爻九年、陰爻六年、運周其數、復入變爻
所變之爻、依次運行、以明出身立業休咎吉凶之事、

乾　坤　屯　蒙　需　訟　師　比　小畜　履　泰
否　同人　大有　謙　豫　隨　蠱　臨　觀　噬嗑　賁
剝　復　无妄　大畜　頤　大過　坎　離　咸　恒　遯
大壯　晉　明夷　家人　睽　蹇　解　損　益　夬　姤
萃　升　困　井　革　鼎　震　艮　漸　歸妹　豐
旅　巽　兌　渙　節　中孚　小過　既濟　未濟

明百六流年入卦限之術

置當生年月日時所得生成之數、加天地數異、以卦周六

十四除之、余數從乾為始、一數一卦、即為平生所得之卦
限也、如得一數、即為乾、十一、即得泰、十十三、即得遯是也、
取流年八卦之法、即至平生所得卦數、復加行年所得命
歲、如滿卦周六十四外、即命除之、用余不滿者為流年直
歲之卦限也、欲知直事動爻、即視百六限所到之宮辰、陽
用陽爻、自下而升、陰用陰爻、從上而降、財與出身卦限相
同求之、即得流年所直之卦爻也

假令行年三十歲、當年甲戌年辛未月申子日丙寅時、
四柱所得生成之數、一百三十八策、加天地之數五十
有五、通得一百九十三策、用卦周六十四除之、余者止
得一數、即乾卦為平生出身之卦限也、取流年卦之法、
先置所得卦數乾一之策、復加行年三十歲之數通之、
即得三十一數、不滿卦一數為一數、即得咸卦、為流年
之卦限也

欲知咸卦直事動爻、當視百六限所到之宮辰、陽用陽
爻、自下而升、陰用陰爻、自上而降、則百六限見在申宮
屬於陽、從九三爻為始、命起於子、只於陽爻上順數至
申、即得九五之爻、為直年之爻也、凡陽用不取陰爻、用
陰不取陽爻、余依此而求之、

假令行生三十歲當生甲戌年辛未月甲子日丙寅時、則甲戌年生成数得三十五辛未得四十三、甲子日得三十一、丙寅時得二十九、以年月日時所得生成之數通之共一百三十八數加天地数五十五總得一百九十三數此平生百六限四柱之總數也命重卦法六十四除之不尽者止一、即得首之乾卦也

䷀

此為出身之卦限如取直事動爻、即視當生百祿受氣所在甲子日丙寅時、取受氣在於寅午、午屬於陽陽自下而升上、即從乾之初爻為始命子丑寅卯辰自巳下而升上周而後初即得乾卦初九爻為直事之爻陽爻九年行限陰爻六年而行限即今三十歲見在九四之爻已得三年矣至五十四歲即滿此身出乾卦之限則取變卦為立業之卦也限其乾之初爻為直事變而為姤乃立業之卦限也五十五歲行姤卦初六之爻此上住六年滿此至六十一歲而行姤之九二之爻此上住九年之期依此為例

明百六數行月卦之術

置流年所得之術加天地盈差二筭、命自正月建為始、每月增加一筭至十二終、即增加一十二筭、滿卦周六十四卦即去之周余不滿者即得所求直月之卦也欲明直事動爻以所得之卦陽月用陽爻自下而升陰月用陰爻自上而降皆如前法以求之即得所求月卦及直事之爻也

假令甲戌生人行年百六卦数以得三十一筭成卦直年即置三十一數加天地盈以一二通之即得三十三數也如正月建寅而加一筭通之則月數得三十四筭而月卦得值大壯也如二月建卯而加二筭通之則月數得三十五筭而月卦得值晉卦也准此求之即各得月卦所直也取動爻如前法

欲求直日之卦所得月卦之數用加六十甲子所直之

日滿卦用六十四即命去之不盡者為直日之卦也如甲子日即加一數如甲戌日即加十一數如甲申日即加二十一數乙酉日加二十二數依此累加之即得所求直日之卦也如求動爻陽日用陽爻自下而升陰日用陰爻從上而降皆與前法同欲取時卦則與日卦之法相同而求之當生取得卦爻以明平生分定進退之事、流年所得卦爻以明一年所係之事、逐月所得之卦以明一月所係之事日卦為一日之事時卦為一時之事也

明飛祿飛馬之術

太乙命書曰飛祿飛馬者取當生天干所區閏依五行所得生數於長生之宫命起而行十年一易、祿限順行、馬限逆數、視所到之宫而分吉星凶星、較量以明休咎、如一宫有三星四星五星、分其善惡以斷之、福星多、凶星少、凶不能勝吉、其福（禍）自伏、若凶星多、吉星少、吉不勝能凶、為福滅、則凶咎多矣、大抵人生無十全之命、必須斟酌輕重、消息淺深、然吉多凶少、凶星在於高强、亦成禍患、凶多吉少、福星臨於旺宫、福亦大（彰）、妙在權量輕重、察審變通、不可一途而取執也

甲乙生人屬木、其數三、木生於亥、祿以三歲從亥上順行十年一易、馬以三歲亥上逆行、十年一易

丙丁生人屬火、其數二、火生於寅、祿以二歲從寅上順行、十年一易、馬以二歲寅上逆行十年一易、

戊己生人屬土、其數五、土生於午、祿以五歲從午上順行、十年一易、馬以五歲午上逆行、十年一易、

庚辛生人屬金、其數四、金生於巳、祿以四歲從巳上順行、十年一易、馬以四歲巳上逆行、十年一易、

壬癸生人屬水、其數一、水生於申、祿以一歲從申上順行、十年一易、馬以一歲申上逆行、十年一易、

明身命諸宫位居空無星躔照所主之術

命宫空

虛華詐僞、閑懶磨施欺誑浮泛恍惚舟一倚無心守靜守東

兄弟空

刑害奸慝、杯酒樂咎、酒友花朋、游蕩流徙、各居結外、尅剝不義、

妻妾空

刑尅鰥寡、休離星[illegible]闘疊教唆、詐冒爭訟、欺陳瞞昧、

子孫空

子孫傷夭、庶出過房、殘疾風顛、不育不仁、假名走閃、無依無倚、

財帛空

家計消索、財帛失喪、賊盜劫掠、走閃拐帶、非横敗傷、六畜傷損

田宅空

借貸另居、店舍旅邸、荒門草舍、籬斜壁倒、火燒水溺、爭鬪賴弃

官祿空

狐假虎威、羊質虎皮、停罷官觀私運水幹巧言歇息除減

奴僕空
病亡衰敗，姦詐侵欺，出小大惹禍，詐偽非為，走閃轉變
無憑倚
疾厄空
虛狂磨難，口眼喎斜，手足破蹶，麻斑龜背風啞聾瘖瘂
癡癱，
福德空
僧道尼俗，醫術遊謁，寒儒蕩士，隱居閑散，逍遥清虛，淡
薄浮祿，遊藝歧路，倚貴托福，
相貌空

談空說虛，刑災破陋，肌躰尪羸，短舟小棹，孤行獨走，多
憂多屈，偃懶平生，
父母空
父母相尅，不利六親，過房易姓，抛撇乖離，諂冒邪偽，隱
昧不明，
身宫空
離背鄉井，倚草附木，貼閑補空，狂蕩飄蓬，輕浮息慢，晚
東西界，行止無定，宿食寺觀，湊合脩緝，傳書度信，歌妓
襟戲，
年月空

初主無依，祖居無倚，父母刑傷，身不自立，六親闘喋咎
招阻障，
生日空
妻傷子損，碌碌區區，成敗進退，多憂少樂，
生時空
鰥寡孤獨，煩惱哀慮，思愁飢飽，癆瘦瘋癱，壽無善終，
夫太乙命法，十六星所臨宫分而有强弱，分為上中下三
等之用，始論身命二宫，次觀日時之位，如所臨中宫無星
取對宫星用，若亦無，取三合中星用之，上等廟旺之星，為
福最高，中等次之，下等者，斯人之下者也，

對宫
子對午　丑對未　寅對申　卯對酉　辰對戌
巳對亥
三合
亥卯未木合
木星順　火絶而生　金殺　土尅　水弱
巳酉丑金合
金星順　水絶而生　火殺　水尅　土弱
申子辰水合
水星順　木絶而生　土殺　火尅　金弱

寅午戌火合

火星順　土絶而生　水殺　金尅　木弱

十干合年上取用

甲己土合

土星喜　火順　水戰　木刑　金弱　旺相　高顯

衰敗不信

乙庚金合

金星喜　土順　木戰　火刑　水弱　旺相　剛毅

衰敗不義

丙辛水合

水星喜、金順　火戰　土刑　木弱　旺相　秀實

衰敗不智

丁壬水合

木星喜　水順　土戰　金刑　火弱　旺相　茂盛

衰敗不仁

戊癸火合

火星喜　木順　金戰　水刑　土弱　旺相　炎發

衰敗不礼

明十二宮旺衰絶空刑所在

旺　衰　絶　空刑

命宮　深　淺　極　虛　亂、

兄弟　和　合　害　散　禍

妻妾　安　危　灾　休　尅、

子孫　喜　病　傷　死　抛、

財帛　高　傷　無　陷　散、

田宅　長　短　失　損　喪

官禄　顯　退　囚　失　罪

奴僕　順　逆　禍　走　逃

疾厄　康　囚　滯　亡　突

福德　興　癈　虛　浮　匱

相貌　仁　損　崩　愁　疢

父母　隆　災　厄　損　離

身宮　福壽　疾病　無倚　僧道　獄訟

日時　豐盛　氣弱　波碌　絶嗣　傷損

明太乙諸神上中下三等所主術

	上	中	下
五福土	辰丑申亥	戌午巳酉未子	寅卯
君基土	辰午戌未	巳申亥子	寅卯酉
臣基土	辰戌丑卯	未申午亥	酉巳子寅
民基土	申辰子亥	未巳午戌丑	卯酉寅

小遊木　亥卯未寅　丑辰子戌　申酉巳午
文昌土　申丑辰亥　巳午未酉戌　寅卯子
計神土　辰戌丑未　申子亥巳午酉　寅卯
始擊火　寅午戌巳　辰未　丑亥子卯酉申
主大將金　巳酉申丑　子卯辰未亥　寅午戌
客大將水　申子辰亥　未丑寅酉　巳午卯戌
四神金　申子辰亥　午丑戌　未卯寅酉巳
天乙金　酉丑申　辰子卯未戌亥　巳午寅
地乙土　辰戌丑未　巳午申子　寅卯酉亥
飛符火　寅午戌巳　未辰丑申　亥子卯酉

主參將水　申子辰亥　巳酉申寅　丑未戌卯
客參將木　亥卯未寅　申子辰丑　酉巳午戌

五福

上等九經、三史、明、文曉武、公卿將相、賢良謀議、說書材志、
孝廉誠直、
中等富厚充塞、福壽康健、文明俊雅、雍容和緩、牧民庶務、
爲民父母、
下等醫術僧道、依文倚武、修合煉丹、吞霞服氣、藏隱山林、
食松啖栢、

君基

上等公侯伯子男、經綸治道、佐天子理陰陽、平邦國、辨古
易今、宏才智畧、文掌權衡、武遊節鉞、
中等儀鸞光祿、内侍翰林、豪宗巨室、金玉富厚、州郡司牧、
統兵權、
下等穿珠碾玉、燒金煉銀、織錦公裳、圭璋靴笏、造作琉璃、
珊瑚瑪瑙、

臣基

上等冢宰公卿、常親帝座、講讀師範、生文恢國、獻武入三
衙、節旄守土、
中等侍中常侍、員外卿監、臺察糾劾、起居給事、編脩講讀、

下等道院禪寺、修律、佛法、請譯經義、翰院書描圖画、貨藥
卜術、師巫符呪、

民基

上等理運財計、司農總漕、掌領畿土田租賦役貢、儲出
賑視、災牧民勸農、
中等許度判曹、掌管屋宇樓臺殿宇寺、田庄房屋播種典
當、富室豪商、絲帛珍珠、
下等開張鋪面、食飯蒸煮包裹雜貨、經紀平糶、園圃澆灌、
捍切油麵、

小遊

上等司馬元帥方面閫臣守土、統領兵刑車馬甲械律令
刑法、
中等軍將吏士、侍衛巡尉兵曹小校提總管轄、
下等兵卒、鑄瀉造作彫刻修製鼓樂油漆器具、
文昌
上等能調詞廣文貫古通今、當世傑士、為國重器位二来鈞
衡、出將入相、
中等言成軌範、氣禀中和、職掌綸絲、官榮翰苑、師儒丹府、
脩史傳文
下等刀筆吏士、掌訟詞庭、未遇寒儒、詩筆僧道、塵滓、媒

保曲伎倫琴書畫奕書寫貿易市肆營幹齋舍書生、
計神
上等總漕轉運、計度蓄積、掌理財穀之政、貢賦土地人民
之産、管領儲出、
中等倉廩提調辨珍別宝、幹托求謀、預知先覺、運營富厚、
醫藥文儒士官司計、
下等倉庫吏司、掌財出入、依富豪貴、幹運蓋造、將廩公吏
游藝、
始擊
上等決勝節鉞、金吾統師、天賦韜鈐、神資智勇、剛毅果斷、

深沉有謀、文居台輔、武鎮邊疆、
中等統兵將佐、叅副軍權、謀以應机、器以任重、財豐祿貴
文武兼資、
下等四方　奔馳、舟船水利、峽路巫卜江湖遊藝耕鋤為生、
穿林獵户、
主大將
上等樞輔將臣、三衙總師、玉帶金魚、武權之重任
中等侍衛叅副、戎門吏士、
下等　畢門小校、驅馳卒僕、
客大將

上等權掌生殺、鎮撫邊隅、定亂除奸、為時賢師、
中等巡尉兵戎、兵曹吏士、
下等四方遊藝、九流僧道、驛舘馳亭、歌舞女流
四神
上等聰明顯悟、爵祿豐盈、茶盐紬綢運、水利成福、
中等酒稅坊場舟舡河渡、米麦興販、週遊盤利、
下等伶倫下神、歌舞戲兲、歧路調笑諠譁、邪巫剃剪脩
舡補漏竹木顧載之工、
天乙
上等征戰榮身、五金興利、經商產除公門屠吏、

中等九流巫術裁剪針匠鑄作爲活、
下等劊吏獄卒孤貧無倚平生蹇滯刑傷憔悴、

地乙

上等孤高梗介、鎮守邊隅、倉庫幹當、
中等九散方脉、僧尼道俗銷熔裝朔　磚瓦窑竈磁盆土器、
下等倡狂遊逸、抱疾縲絏、風塵妓女、

飛符

上等制垣宣府都諭戎師、軍班首領、施武播勇、邊塞聲名、
中等軍班小校兵吏之戰宰殺屠户、鎔鑄鍋鑊、刀斧鎚鑿、

下等離高獨立、飄零孤客、碌碌區區、及連刑配

主參將

上等僉書提典、催綱運發、參副兵戎、
中等傳受幹當、差走吏卒、
下等篇舟釣、僕隸傭人、樂坊妓女、

客參將

上等侍貴受名、監押幹當、差除軍隊、掌兵吏士、
中等醫卜經商、九流術士、
下等傭卒奴隸、碌碌貧困之徒、

太乙十提金賦

三基五福太乙賦

君臣民福、化土成功、辰戌兮官封極品、丑未兮位至三公、延年富貴、四星臨於申亥、天資神悟、學術幼而精通、寅卯兮終年蹇滯、巳午兮或富或窮、若逢天文、公卿必位、

飛符同於始擊、一世頑凶、

飛符太乙賦

飛符屬火、旺在寅方、遇午兮當臨坐廟、逢戌兮祿庫高功強、亥子兮洪波孤獨、尅妻害子、小遊忽至必敗、祖以離鄉、四神同多生燋渴、君基同須值刑傷、當害見于天一、為軍為盜、相逢交臨主大、必定顛狂、

四神太乙賦

四神屬水、喜遇壬年、亥子兮清閑富貴、申辰兮職位高遷、四季相逢、決定離鄉失祖、土星轉值、妨宗尅下孤單、寅午兮忠良佐主、卯巳兮家産難全、命官臨於始擊、男淫女濫、身位逢於客大、骨肉傷纏、

天乙太乙賦

天乙金象、孤獨凶神、丑辰兮多為將帥、申酉兮果助功勳、飛地同宮、害子尅妻破祖、倘臨客將、過房作贅成親、五福薦福巳午兮殘疾湮淪、若相逢始擊定然刑戮、乃浔遇於主大、威鎮邊民、

地乙太乙賦
人逢地乙鰥寡地州、辰戌兮身榮富足、寅卯兮蹇滯淹留、
主客同宮、決定為軍為旅、飛始相會、飢貧衣食難求、君福
兮純誠致富、二叅兮謝館秦樓、措事好華、文小平生泛濫、
乃若陰人值此、美態歌謳、
小遊太乙賦
小遊屬木、聰敏高強、寅卯兮功業超著、申酉兮偃蹇踈狂、
學術登科、亥子當為第一、身遭横害、皆因飛始相妨、五福
兮天資清爽、君臣兮福奉朝堂、民計星臨旺相、多為豪士、
天地神居絶氣、惡逆刑傷、

文計太乙賦
文計星臨、錦綉文章、辰戌兮平生雅正、寅卯兮處世為殃、
富貴高門、蓋得相逢丑未、天地同堪為僧道、君基同必是
朝郎、臣基兮才猷滿國、主客兮武鎮邊疆、超衆超羣俊傑、
旺宮臨於民福、姦虚詐刑、應陥位始飛
主客二大將賦
生逢主客、武鎮邊庭、申酉兮高官位顯、主亥子兮萬里揚
名、處英雄蓋得福君之力、臣基合會忠良執政、公卿民基
兮軍門發職、飛始兮百事無成、蹇難貧寒、壽夭、天地照破、
賦性剛强敢勇、文計星明、

主客二叅持賦
二叅水木體性飄蓬、臨旺兮福貴而立、落衰兮一世於辭
得遇文昌、争秦文而不秀、相逢始擊、常對月以棲風、五福
兮權豪提擊、君基兮軍旅顯多功、何緣貧苦、當年因逢天地、
假饒臣民、救濟可免無凶、
始擊太乙賦
凶神始擊、火宿炎光、寅午兮獨經為貴、亥子兮妨害刑傷、
忽值君基、僣偽無覊、破敗家富貴于臨戊癸、相當計神兮
官遭囹圄、主叅兮非横身亡、宮者會於近小、悖逆凶狼、或
尅妻而損子、飛始同妨、

太乙統宗寶鑑卷第十九 終

太乙統宗寶鑑卷第二十　命法下

五福太乙

五福太乙者、上天助福之神、所臨分野、四十五年無兵革盗賊飢饉疾疫死喪之災、在天十五年、風調雨順、四時合序、八節安和、在地十五年、山生美玉、地產靈芝、在人間十五年、世出英傑、民安國冨、安享太平、此星若在人間命日時位者、有五德、一曰壽、二曰冨、三曰康寧、四曰攸好德、五曰考終命、有此五德、主人心性聰明、負不世之林、立非常之事、在丑為庫祿、申為科名、辰為入庙、辛壬為淂之、為元元祿之主星、六辛六壬人在旺方、值之身命日時者、天資聰明悟、學術精徵、才秀氣宏、功業超著、為國之柱石、世之標格、惟忌寅卯二宮為陥、

五福如何福、难為一槩稱、五行逢水火、
天下喜辛壬、悪守時無日、宜臨命與身、
太陽為入庙、武德主科名、唯顯路逢丑、
惟災遇卯寅、有人还德用、冨貴兩全人、

五福與君基同宮在辰戌申亥、

君基五福若同纏、丑午辰宮坤及乾、
無尅無刑無悪曜、斷他冨貴兩俱全、

五福與君基同宮遇吉星輔、

君基同宮吉星助、文必清華處台輔、
我須英烈主封侯、余則基鄉與州路、

五福與三基同在旺宮運限逢之、

五福三基同旺地、一生冨貴淂双全、
遊年運限相逢着、倉庫金艮祿位遷、

五福三基文昌同俱旺有一二位凶星同宮（在申丑辰亥）

文昌五福與三基、庫庙相逢五福隨、
文章显秀豐財祿、旌旅前驅勒虎貔、

五福與三基小遊客大水在旺宮

若會三基五福全、文章高　戢荣迁、
小遊客大同臨旺、列土封侯將相权、

五福與君基同臨旺宮逢二三位凶星同宮

五福君基同一位、凶宿来臨端可畏、
文不清高武不彰、四方旺處須凶退、

五福始撃（五福始撃旺）　（申丑辰亥寅午戌巳）大局

五福始撃若相合、但看旺相凶不雜、
始撃旺相五福衰、一生未免塵埃壓、

五福在陥宮

五福喜臨旺、陥宮非所宜、
若臨疾厄位、解散却輕微、

五福在寅卯宮
若在寅卯貧且賤、　更兼祿々少妻奴、
始孽同臨兼破退　可憐一死不全軀、
五福臨女人身命及夫宮
五福臨身命、　逢之必有名、
吉神佊輔佐、　邑號有余稱、
又
五福臨身福最多、　閨門若遇果如何、
若非壽考安寧福、　邑號當封一品過、
君基太乙旺午戌亥巳申　午戌入庙寅卯陷　庚辛寅不陷

君基太乙者尊宿也此星在紫微宮上侍天皇帝執玉圭、
較量天地人間之萬事、所臨分野無兵革盜賊、主人民豊
稔國土安寧、若在人四柱身命宮、乃世間賢輔、科名巍峩、
官職清顯、出群異衆位列台衡、若與凶星同宫必主旺中
有失、不然亦須作世出、神仙、超逸遐舉四柱相犯則發年
月上初主日上中主、時上末主發福、與大將同宮主兵权、
與文昌計神同宮、縱不入庙、亦主館閣之貴、
君基旺在午未辰戌寅丑巳時
命為生初身為末、　主運限逢之發福、
君基辰戌最為玄、　官居一品最為先、

切忌陷宮并妻妾、　枉劳費心在市中、
君基臨四柱身命位
年月初主發福、　日上中主發福　時上末主發福、
命宮初主、身宮末主、
四柱身宮及命宮、　若值君基旺位逢、
年月初芳日中主、　時逢末限利名通、
君基五福同入庙辰戌午位
君基五福同入庙、　名播衆中正少年、
列土封侯未足荣、　台輔崇高非久到、
君基旺與五福同宮

君基同五福、　端冕同天皇　甲己為星主、
從乾入庙堂、　標名龍虎榜、　擇善事君王、
富貴人間罕、　千倉及萬廂、
君基在旺鄉與臣民基文昌五福同宮、
君基太乙恐难逢、　入庙當須祿位崇、
更得吉星相扶助、　定知終久作三公
君基臨日時居旺見文昌主叅
日時最喜見君基、　更值文昌同位推、
主叅若来同旺位、　兵符坐擁握旌旗、
君基與文昌計神小遊主大二叅將在命身宮

君基文昌與小遊、主叅扶持復何憂、
或身或命同宮淂、不作三公定作侯、

君基與文昌計神同在官祿宮

君基文昌合清貴、更淂計神職超異、
有名有利淂雙全、科第名高三品貴、

君基與文昌計神臣基在戌宮

君基旺戌及辰宮、一動何憂利與名、
天目計神同照處、當送館閣淂清榮

君基臨四柱身命居限（位或空亡刑戰之地）

君基四柱臨身命、宮限刑衝凶宿併、
男為僧道女為尼、溪壑林泉抱清興、

君基同小遊主叅將在申酉

君基小遊在金鄉、平生災蹇豈能當、
損子尅妻多破祖、可憐奔走受悽惶、

君基與始擊同宮

此二星同宮名曰掩擊、所臨分野、則有悖逆不臣之人暴起兵卒、殺戮人命、流血千里、若人生身命日時四柱逢之、有強頑（頑）孤僻之惟（性）防小人生陰謀害物凶災

君基始擊同一位、掩擊凶災端可畏、
若命（入）身命限同臨、處世須妨凶惡輩

小遊太乙

小遊者、此星乃木星也、太乙之監將、旺於東方、在亥為科名、未為祿庫、寅為人侍、夘為入廟者（若）順理之、則風調雨順、四時合序、八節安和、民安國富、若逆之、與四神太乙天一地一飛符始擊同宮、即主風雨不時、冬起雷電、夏有霜雹、兵革攻戰、殺戮人民、流血千里、生灵離散、人多疵（弊）死、若在人身命宮乘旺地、與文昌三基相合、主李業精微、才術通敏、文明疏達、功業昭著、負不世之才、立非常之事、遇天乙同宮、無吉宿合照、乃刀筆之吏、因貴賤成虛名、文而不秀之格、

旺（亥夘未）

小遊臨亥主科名、廟在高叢堂上寅、
與命與身天日助、不勞余力作公卿、

小遊與五福同在旺宮

吉神照處人當旺、多出英灵秀麗人、
待淂騎牛生貴子、定應簡拔立功勳、

小遊與君基文昌計神同在旺宮（寅亥）

君基小遊與文昌、旺地逢之不易量、
更淂臨身併臨命、唯文唯武福舒長、

小遊與臣基同在旺宮又君福助（寅亥辰未）

君基小遊同旺地、　德惠規模人所承、
更有吉神來扶助　李術高科第一名、
小遊與君基臣基民基在旺宮　亥卯未寅
形神清直所為賢、　特達超群地上仙、
主客二將相併處　不為臺諫掌邊权、
小遊與民基同在旺宮　亥未
已浔貨材旺、　卯堪逢吉神、
須因貴人力、　還有禄來真、
小遊與五福在悪絕宮
五福雖成福、　不宜卯酉中、　木因金頭尅
土則敗中存、　家業久須破、　零落見飄風、
雖龢無横撓　終是費精神、
小遊與君基同在悪絕宮
為文不秀、　為武不立、　妨妻害子、　衣食咸缺、
小遊與臣基同在悪絕宮
伶丁一世、　尅害雙親、　更妨悪逆、　死不全身、
小遊與民基文昌同在悪絕宮
有生多偃蹇、　矢志忒顛狂、
不逢脾脊撓、　終妨木石傷、
小遊與飛符太乙同在悪絕宮　申酉已

小遊飛符同四神、　人逢孤獨豈堪論、
婦人貪亂多淫泆、　男兒殢酒主妻奔、
小遊臨陷宮　申酉已
小遊臨限定無情、　愛酒貪花返目刑、
縱有吉神來救助、　妻須娼婦子螟蛉、
文昌太乙
文昌者、此星名天目、吉星、土神也、其星在天紫微垣、直文昌館、秀氣所鍾、詞翰華顯、若旺人身命宮居旺鄉、或四柱逢之、主明俊達、蜚英俊操識雅宏遠、李問該愽、凝成青氣包含仁義之德、負經綸不世之才、歷清顯之任、亥為壬庙、更見五福、必有三公之貴、見君基、少年顯赫、見臣基、則荣顯早、見民基富貴双全、見計神、乃館閣之貴、五馬之荣、見主大將、則為文武帥臣、見客大將、多歷边任、忌與小遊同宮、雖有間世之文章、不免塵挨、縱遂科名、終恐旺中剥落、見始擊文而不秀見四神太乙、則秀而不顯、
文昌一格貴人星、　清顯科名竟出塵、
金馬玉堂應有路、　少年早步入青雲、
文昌入庙須臨亥、　必出英雄秀麗人、
五福君基相助處　以文為武作公卿、
文昌運陥相逢於旺宮主有科名喜　申酉辰亥

文昌自是文昌貴、　頭角峥嵘居上位
行年数運若相逢、　騰播芳名盈海内、
文昌與小遊四神太乙併、刑戦之主文而不秀、多為
吏會安主
水火土當刑戦地、　動作多為姦詐謀、
不為曹吏持刑憲、　定作狂儒居下流、
文昌陷　寅卯子
文昌虚詐薄有名、　平生好善老無成、
縦有吉神来佐輔、　官資始得文還亭、
主大將

主大將者、此星屬金、在巳為科名、酉為入廟、丑為入併、其神秉天將之威、有生殺之权、掌禁密侍衛之職、為天之號令神、若在人四柱身命宮居旺鄉、則文主高中占科名、武主將臣之列、為性英雄果敢、志節瑰竒英雄、而建國安邦勇而破軍衝陣、智謀莫測、机見宏深、與君基同宮、王侯之貴、與臣基同宮、師臣之命、民基同宮、武臣之命、文昌計神同宮、文武全才英傑之命、唯此星能掣始撃之凶、若在巳干不能制也、忌與天乙地乙飛符同宮、主少年賤貧而後貴、若四柱身命重犯、主死於軍陣、更與始撃飛符在巳午之宮、主死不全屍、人死犯者多戎門食禄受命之格也、

主火屬金喜從軍、　邊隅談笑統全師、
剪除禍乱平姦冦、　主國安邦鎮四夷、
又
主將不可犯　威生申酉中、　與天為號令、
居世主英雄、　福協軍基輔、　威加始撃併、
旺宮文計助、　文武両全功、
主大將臨旺宮得吉星輔　酉入廟丑入侍巳科名
天权掌握令非常、　立國安邦定四方、
運数相逢須驟發、　文清武貴職封王、
主大將與君基同旺宮　巳酉丑

金基主大將、　偏喜君基旺、
地旺逢地着、　公矦亦可為、
主大將與臣基同旺宮　巳酉丑
主大將與君基、　相逢全旺時、
貔貅戎騎象、　統師獨施為、
主大將臨寅午戌位
金神主將號天樞、　旺地逢之貴有余、
火局相逢時運値、　訟争連累病纏軀、
計神太乙
計神者、土星也、乃圖計之秀、太乙之獨寵也、此星能知天地

人間之萬事在朝為度支郎在路為轉運在人為財宝星若在人四柱身命日時值者、不免陷兵凶、與小遊同宮、典法之貴、主大将仝宮、師帥之貴、客大将同宮、邊師武職之貴、忌始擊飛符太乙天乙地乙同宮、主文而不秀、財物聚散、有虛名多較計、思慮至老、勞心不成、

太乙天机秀、在天名計神、遊行忌寅卯、
旺喜甲子成、圖計發財祿、為多人負恩、
逢凶凶不秀、遇吉屈而伸、稟性與思慮、
一生無險迍、

計神

計神旺位主清高、文居館閣武英豪、
仕路出群興顯赫、當新日月近丹霄、
計神與凶神居陷相尅刑戰
計神圖計與財祿、更會文昌館閣清、
切忌凶星來尅陷、利名一世揔虛成、
計神在寅卯見小遊客叅二將星
計神得力多良策、若遇凶星在用心、
萬事到頭無一得、空勞計較費精神、

始擊太乙

始擊星、此星太始初分、便有神、火星、凶神也乃元始擊搏

之倅其神上帝所畏常令主大將羇之東出曰彗星西出曰孛星南出曰始擊、北出曰太乙中央出曰伐星在寅名為科名午為入廟戌為大庫又為入侍、巳為次旺、戊癸生人、天元祿之主星、其星所臨分野、兵戈盜賊、殺戮人民流血千里、若在人身命宮、男淫女娼男女必主血光、男遭殺戮、女主產亡、四柱所犯、父母破蕩、深則克父、淺則克母、若正臨早離父母、幼失祖基、若運數逢之、主暴亡、更值刑戰之地、必主見血刑傷、或癰疽濃血之厄、若在四柱身命與君基同宮、主心好僭偽、作事無羇、必當發死、與民基同宮、主因財而死、與臣基同宮多招公府之挠亦主牢獄中死、

客大將同宮、主消渴而死、小遊同宮主悖逆而亡、死不全屍、文昌同宮、被人傷害而死、計神同宮、主被人殺傷、或遭盜賊所害、與主叅同宮主為奴婢所傷、客叅同宮、主破人陰謀而死、數運同飛符併会限星克戰、定當夭壽、其年主暴亡、唯戊癸生人值之者、反此前項為福、戊癸生人、值此星於寅上者為科名、清貴驟發、权祿在午者、兩府之貴、在戌上者為天財廣厚食祿之貴、唯忌惡宿同宮、旺中有滯失之挠、乙庚生人平生宜修福禳之、

乙庚生人值之於陷位

乙元分太極、擊搏浮其名、上帝畏亦重、

九州灾不輕　須防身命值、更忌日時臨、
時勢情多慾、血光終污身、凶深除九族、
禍浅尅双親、數限相逢着、終為泉下人、
始撃旺寅午戌巳
炎〻寅午戌　始撃喜臨之、才李高千古、
科名振一時、中能安百揆、外可統全師、
戊癸天元主、扶持更合宜、
戊癸生人值之寅午戌巳運
戊癸相逢人庫問、不同南極亦高宫、
金珠潤屋田疇盛、數運相逢見不难、

此星照胎月生時或偏
若逢時日胎氣到　三歲以前親早絶、
若非寄養外家人　必是螟蛉母為妾、
始撃飛符照臨時日
凶星更忌日居時　子台臨時或有無、
若論婦人真寡婦、若推男子是鰥夫、
始撃飛符主寿夭
時日相衝人切忌　時日衝年寿不長、
行〻凶處逢凶煞、便是常人到死鄉、
始撃飛符照臨日時主妨害父母於幼年破祖墓於

未立又須詳所交時深浅定之
欲知父母如何克　飛始同為天地則、
深則害父浅則母　若正犯之俱难得、
甲巳五歲蕉十五　丙辛一六從頭取
乙庚四九是真文　戊癸二七天机露、
丁壬三八正陰陽　更有文辰數同取
子午為九丑未八、申寅為七卯酉六、
辰戌為五巳亥四、此是先天行數足、
始撃飛符同宫有吉星在旺
四柱三基五福高、自然名利两相饒、

飛符始撃又臨照　不是螟蛉定是遥、
始撃居旺逢客大将或太乙星
戊癸生人逢始撃、巳午戌宫或貴戝、
若逢客大四神臨、旺處生乖浔處失、
此星與君基在身命日時位
君基始撃掩為凶、豈可於人犯命宫、
僣偽無爵不成事、炎〻不久值霜鋒、
此星與臣基在命宫日時身位
始撃臣基在命宫、可憐撓〻足官刑、
甚則幸為囹圄若、終當凶死不全身、

此星與民基在身命宮日時 巳酉丑

始擊與民基、 相逢身命時、

須防財物上、 縈絆致傾危

此星與小遊在身命宮 卯酉

小遊始擊怕相逢、 何況人臨身命宮、

定是為人多悖逆、 不知國法犯刑終、

此星與文昌在身命宮 子卯酉申

始擊凶星發動災 況同天目向人來、

莫道親知為膠漆、 中間謀慮亦相猜、

此星與計神同宮 亥子丑

始擊本來凶 那堪見計神、

謀人人反害、 難保若終身、

此星與主參將同宮

始擊與主參、 同宮非所宜、

須防奴婢害、 非橫亦臨之、

此星與客參將同宮

始擊客參將、 不宜仝度逢、

陰謀相害事、 決向小人成、

始擊飛符犯婦人身命宮

生逢飛始妨夫位、 定是於夫必有傷

往往與人為別室、 不全夫子本非良

客大將

客大將者吉星也、此神乃水神也、其神在申為科名、子為入廟、辰為入侍、在亥為旺宮、此神有討伐之勇、定亂之功、與主大將分權治事、主勝則利主、客勝則利客、與始擊同宮則戰、若乘旺鄉則勝、若人出身命日時值者、易喜易怒、心無截慾、性不毒平、剛烈暴戾、庶四方人得之與作商但丙辛生人值之、主功業超著、勢位榮顯、小遊仝宮、深謀遠慮、忘識禁客之任、與始擊同宮、主破玍身孤、與招官府之撓、與四神太乙天乙地乙飛符同宮、主男孤子寡、不利六

親、平生偃蹇、多成多敗、與君基仝宮、則為將帥侍君之人、與臣基同宮、則為安鎮守邊之人、若與民基仝宮、主因商姓人發福、必為大商巨福之命、若與五福仝宮居旺、則是真仙應運人也、女人犯之、乃受號也、重封貴福兩全之命、

客大將居旺宮 申子辰亥

外帥在屬木、 於人福丙亥、 太陽當入侍

武德主科名、 遠慮泉監將、 深謀協計神、

三基五福助、 貴顯立功勛、

又

申子辰宮本旺宮、 丙辛人值福修崇、

深謀遠慮人難測、　定亂除奸别有功、

客大將同五福在旺宮申子辰亥

五福客大將、　喜同申子辰、　自天鍾秀氣、

從岳降元精、　賢帥因時起、　真仙應運成、

財豐享貴祿、　臨命與臨身、

客大將與飛符同在旺宮

為性果敢、　心雄剛烈、　性畀神符、　富貴驟發、

客大將與民基主參將在亥子未申辰

民基同亥子、　當作富家郎、　試問因何得、

經營必自商、

居陷在巳午

凶神相刑尅、　當從旺相尋、　破家何所有、

強頑不堪親、　數被官刑撓、　頻逢禍患侵、

吉神不得運、　偃蹇過平生、

客大將居陷宮逢飛符始擊卯巳午

水星客將名大師、　君陷衰宮有災滯、

男遇須防陰小傷、　女犯醜聲透中外、

臣基太乙

臣基太乙者、吉星也、此星紫微宮輔於上帝、乃上天六宮之長、下會二十八宿、斡旋造化之機、執持威福之柄、若在

人身命宮日時位者、不尅陷無凶星同宮、則貴極人臣、常親帝生[王]主、為惟[性]醇厚謹信、聰明正直、持權衡之柄、掌造化之機、在戌為入廟、六巳人得之為祿主星、若在人身命宮、秉超擢之氣、道德聰明、抱不世之才、立非常之事、平夷沖粹、忠恕簡靜、為世之賢人、始莫無患、忌與四神太乙天乙地乙星同宮、主文而不秀、旺中防失、

旺辰戌申卯

臣基開名卯戌名、　顯達功勳事業深、

唯忌奴婢并妻妾、　空勞塵土禍頻侵、

臣基秉旺　在身命日時

臣基秉旺自奇身、　命宮喜值吉神臨、

繡錦侍從不勞得、　員外卿監未為榮、

臣基在戌臨身命日時身命緊不尅陷

臣基太乙臨陰主、　更作人生身命宮、

克陷俱無全得用、　清華出入禁廷中、

臣基忌四神太乙等星同宮

臣基太乙若見四神太乙天乙文昌始擊地乙星同宮、臨身命日時者、主為人有横逆之性、若同秉旺、則為福、若居陷害逢戰[鬭]客、主有殘滅之災、縱有五福君基相助、亦主旺中有失、禍福倚、先吉後凶、發旺之中、款出未出、禍患不可

迯矣大忌小遊太乙

君基發福四神累　好限須防欲出時、
縱有吉星来併會　也須旺處慮傾危

民基太乙

民基太乙者吉神土星也民基號少徵上天十神之長太乙之禄星也在辰為入廟六戊人為禄之主星若在人四柱身命逢之者金玉滿堂財禄俱盛寅卯二宮為陷、

民基雖不到功勳　積玉堆金亦自榮、
記取百年安快樂　更兼身命有虚名、

又

民基金玉主虚名、　旺申申辰子亥中、
若在禄前酉卯位　可憐零落受孤貧、

民基與文昌計神同宮辰未亥子

民基秉旺日時安、　若見文昌定作官、
更有計神同照臨　資財廣入起家門、

民基臨田宅宮

民基自是旺田宅、　何况正臨田宅位、
大第高堂稱所居、　田疇往往膏腴地

四神太乙

四神太乙者水星凶神也所臨分野主水澇之災或作兵革饑饉若在人身命宮主財物聚散多招官符之災或遭水溺主孤獨凶夭仍多歇滅更與地乙文昌同宮主凶厄非横在旺鄉或身命見三基亦主財穀官爵俱不久長享

四神可畏是凶神　福禄消亡禍患侵
縱有吉神来救助　也須九破十番成

四神與五福同在旺宮申子辰亥

五福四神在旺宮　日時身命數相逢、
不因羽姓人發福　定發魚塩水利中、

四神與君基在旺宮遇文昌計神臣基

君基同在亥子丑、　穎悟聰明亦希有、

文昌計神與臣基　皆可扶持爵禄厚

四神同民基在旺宮

四神同亥子、　當作富家郎、　亦可食天禄
經營必作商、

四神與君基文昌小遊計神同在旺宮申子亥辰

四神同旺鄉、　水利豈能量、　那更吉神助、
行船衣禄强、

四神與五福在悪絶宮寅戌酉

水神臨土位、　寧免作災危、　縱有兒孫見、
臨年未可期、

四神飛符臨生時帶刑有五福三基同在旺宮

四神飛始更無刑、　處世須遭禍患侵、
五福三基来救助、　看他衰旺定灾迍、

四神太乙同飛符帶刑在生時亥

四神太乙在生時、　飛符臨刑禍可知、
未說将来非横死、　中年徒配必逢危、

四神與臣基在惡絕宮卯酉巳

水神畏土尅、　臣基豈所為、　處世足灾危、
文子情偏溢、　男児色亦迷、　隄防脾胃醫、
財殺也須虧、

四神同君基或飛符在惡絕宮亥子

陰謀狡倖與媱慾、　不利行船作水灾、
更立遭刑鋒刃死、　都緣飛始命宮来、

四神與民基在惡絕宮

祖業何能有、　流落異鄉中、　奴僕猶為幸
窮途受苦辛、

天乙太乙四神太乙

天乙者金星也、所臨分野、多主暴兵、殺戮人民、流血千里、若在人身命日時值者、破祖身孤、平生蹇滯、更與飛符同宮、主悖逆僭為、身死不全屍、其滅宗族、若與三基五福同

宮居旺或因商姓人成家、或因兵革發福、然富貴終不久長

人間富貴是孤身、　天乙生来命伯苦、
縱有祖財多破散、　可怜終日守窮途、

又

生逢天乙無依靠、　衣禄從来不自亨、
不作傭人求度日、　亦須作贅得偷生、

天乙與五福同在旺宮申丑辰

五福天乙臨旺位、　日時身命數相際、
不因商姓起門庭、　定是五經俱厚利、

天乙與君基主大将計神同在旺宮申酉丑

富貴之家生此身、　必全財寶富商人、
主将又来承旺地、　定因征戰得身榮、

天乙與民基同在旺宮

民基與天乙、　當生富豪家、　吉神同一照、
福厚保生涯、

天乙臨刑照

四神天乙命難當、　若更臨刑主血光、
不是獄主憔悴死、　定須刀劍陣前亡、

天乙與五福同在惡絕宮

五福與天乙、　炎炎巳午存、　胞胎先失父
㷀㷀亦離親　強損徒勞勢、　貪心不濟貧、
何須問榮辱、　難保一生身、
天乙與君基飛符始擊同在惡絕宮巳未位
存心多躁暴　作事每猜疑　飛始同一照、
難保一全軀
天乙與臣基在惡絕宮 寅上九甚
盜賊常為念　災逆不離身　更須防惡業、
身死在公門
天乙與臣基在　巳午

天乙畏南方　須招肢體傷、　更須防帶殺、
一死定非常
飛符太乙　、疑即直符也
飛符者火星也所臨分野主火光旱涸之災千里草木不生兵革攻戰殺人流血若在人身命日時值者破祖身孤克妻害子重犯乃孤貧之命若見四神太乙客大將主消渴之災疾更會凶星死不全尸縱有五福三基為助且免貧窮困苦富貴終不久長兼主稟性剛暴不受羈擊或肢體不完兼招喑瘂六親少助女人犯之主血危損夫害子犯身命宮主血氣疾

主基破盡緣何事、　為有飛符入命宮、
更有吉神来救助、　伶仃離祖受貧窮
又
飛符凶殺若災危、　破祖離家東又西、
飄逢未必為凶兆　主離死喪兩三妻、
飛符臨身命宮
飛符太乙極凶神、　身命逢之不可論
妨害妻兒多損失　老来往往少兒孫
飛符臨身命
飛符凶曜旺宮臨、　六乙生人命運逢、

縱然破敗終無害　假饒破過亦能豐
飛符臨四柱身命宮日時
祖基離背身飄蕩　因值飛符年命上、
克妻損子鴈行離　疾飛官災更惆悵
飛符照日時
飛符凶宿忌相逢、　忌臨時日最為凶、
子女滿前君莫喜　老来往往總成空、
飛符照運
飛符照運定應凶、　金木離兮火土輕、
運數行年逢着處　定生災病及官刑、

飛符臨亥子宮

資財聚散一成空　年月日時怕屢逢、
饑餓為效終乞食、　飄蓬無倚犯西東、

又

陰謀僥倖多搖態　不利行船作水災、
更有一船般逢又厄、　都緣飛始命中來、

飛符與五福在旺宮臨身命日時巳午

巳午還同五福居、　日時身命数相需、
不困爐冶成家業、　徵姓之人借力扶、

飛符與君基在旺宮　午未戌寅巳

心聰性敏獨超羣　冠世文章主大名、
食祿不同常調貴　以文為武著功勛、

飛符臨旺位與三基同宮　寅午戌巳

飛符地旺與三微　文武雙全將相基
仕路功名須驟發、　四方英傑豪言兒、

飛符臨辰午未主財祿兩全

飛符若處高強地　獨遇民基仍富貴、
忽然君福併同纏、　超騰必作人間瑞

飛符民基在旺宮　午未辰

民基為福處、　旺地見飛符、　縱不成清顯、
須還品秩居、

飛符同五福在惡絕宮　卯酉子

五福臨人福壽長　怕逢凶殺在衰鄉、
資財分散無定準、　老來飄泛更難當、

飛符同君基在惡絕宮　亥子

君基為福助飛符、　亥子之方有似無、
更有凶星同作孽、　祖宗雖遠亦防誅、

飛符與臣基同在惡絕宮臨身命卯酉

孤獨只一身、　奔波受苦辛、　女須遭產厄、
男子亦防刑、

飛符同五福天乙在陷宮　亥子

五福天乙反及飛符、　發福多因大貴人、
始擊同臨兼自陷、　平生衣祿定區區、

飛符臨巳午申酉宮逢天乙始擊同宮身命日時逢之無吉宿助

飛符巳午逢天乙　又值災々始擊神、
四柱更無君福助、　輕遭徒配重遭刑、

飛符始擊照時定幼年防害

款知幼子妨并尅、　飛符照時為準則、
吉曜同臨初末傷、　獨照生時父娘厄、

若然無尅必螟蛉、　必是當年庶出得、
無尅的生非外姓、　定是自身差時刻、
飛符臨婦人身命四柱居陷位　亥子卯酉
飛符名號天極星、　切忌陰人身命宮、
損子尅夫猶禍淺、　更妨血氣損胎娠、

四神地乙

地乙者、土星也、所臨分野、主飛蝗疾疫之疾、若居人身命日時見者、主尅妻宮、主男鰥女寡、若與小遊計神同宮、主平生身染沉痾、衣不蓋形、食不充口、或兵刃刑獄癰疽見血而卒、主稟性自強、好行殺戮、不仁不義、若見君基五福、郤主困貴人成事、多終不久長、

地乙臨身命宮日時居陷　卯酉
地乙凶神性不和、　好行殺戮逞干戈、
人身若值臨身命、　蹇滯孤寒沒奈何、

又
四神地乙最凶悍、　身命逢之足憂患
若非抱疾身不完、　當須縲絏長索絆、

地乙同五福在旺宮
五福還同地乙居、　日時身命數相逢、
絲綿穀粟猶閑事、　宮姓之人借力成、

地乙與君基文昌計神同在　戌丑午未
性重机深不浪施、　規模法則土中奇、
計神天目同為力、　鎮守邊疆亦可為、

地乙與臣基同在旺宮　子申丑辰
性好山林寄有生、　孤高梗介獨難侵、
文昌若更同臨照、　食祿清榮亦顯名、

地乙與民基在旺宮見文昌　申子辰
富貴人難享、　文章孰與倫　文昌來共助、　承蔭顯家門、

地乙臨寅卯宮
若逢地乙向東來、　不顧言辭是玷瘕、
為事無張無所着、　一生勞碌向空門、

地乙與五福在寅卯二宮
五福同地乙　不宜居卯寅、土居木旺地　犯者最難論、
身生宜婢妾、　命遇作螟蛉、　敗祖失先業、　破家亡六親、
男兒從卒伍、　女子落風塵、　父母須先死、　身榮非久榮、
言神來救助、　有分落空門、

地乙與君基在惡絕宮　寅卯
適值君基同卯酉、　為人梗介不堪親、
登山涉水防顛仆、　癰腫浮災終及身、

地乙與臣基在惡絕宮　寅卯

臣甚同寅卯、墳塚不能存、必致煎熬死、終為貧賤人、
地乙與小遊在惡絕宮
土星已忌傷寅卯、 那更同宮與小遊、
強頂難親多自伐、 終身衣食苦難求
地乙與飛符同在惡絕宮 亥子位卯酉尤甚
四神地乙主離鄉、 更直飛符大不祥、
家業自然多破散、 終身不免路頭亡
主参將
主参將者吉星副帥也其神屬水旺於北方申辰之位若人四柱身命日時值者主遇貴成名成財發福成家之命、

大忌與太乙天乙飛符始擊同宮乃下賊淫僕隸
其秉神旺地 必須貴人成 凶神同犯破
作卒定為軍
主將依附貴人成 成禄成財顯貴人
切忌凶星同度照 旺中必失得中傾
又
主將福力本来輕、 乘旺須當富貴人、
若遇凶神同客害、 為奴盜賊亦無情、
客参將
客参將者吉星副帥也屬木旺於東方亥卯未辰位若人四柱身命犯之多作商賈或因遊藝發福旺處于吉星同宮則因大貴人提挈或富室相成為幹吏以成名、掌財帛獲福若與太乙主大將天乙始擊飛符文昌同宮乃泛濫飄蓬不能自立若独與始擊同宮居陷乃乞丐之人也
客参福力輕、 何况会凶神、 衣禄苦勞力、
區區衙御人、 好飭為商旅、 奔馳作福人、
凶神如犯破、 決定一生貧
太乙衆星限遊年歌
五福太乙旺 申丑辰亥
五福遊年限數遊、 求名求利所謀成、

徵音商姓貴相薦 男須進職女加封
此星居旺照限能解遊年凶曜災
惡曜遊年必作災 損財官訟若悲哀
限若此星来入照 災還消散吉還来
此星居旺宮照遊年限運同
福星照限與遊年 運數逢之事亦然、
宮禄驟迁財貴順 常人若遇喜連綿
此星居旺臨遊年照限逢君基
遊年五福旺宮臨、 照限君基又復逢、
更遇禄星無戰克 所謀萬事揔能成

與三基同在旺宮運限逢之
五福三基同旺地　一生冨貴得双全
遊年限運相逢着　倉庫金銀禄位迁
此居陷宮行遊年限逢凶宿　寅卯
五福居陷逢凶宿　灾病相連不可逃
凶宿不逢还自陷　求謀揔巧亦徒劳
君基太乙旺　辰戌丑未
君基入照遊年限　進用求謀無阻難
徵商金水貴人扶　縱有憂釙不為患
此星行遊年限居旺能解凶曜號紫炁紫微星

九天星主紫微君　解厄蠲灾免禍侵
縱有凶星同作孽　假饒重病亦須輕
忌食牛肉
紫微北極九天尊　人命難逢身命中
倘若命宮臨照者　太戒牛食免灾迍
與五福文昌臣基主大客大行遊年限居
君基行限與遊年　吉宿同扶必進權
女子逢之娠妊喜　常人財禄入家添
與始擊同行遊年限主遭小人生暗昧是非相陷
君基相逢名掩擊　限数若逢灾禍迍

小人陷害設陰謀　非横風波平地出
小遊太乙旺亥卯未寅與三基同會照遊年限
小遊木德科名宿　若會三基發厚福
文士科場高甲顯　仕位崢嶸成發福
陷巳午申酉主灾病挠損失財物
小遊木德天樞宿　若陷衰宮灾禍迍
分野逢之謡語生　人犯損財遭病哭
此星陷逢君基臣基地乙
照限遊年逢小遊　解凶解厄解灾憂
若同上宿来相會　是非争訟變成愁

此星遇文昌
小遊旺處遇文昌　小木土相傷發禍殃
不作戰争昏脳挠　定生脾胃患疽瘡
此星與飛符始擊照遊年限
小遊照限或遊年　飛始相逢太乙邅
女子陰私灾訟挠　男須好濫事牵連
文昌太乙旺　申丑辰亥
遇限遊年遇鎮星　臨於旺地所謀亨
徵音商姓貴相薦　文士高科顯貴陞
又

文昌吉宿號三台、　運限逢之解大灾、
士顯陞迁財禄順　女人孕育向身来、
此星居旺更與吉宿同照限
文昌照限主高科、　寰海揚聲喜氣多、
青瑣黃門台輔位、　從此發軔殊恩波、
此星居旺與主客二将行遊年限
文昌属木土名天目、　二将同宮変亨通、
文須古學得科名、　武列戎行進權禄、
女人逢之于日時身命宮照遊年限
資貌端嚴性識聰、　天然智巧好儀容、

限入旺鄉娠姙喜、　更兼庭户喜重重、
女人逢之主娠孕無則生灾、
遊年照限遇文昌、　旺地逢之鮮福殃、
女子孕娠庭户喜、　不然病主却相妨、
主大将與客大将同行遊年限主大将旺巳酉丑申　客大将旺申子辰亥
主将遊年行客將、　主旺客衰堪主張、
忽然客旺主筭衰、　破財多耗多惆悵、
限寅午主外服公訟撓連累事、
輔相金星主将明、　乙庚人值所謀成、
切忌臨於寅午位、　灾憂官訟服来侵、

與始擊照遊年限
主将遊年逢始擊、　金火相躔添愁慼、
若非争訟囹圄灾、　必見凶憂膿血疾、
計神太乙旺　辰戌丑未　陷寅卯
計度財寶天機宿、　獨處旺宮發財禄、
常人知已進財荣、　任貴若逢增貴福、
與三基文昌同遊年限
計神圖計掌財禄、　遊限行来旺地逢、
内掌國儲財用足、　外膺漕揔計兵戎、
與天乙太乙地乙飛符始擊同遊年限主不聚財

計神旺位臨身命、　最忌凶星入限来、
財物縱逢須破散、　可怜朝得暮空懐、
始擊太乙旺寅午戌陷亥子卯酉　戊癸人逢之名禄星甲巳丁壬乙庚大忌丙辛人尤甚
戊癸人逢始擊神、　功名禄利自然成、
乙庚人遇居衰陷、　服忌官火齟齬生、
與君基同行遊年限主遭小人生時是非相陷
君基相逢名掩擊、　限数若逢灾禍速、
小人陷害設陰謀、　非横風波平地出、
與飛符同遊年行限

遊年飛始忽相逢、　官符悲哀觸處凶、
不犯忿争須鬪毆　定應身陷網羅中、
與地乙同宫主水厄會太乙客大将主溺水亡
始擊為凶逢地乙　舟楫風波防墜失、
更逢凶宿陷衰宫　一随津濤更難覔
客大将旺　申子辰亥丙辛生人成福
客大将軍名水宿　旺地逢之旺財禄、
丙辛人遇最為奇、　衰陷之宫不成福、
陷巳午酉寅主小人是非　陰人為撓
客大将軍號水星、　忌臨巳午酉寅中、

遊年数運相臨着、　小人陰撓訟還生、
與始擊同行遊年限
客大亦名天師星、　忌逢始擊限同行、
客旺擊衰灾必滅、　擊強客弱十分凶、
臣基太乙旺辰戌申
臣基秉旺吉星臨、　發福豊財顕貴名、
限入旺鄉名利遂、　徵商人薦必身榮
限亥子寅
臣基居陷名憂慮　吉曜同臨足崖舉、
男遇踌躇猶豫深、　女犯猜嫌多嫉妬、

此星與君基民基文昌計神同照或限相逢
臣基家宰帝邊尊、　旺則成財衰處凶、
若會吉星同旺位、　四民逢着所謀亨、
此星與小遊太乙二星遊年限星相逢
臣基位堂權衡地　小遊四神忌相会、
遊年数神限若行、　口舌灾憂脾胃滯、
與民基文昌計神小遊君基四時同行居限陷
貴星吉曜同陷位、　若遇凶星福難遂、
惟雖智巧足聰明、　男必伶倫女娼妓、
此星同陷、更会太乙天乙地乙飛符始擊同行遊年

限
臣基遊限逢凶宿、　數限相逢生禍速、
官刑孝服病相縈、　破職破財兼丧禄、
民基太乙　旺辰未亥子
民基臨限與遊年、　旺處行来福驟遷、
出入經商俱遂意、　宫商角姓貴人憐
又
民基照限或遊年、　觸處強宫必禍愆、
商賈倍收財禄喜、　仕途即日爵增迁、
此星臨寅卯逢小遊地乙客參飛符始擊行遊年限、

民基本是財帛星、　限逢寅卯事多逆、
更若遊年值凶宿、　損財灾病禍数生、
此星日時身命逢悪曜於陥宮
数中財帛民基宿、　日時身命逢為福、
若同悪曜陥衰宮、　成敗施為多反覆、
太乙旺　申子辰寅、　文武加職、　四方發財、
天尼遊年卯酉寅、
旺處行来逢吉曜、　却宜商販利豐盈、
陥寅卯巳午酉防水尼宜身動出入吉、
星名天尼遊年值、　切忌陥衰灾火地、
更逢凶宿陥同行、　舟楫防警灾患至、
天乙揔括
天乙生来命怕居、　六親骨肉有如無、
林泉却喜為僧道、　市纏名利獨區區、
旺巳酉丑申　主成事成財喜為防小人唯害
金星入限添愁戚、　齟齬爭張事不寧、
巳酉丑申戌利禄、　言論猶須防小人、
陥寅午戌
天躶遊年限数逢、　臨終午戌旺寅宮、
破財官訟并非横、　孝服悲哀病染身、

此星旺于五福君基民基文昌同行遊年限
天躶金星勢皎雄、　旺宮吉宿喜同行、
遊年限数相逢處、　戰征争鬪獲全功、
與主大将同行遊年限
天乙金星不可當、　獨行旺位始為良、
若逢主将同遊限、　互争相鬪有相傷、
飛符大乙　戊癸人命運限遊年逢之宜出入
飛符行限主灾逆、　戊癸人逢福禄臻、
任貴陞迁權禄順、　常人出入貨財豐、
此星居旺逢五福君基文昌同行遊年限
天極遊年限数逢、　喜曜同行值旺宮、
險處成名成厚福、　戰征獲捷得全功、
此星戊癸生人逢之灾輕宜出入更動、若女人犯之
主灾病、
炎炎天盩號飛符、　数運逢之在路逢、
飄泛離鄉猶禍淺、　陥身囹圄更嗟吁、
此星女人逢之則見娠孕可當灾、
運限相逢天極神、　女人逢着定灾生、
身懷出入灾猶淺、　静處閨門防禍迍、
地乙旺　辰戌丑未

地乙逢之踐土星、 臨於旺位主權名、
掌持財計兵刑職 更逢商徵貴人成
文號權星
地乙遊年数限逢、 獨臨旺位利名亨、
行商坐賈皆如意、 多招權祿少災迍、
陷 寅卯巳午酉 防攧盍悶胄
地乙遊年行數限、 巳午卯寅生禍患、
是非口舌及官刑、 貶剝驚憂財祿散
主參將 客參將
主參將 旺申子辰亥 文武加職 文書喜

客參將 旺亥卯未辰 當人發財 成事喜
主參福力雖為輕 吉曜同行財祿豐、
出入經商倍獲利 若文若武得高陞
遇飛符始擊太乙太乙地乙民基主身動出入吉
二參福力本來輕、 惟喜遊年併吉星、
若向陷宮逢惡曜、 飄蓬破散病來侵、
客參臨陷宮逢飛符主流浪
客參居陷遇飛符、 衣食波浪喜有餘、
縱有吉星來救助、 也須飄蕩在長途
論流年守照命星以本命數九数加一羅起